U0660675

哲学导论

韩桥生◎主编

彭坚◎副主编

江西人民出版社
Jiangxi People's Publishing House
全国百佳出版社

图书在版编目（CIP）数据

哲学导论 / 韩桥生主编 . — 南昌：江西人民出版社，
2021.12（2023.5 重印）
ISBN 978-7-210-13600-2

Ⅰ.①哲… Ⅱ.①韩… Ⅲ.①哲学理论—理论研究
Ⅳ.① B0

中国版本图书馆 CIP 数据核字（2021）第 251643 号

哲学导论
ZHEXUE DAOLUN

韩桥生　主编

策 划 编 辑：王一木
责 任 编 辑：陈才艳
封 面 设 计：上尚设计

江西人民出版社
Jiangxi People's Publishing House
全 国 百 佳 出 版 社　　出版发行

地　　　址：江西省南昌市三经路 47 号附 1 号（330006）
网　　　址：www.jxpph.com
电 子 信 箱：jxpph@tom.com　　web@jxpph.com
编辑部电话：0791-88612505
发行部电话：0791-86898815
承 印　　厂：南昌市红星印刷有限公司
经　　　销：各地新华书店

开　　　本：787 毫米 × 1092 毫米　1/16
印　　　张：14.75
字　　　数：200 千字
版　　　次：2021 年 12 月第 1 版
印　　　次：2023 年 5 月第 2 次印刷
书　　　号：ISBN 978-7-210-13600-2
定　　　价：46.00 元
赣版权登字 –01–2021–757

版权所有　侵权必究
赣人版图书凡属印刷、装订错误，请随时与江西人民出版社联系调换。
服务电话：0791-86898820

CONTENTS 目录

导　论

1.什么是哲学 …………………………………………… 001

2.哲学学科的主要研究方向 …………………………… 002

3.哲学的研究对象 ……………………………………… 003

4.哲学的主要派别 ……………………………………… 004

5.学习哲学的意义 ……………………………………… 006

6.学习哲学的方法 ……………………………………… 007

第一章　马克思主义哲学

1.哲学基本问题 ………………………………………… 009

2.世界的物质统一性 …………………………………… 011

3.实践的世界观意义 …………………………………… 013

4.社会生活在本质上是实践的 ………………………… 014

5.文化结构的相对独立性及其功能 …………………… 016

6.人的本质在其现实性上是社会关系的总和 ………… 018

7.对立统一规律 ………………………………………… 020

8.质量互变规律 ………………………………………… 023

9.否定之否定规律 ……………………………………… 024

10.实践与认识的辩证关系 …………………………… 026

11.认识的基本规律 …………………………………… 027

12.非理性因素在认识过程中的重要作用 …………… 029

13.辩证法、认识论和方法论的一致性 ……………… 031

14.真理与价值 ………………………………………… 032

15.社会基本矛盾的主要内容 ………………………… 035

16.生产方式是社会发展的决定力量 ………………… 036

17.地理环境在社会发展中的作用 …………………………… 037

18.社会革命的实质和作用 ………………………………… 039

19.改革在社会发展中的重要作用 …………………………… 040

20.科学技术在社会发展中的重要作用 ……………………… 042

21.社会形态更替的统一性和多样性 ………………………… 044

22.人民群众是历史的创造者 ………………………………… 046

23.社会进步 …………………………………………………… 047

24.人的发展与社会发展（社会进步） ……………………… 049

25.人的发展的历史形态 ……………………………………… 050

第二章　中国哲学

1.中国哲学的基本特点 ……………………………………… 053

2.孔子的仁学思想 …………………………………………… 056

3.老子的道论 ………………………………………………… 058

4.墨子的兼爱 ………………………………………………… 060

5.孟子的性善论 ……………………………………………… 063

6.庄子的人生观 ……………………………………………… 064

7.荀子的天人关系说 ………………………………………… 067

8.董仲舒的人副天数说 ……………………………………… 069

9.魏晋玄学的基本流派与主要观点 ………………………… 071

10.华严宗的四法界说 ………………………………………… 073

11.禅宗的基本思想 …………………………………………… 075

12.柳宗元的元气自然观 ……………………………………… 077

13.韩愈对佛教的批判和道统论 ……………………………… 079

14.宋明理学的兴起 …………………………………………… 080

15.周敦颐的宇宙论 …………………………………………… 081

16.张载的气本论 ……………………………………………… 083

17.二程的天理 ………………………………………………… 084

18.朱熹的理气关系和工夫论 ………………………………… 086

19.陈亮的功利思想 …………………………………………… 088

20.陆九渊的发明本心 ………………………………………… 090

21.王阳明的致良知 …………………………………………… 092

22.罗钦顺的气本论 …………………………………………… 095

23.王夫之的历史观 ⋯⋯⋯⋯⋯⋯⋯⋯⋯⋯⋯⋯⋯ 096

24.戴震的认识论 ⋯⋯⋯⋯⋯⋯⋯⋯⋯⋯⋯⋯⋯⋯ 098

25.康有为和谭嗣同的仁学思想 ⋯⋯⋯⋯⋯⋯⋯⋯ 100

26.严复和章太炎的进化论 ⋯⋯⋯⋯⋯⋯⋯⋯⋯⋯ 102

27.孙中山的知难行易说 ⋯⋯⋯⋯⋯⋯⋯⋯⋯⋯⋯ 105

28.中国哲学的现代转型 ⋯⋯⋯⋯⋯⋯⋯⋯⋯⋯⋯ 107

第三章　西方哲学

1.古希腊哲学的特点 ⋯⋯⋯⋯⋯⋯⋯⋯⋯⋯⋯⋯ 110

2.泰勒斯的水本原说 ⋯⋯⋯⋯⋯⋯⋯⋯⋯⋯⋯⋯ 111

3.巴门尼德存在论 ⋯⋯⋯⋯⋯⋯⋯⋯⋯⋯⋯⋯⋯ 113

4.柏拉图理念论 ⋯⋯⋯⋯⋯⋯⋯⋯⋯⋯⋯⋯⋯⋯ 114

5.亚里士多德形而上学 ⋯⋯⋯⋯⋯⋯⋯⋯⋯⋯⋯ 116

6.晚期希腊哲学 ⋯⋯⋯⋯⋯⋯⋯⋯⋯⋯⋯⋯⋯⋯ 119

7.唯名论和唯实论 ⋯⋯⋯⋯⋯⋯⋯⋯⋯⋯⋯⋯⋯ 121

8.奥古斯丁、安瑟尔谟和托马斯·阿奎那 ⋯⋯⋯ 122

9.人文主义 ⋯⋯⋯⋯⋯⋯⋯⋯⋯⋯⋯⋯⋯⋯⋯⋯ 124

10.经验论和唯理论 ⋯⋯⋯⋯⋯⋯⋯⋯⋯⋯⋯⋯ 125

11.18世纪法国唯物主义哲学 ⋯⋯⋯⋯⋯⋯⋯⋯ 128

12.德国古典哲学的特征 ⋯⋯⋯⋯⋯⋯⋯⋯⋯⋯ 130

13.康德哲学 ⋯⋯⋯⋯⋯⋯⋯⋯⋯⋯⋯⋯⋯⋯⋯ 132

14.费希特哲学 ⋯⋯⋯⋯⋯⋯⋯⋯⋯⋯⋯⋯⋯⋯ 134

15.谢林哲学 ⋯⋯⋯⋯⋯⋯⋯⋯⋯⋯⋯⋯⋯⋯⋯ 137

16.黑格尔哲学 ⋯⋯⋯⋯⋯⋯⋯⋯⋯⋯⋯⋯⋯⋯ 139

17.费尔巴哈哲学 ⋯⋯⋯⋯⋯⋯⋯⋯⋯⋯⋯⋯⋯ 141

18.生命哲学 ⋯⋯⋯⋯⋯⋯⋯⋯⋯⋯⋯⋯⋯⋯⋯ 143

19.现象学 ⋯⋯⋯⋯⋯⋯⋯⋯⋯⋯⋯⋯⋯⋯⋯⋯ 144

20.哲学解释学 ⋯⋯⋯⋯⋯⋯⋯⋯⋯⋯⋯⋯⋯⋯ 146

21.存在主义 ⋯⋯⋯⋯⋯⋯⋯⋯⋯⋯⋯⋯⋯⋯⋯ 148

22.分析哲学 ⋯⋯⋯⋯⋯⋯⋯⋯⋯⋯⋯⋯⋯⋯⋯ 150

23.西方马克思主义哲学 ⋯⋯⋯⋯⋯⋯⋯⋯⋯⋯ 152

24.科学哲学 ⋯⋯⋯⋯⋯⋯⋯⋯⋯⋯⋯⋯⋯⋯⋯ 154

25.政治哲学 ⋯⋯⋯⋯⋯⋯⋯⋯⋯⋯⋯⋯⋯⋯⋯ 156

26.结构主义 ·············· 158

27.后现代主义哲学 ·············· 159

28.现代西方哲学的主要流派 ·············· 161

第四章 伦理学

1.中国传统伦理思想的主要特征 ·············· 166

2.中国传统伦理思想的主要派别 ·············· 168

3.伦理学的主要研究方法 ·············· 170

4.伦理与道德的概念及其关系 ·············· 172

5.伦理学的基本问题 ·············· 173

6.西方传统伦理思想的发展阶段 ·············· 174

7.西方传统伦理思想的主要特征 ·············· 175

8.现代西方伦理思想的主要派别 ·············· 177

9.马克思主义伦理思想 ·············· 179

10.毛泽东的伦理思想 ·············· 181

11.中国特色社会主义伦理思想 ·············· 184

12.道德起源论 ·············· 186

13.道德发展的规律性 ·············· 188

14.道德的本质 ·············· 191

15.社会道德结构和个体道德结构 ·············· 192

16.道德的主要功能 ·············· 195

17.社会主义道德建设的核心 ·············· 197

18.社会主义集体主义原则 ·············· 200

19.社会主义道德的基本要求 ·············· 202

20.道德的基本范畴 ·············· 209

21.个体道德心理结构 ·············· 218

22.道德冲突的类型及解决 ·············· 219

23.道德评价及其依据 ·············· 221

24.道德教育的规律 ·············· 223

25.社会主义核心价值观 ·············· 226

后 记 ·············· 229

导　论

1.什么是哲学

　　哲学是关于世界观的学问，是系统化和理论化的世界观。需要注意的是，人人都有世界观，不管他自己是否意识到了，但并非每个人的世界观都形成了理论体系，都是系统化、理论化的。只有形成了理论体系的世界观，或系统化、理论化的世界观才是哲学，并非一切世界观都是哲学。

　　"哲学"一词的本义，西方人通常指"爱智慧"或"智慧之学"，中国人解释为通晓事理、使人聪明的学问。在古希腊，"哲学"一词有两种用法：一种是广义地把哲学看作是"各种知识的总汇"；一种是狭义地把哲学看作是研究世界本原或本体的学问，即形而上学。本原是指构成世界万物的根源、元素、始基或共同基础。具体事物有生有灭，本原没有生灭，本原产生万物，万物毁灭以后又回到本原。以往的哲学家、思想家对哲学的认识与理解，不论说哲学是"智慧之学""包罗万象的科学"，还是说哲学是支配、凌驾于其他科学之上的"科学的科学"，虽然有一定的合理性，即其实质是研究普遍性问题的学问，但却未能真正揭示出哲学的性质、对象和特点。

　　马克思主义哲学认为，从古至今的一切哲学都是系统化、理论化的世界观，即世界观的理论形态，是关于自然知识、社会知识和思维知识的概括和总结，是研究自然、社会和人类思维发展的最一般本质和规律的学问，是含有阶级性的最抽象的社会意识形态。哲学是关于自然知识、社会知识和思维知识的概括和总结，研究自然、社会和思维领域中最一般的规律，各具体科学则研究客观世界某一领域或某一局部的特殊规律。

2.哲学学科的主要研究方向

哲学是研究自然界、社会和人类思维及其发展的最一般规律的学科，是社会科学领域的一门基础学科，是高等教育学科门类之一。目前我国哲学"一级学科"中包括马克思主义哲学、外国哲学、中国哲学、伦理学、美学、宗教学、科学技术哲学和逻辑学八个"二级学科"。其中，马克思主义哲学，即包括世界观、认识论、历史观和价值论等在内的哲学基本理论；外国哲学，即关于世界其他民族哲学思想的萌芽、产生、发展过程及其规律的学说；中国哲学，即关于中华民族哲学思想的萌芽、产生、发展过程及其规律的学说；伦理学，即关于伦理道德的学说；美学，即关于美、审美和艺术活动的本质及其规律的学说；宗教学，即关于宗教的起源、发展、本质和社会作用的学说；科学技术哲学，即关于自然科学技术的发展规律及其所表现的人与自然关系的学说；逻辑学，即关于思维形式和思维工具、规则的学说。这种"二级学科"的划分是同哲学的研究领域和理论内容相互交叉的，而不是一一对应的。

从哲学史上看，中国哲学先后经历了先秦诸子学、两汉经学、魏晋玄学、隋唐佛学、宋明理学、清代朴（实）学、近代新学和现代马克思主义哲学等主要的发展阶段。西方哲学先后经历了以古希腊哲学为代表的古代哲学、中世纪哲学、近代哲学和现代哲学等主要的发展阶段。

哲学理论即狭义的哲学，是哲学学科群的核心，指以研究人与外部世界的关系为对象、贯穿哲学基本问题于其中的世界观体系。它包括人们对整个世界、人自身及其相互关系的最基本的理解和最根本的观点，具有最高度的抽象性和最广泛的概括性，因而是最一般的理论体系。哲学理论通常由三部分组成：本体论、认识论和人论。本体论是人们对周围世界及人与外部世界的关系的基本理解和根本看法，主要回答周围世界是什么、怎么样、世界对人的意义、人在世界中的地位、人与世界的相互关系和作用等问题。认识论是人们对人类认识问题的基本理解和根本看法，主要回答人类认识的起源与本质、认识的过程、发展规律以及人类认识何以可能、是否可靠等问题，是对人类认识的认识或反思。如果说具体科学是关于对象的认识，那么对认识的自我认识则只能是哲学的一部分。人论是人们对自我的基本理解和根本看法，主要回答人的本质、人的发展及人生的意义、人的价值等问题。人论作为人类的自我意识，是世界观不可缺少的组成部分。这种自我意识在类的层次上，体现为社会历史观和人的哲学，在个体的层次上体现为人生观。

具体科学哲学是指由哲学与具体科学交叉所形成的边缘学科，如自然科学哲学、社会科学哲学、技术哲学、艺术哲学、文化哲学、哲学社会学等等。自然科学哲学包括科学方法论（即通常所说的科学哲学）、数学哲学、物理哲学、化学哲学、生物哲学等等；社会科学哲学包括社会科学方法论、教育哲学、法哲学、历史哲学、语言哲学等等。这些学科大多产生于现代，主要是对具体科学中的哲学问题以及具体科学方法论、具体科学基础进行研讨和分析，它们同具体科学有着更为直接的联系，对具体科学发展的依赖性更大。具体科学哲学既是哲学的分支，又是具体科学的分支，是哲学和具体科学相互渗透和联系的桥梁。一般说来，从事具体科学哲学研究的人首先是具体科学的专家。

3.哲学的研究对象

任何一门科学，都有自己区别于其他学科的特殊的研究对象。特殊的研究对象规定着这门学科的特殊的任务，特殊的学科性质、特点和功能。一般说来，具体科学的研究对象容易明确，但是哲学的研究对象究竟是什么，却没有公认的答案。关于哲学的研究对象问题，概括起来有如下说法：第一种说法，哲学是全部知识体系的总称；第二种说法，世界的本质是哲学研究的对象；第三种说法，物理学之后；第四种说法，自我就是哲学研究的对象；第五种说法，绝对是哲学研究的对象；第六种说法，思维和存在的关系。

哲学的研究对象，不仅在哲学史上多有变化，而且在同一时代，不同的哲学派别亦有不同的哲学观，对哲学的研究有各自的理解。哲学的研究对象在历史发展过程中不断变迁，以及不同倾向的哲学理论之间的差异，为人们确定哲学的研究对象带来了一定困难。哲学在古代被称为"形而上学"，它在西方的本义是"物理学之后"，中国人取"形而上者谓之道，形而下者谓之器"之义，由此大致间接地划定哲学的对象和范围。古希腊哲学把探讨世界的本原和始基作为哲学的对象，旨在寻找世界万物统一的基础；中国先秦哲学则认为，哲学应追寻天人共享的"道"。到了近代，由于自然科学的兴起，对世界本身的研究成为科学的研究对象，哲学家们开始把自己的目光从世界的本原问题转向人们的认识问题，特别是科学认识问题，力图建立凌驾于一切科学之上的"科学之科学"。

不难理解，"哲学是什么"与"哲学的研究对象是什么"本是同一个问题在不同阶段的表现。马克思主义哲学认为，哲学的对象不同于具体科学，它研究的是自然界、人类社会和思维中的最一般问题，强调从人和世界的关系中认识和把握人及外部世界。马克思恩格斯在考察社会现实的实践中，特别是在亲身参加和深入了解欧洲工人运动的过程中，从民主主义者转变为共产主义者，在理论上他们抛弃了黑格尔唯心主义体系，批判地吸取了他的辩证法的"合理内核"，抛弃了费尔巴哈哲学中的形而上学和宗教、伦理的唯心主义杂质，批判地吸取了他的唯物主义"基本内核"，在这个基础上，通过自己的科学发现，创立了崭新的无产阶级世界观的理论体系——马克思主义哲学。马克思主义哲学是科学的世界观和方法论，是关于科学的自然知识、社会知识和思维知识的概括和总结，是唯物主义自然观和历史观的统一，是辩证唯物主义和历史唯物主义的统一，是无产阶级的理论指导武器。

4.哲学的主要派别

（1）唯心主义与唯物主义

唯物主义和唯心主义这两大派别的分歧，正是哲学理论、哲学家们之间的最根本分歧。唯物主义和唯心主义成为哲学中两个最基本和最主要的派别，其对立和斗争，是哲学党性的具体表现。唯物主义和唯心主义的根本对立，在于对哲学基本问题第一方面的不同回答，这是判定唯物主义和唯心主义的唯一标准。

唯物主义是主张存在（物质）第一性，思维（意识）第二性，存在是思维的基础和根源，思维是存在的派生物的哲学派别。它主张世界在本质上是物质的，从来就有的，不是神灵创造的；人们的思想和意识只不过是外部客观物质在人的大脑中的反映而已。它具有三种基本形式：古代自发的、朴素的唯物主义，近代机械的、形而上学唯物主义和现代辩证唯物主义与历史唯物主义。

唯心主义是主张思维（意识）第一性、存在（物质）第二性，思维是存在的本原的哲学派别。它主张意识决定物质，物质是意识的产物，否认在我们之外存在着不依人的意志为转移的客观对象。主观唯心主义和客观唯心主义是唯心主义的两种基本形式。

（2）辩证法和形而上学

辩证法原意为进行谈话的艺术，指在辩论中揭露对方议论中的矛盾并克服这些矛盾的方法。后来被用来指主张用联系、全面、发展的观点来思考、认识和把握外部世界，人及其相互关系的哲学派别。它经历了三种形式：古代朴素的辩证法、德国古典哲学中的唯心主义辩证法和马克思主义的唯物辩证法。

形而上学最早是哲学的代称，指研究超感觉、经验之外对象的学问。在马克思主义哲学中，用来专指用孤立、片面、静止的观点来观察和把握世界的哲学派别。辩证法和形而上学的根本分歧，在于对世界是联系的还是孤立的、是发展的还是静止的问题的不同回答。辩证法和形而上学的对立，同样贯穿于哲学发展的始终，它们之间的斗争也是不可调和的。

（3）一元论和二元论

一元论主张世界的本原只有一个。彻底的唯物主义者和彻底的唯心主义者都是一元论者，它们都主张世界只有一个本原，即物质或意识。

二元论（或多元论）主张世界有两个（或多个）本原，这两个（或多个）本原是互相平行的。二元论（或多元论）的实质是动摇于唯物主义和唯心主义之间，力图在两者之间搞调和或所谓中立，是一种不彻底的哲学理论，最终必然倒向唯心主义一元论。

（4）可知论和不可知论

可知论认为世界是可以认识的，可知不等于预知，可知论与决定论不同。可知也不等于全知，可知论强调认识具有无限性。一切唯物主义者和彻底的唯心主义者都主张可知论。旧唯物主义者虽然坚持可知论，但是不了解实践在认识中的地位和作用，不懂得认识是一个能动的辩证过程，没有科学地解决世界何以可知的问题。彻底的唯心主义者，如黑格尔也肯定世界是可知的，但其可知的本意是指"绝对观念"可以自我认识，颠倒了物质和意识的真实关系，也没有正确解决现实世界的可知性问题。辩证唯物主义第一次将实践的观点和辩证法引入认识论，科学地阐述了世界的可知性问题。它认为世界的可知性根源于物质和意识的本性。物质的本性即客观实在性，能作用于人们的感官，为人们的感官所感知，为思维所把握。意识作为高度组织起来的物质即人脑的机能和属性，具有反映客观存在的本性。人们对客观存在的认识从实践中产生，实践是检验认识的正确性并纠正不正确的认识而获得正确的认识。在一定阶段上，由于主客观条件的限制，人的认识能力是有限的，但在人类世代的连续认识中，在社会实践的发展中，人的认识能力又是无限的，一切尚未被认识的事物终究会被认识。世界上只有尚未被认识之物，不存在不能认识之物。

不可知论是否认思维和存在具有同一性，不承认人们能够认识或彻底认识世界的哲学派别。可知论和不可知论的区别在于对哲学基本问题第二方面的不同回答。绝大多数的哲学家都是可知论者，只有少数哲学家如休谟、康德等是不可知论者。怀疑论是不可知论的一个变种，它怀疑思维和存在的同一性问题，怀疑人们彻底认识世界的能力和知识本身的可靠性，实质上仍然是不可知论。

5.学习哲学的意义

不少人对于哲学存在一些错误的认知：认为哲学是无用的，研究的问题过于虚幻；认为哲学是深奥、神秘的学问，只有少数人能懂；认为哲学所讨论的问题与现实生活无关，不能解决实际问题。实际上，哲学既不是"精神浪费"或"多余的智慧"，也不是脱离现实的"玄学"，它是"思想所集中表现的时代"，是"时代精神的精华"和"文明的活的灵魂"。不仅哲学无法脱离现实生活，人们的现实生活也无法完全脱离哲学。

哲学的意义与人的存在无法相分离。人是物质属性和精神属性的统一体，哲学帮助我们认识世界，也指导我们认识自身，彰显了人的物质属性和精神属性，是对人的物质需要和精神需要最高层次的一种满足。对于个人而言，哲学是使人生活得更美好的学问，它能给人提供世界观和方法论的指引。真正的哲学是时代的精华，既可以引领时代的进步，又能够指导个人的发展。哲学的目的并不是为人们提供所遇问题的具体答案，它所关心的是人们在现实生活中所遇到的最普遍、最根本的问题，提供的是指导人们生存和发展的最一般方法。严密分析和冷静批判是哲学建立的基础，它既包括对现实生活的深刻思考又包括关于未来世界的远大理想，是知识、信仰和价值观所构成的统一体。

哲学的进步是社会进步的基石，也是社会发展的先导。哲学是对真理的探索，但不是真理的简单汇集。哲学不单是人类知识体系中的重要组成部分，更重要的是体现了人类的智慧、人类生活的智慧。一定的世界观和思维方式是这种智慧的具体表现。世界观就是人们对外部世界、人自身以及人与外部世界关系的基本观点或看法，它所关注的焦点是世界对人的意义及人在世界中的地位问题。思维方式是由人们的世界观所决定的思考和解决各种现实问题的最普遍有效的模式或方法。一个人的知识水平、生活阅历、思考问题的角度以及认识能力等决定了每个人都会有自己的世界观和思维方式。但是，大多数人的世界观和思维方式都是不自觉和不系统的，只有经过理论化、系统化的世界观和思维方式才是哲学。因此，人人皆有世界观和思维方式，但并非人人皆有哲学或人人皆为哲学家。马克思主义认为，哲学是理论化、系统化的世界观，是对自然知识、社会知识和思维知识的概括和总结，是人们认识世界和改造世界的根本方法。所以，哲学看似无用，实则意义重大。因为哲学提供了认识自己和改造世界的根本方法。从这个意义上说，哲学的繁荣与否往往标志着国家和社会发展程度的高低。

6.学习哲学的方法

哲学知识涉及面广，专业术语较多，有些哲学著作晦涩难懂，学习哲学确实不是一件容易的事。哲学为我们提供了解决现实问题的思维方法，学习哲学也需要找到适合学习者自身的方法。学习哲学的方法有很多，也不存在适合所有人的学习方法。因为每个人的知识结构、人生阅历和思维特点不一样，找到适合自己的方法才是学好哲学的关键。对于初学者而言，从哲学的知识特点来看，以下方法值得借鉴。

一是结合兴趣学。兴趣是最好的老师，兴趣对于学习的重要性，可以说怎么强调都不为过。学哲学要从兴趣出发，但不要局限于兴趣。如果你对哲学的了解仅仅基于道听途说，或者仅仅因为对哲学印象不好就否定哲学，那你就可能错过对人的精神生活来说最好的东西。哲学知识包罗万象，每个人感兴趣的领域不一样，可以从自己最感兴趣的领域"入门"。而你一旦进入哲学之门后，追求真理的动力会促使你自然而然地广泛涉猎各个哲学领域。结合兴趣才能更好地做到独立思考，并在独立思考中形成自己的哲学思维。

二是把握历史学。任何知识在一定程度上都是历史性的知识，所有的哲学观点都不可避免地打上时代的烙印。从历史的脉络出发，能够更深刻地理解哲学的知识，能够更加全面、准确地认识各种理论主张的进步与局限。冯友兰的《中国哲学史》，美国学者梯利的《西方哲学史》以及罗素的《西方哲学史》，都是广受推崇的哲学入门读物。哲学史就是人类思维的发展史，学习哲学史对于哲学的学习至关重要。每个人一生的成长，在某种意义上，都是在重演人类思考的发展史，懂哲学史可以更快地重演，使你的思维建立在更高、更自觉的基础上。

三是循序渐进学。一开始读不懂艰深的哲学原著，可以先从一些哲学语录、小故事、流行哲学史、大众哲学、哲学工具书等通俗读物着手。循序渐进地学习，并做到广泛阅读。中国哲学要读，西方哲学也要读；古代哲学要读，当代哲学也要读，马克思主义哲学更要读。特别是重视阅读哲学原著，它能最大限度地帮助我们了解哲学家思想的原貌，了解哲学家论证的逻辑和思路，同时也能让我们看到哲学作品中一些重要而常被忽视的细节。

四是联系实际学。凡事越抽象，理解起来就越难。在所有学问中，哲学被公认为是最抽象的学问之一。学习哲学的过程中，需要提升自己化抽象为形象的能力。至于如何化抽象为形象，利用日常经验、类比、想象以及思维导图等都是可行的办法。形象化的目的是更好地联系实际，更好地在实际生活和工作中运用。学习哲学不仅是了解哲学知识，更重要的是培养自己的哲学思维，更好地解决现实中的问题，更好地改造世界。学哲学要带着问题学，这个问题可以是理论上的问题，也可以是实践中的问题，当你想从哲学知识找到答案时，自然就容易做到理论联系实际。而一个又一个问题的解决，会提升自己哲学学习的获得感，让你对哲学的学习更有信心。

第一章

马克思主义哲学

1.哲学基本问题

哲学是理论化、系统化的世界观。世界观，就是人们对于生活于其中的世界以及人与世界的关系的根本看法、根本观点。所以，哲学就是紧紧围绕着人与世界的关系而不断展开、不断发展的，哲学史上任何哲学流派都对人与世界的关系进行了论述，黑格尔指出："思维与存在的对立是哲学的起点，这个起点构成哲学的全部意义"，费尔巴哈也认为，思维与存在的关系问题，"是属于人类认识和哲学上最重要又最困难的问题之一，整个哲学史其实只在这个问题周围绕圈子"。恩格斯明确指出："全部哲学，特别是近代哲学的重大的基本问题，是思维和存在的关系问题。"①

思维和存在是哲学上的两个最基本范畴，所谓思维，就是人的观念、意识、主观；存在，就是客观实在，也就是客观存在的一切事物。对于二者关系的认识，就构成了哲学的基本问题，也就是说，哲学基本问题就是思维和存在的关系问题。

思维与存在的关系问题包含两个方面：

第一，思维和存在、意识和物质、精神和自然界何者是第一性、何者是第二性的问题。这个问题是关于世界的本原的探讨，在哲学史上是属于本体论问题。本体论问题是一个根本性的问题，是一切哲学理论体系的根基，它决定着哲学的性质，以及解决一切哲学问题的方向。根据不同哲

---

① 《马克思恩格斯文集》第 4 卷，人民出版社 2009 年版，第 277 页。

学派别对于世界本原的回答，也就是世界的本原到底是存在还是思维，物质还是意识，可以划分为唯物主义和唯心主义两大基本派别。凡是主张物质是本原，物质第一性、意识第二性的属于唯物主义，凡是主张意识是本原，意识第一性、物质第二性的属于唯心主义。哲学史上绝大多数哲学家都属于唯物主义，唯心主义的典型代表是黑格尔，他认为世界的本原是"绝对精神"，是先于世界而存在的。当然，我们不能认为唯心主义哲学家就毫无是处、荒诞不经，马克思对黑格尔的辩证法就给予了极高的评价，实际上，唯物主义和唯心主义两个哲学基本派别，只是在哲学意义上，也就是在回答思维和存在、精神和物质何者为第一性的意义上使用，不能因此否定唯心主义对于哲学发展作出的巨大贡献。

第二，思维和存在是否具有同一性的问题，也就是人类的思维是否能够认识世界，以及如何认识世界的问题，在哲学史上这属于认识论的问题。无论是唯物主义还是唯心主义，绝大多数哲学家都对这个问题做了肯定的回答。也有一些哲学家否认人类认识世界的可能性，或者否认彻底认识世界的可能性，我们把持有这种观点的哲学家称为不可知论者，康德、休谟是不可知论的典型代表。可能大多数人会感到困惑：康德、休谟这样在哲学史上作出巨大贡献的哲学家，怎么会认为世界是不可认识的呢？从辩证唯物主义的观点来看，哲学唯心主义是把认识的某一个特征、方面、部分片面地、夸大地理解为脱离了物质、脱离了自然的、神化的绝对。从人类的认识过程来看，人们认识事物的过程总是从感性认识到理性认识，从现象到本质，实际上，现象与本质是辩证统一的，现象是本质的现象，本质是现象的本质，不存在孰先孰后的问题。可是，人们在认识事物的过程中，却必须从现象到本质，并且认为本质决定现象，本质先于现象而存在，从而以普遍性、必然性、规律性去把握和说明纷繁复杂的现象。这样，本质就成为独立于现象之外，并且决定事物存在的某种"本原"的东西。不可知论者认为，本质是在"彼岸世界"，人类的认识能力只能够认识现象，而无法认识本质。

哲学基本问题的两个方面的内容是相互联系、相互渗透、相互影响的。认识论必须以本体论为前提和出发点，本体论问题的认定总是依赖于认识论的证明，没有本体论，认识论就不能获得确定性内容；没有认识论，本体论就无法获得确认。所以，哲学基本问题的两个方面是相互缠绕、相互依赖的关系，而不是互不相关、各自独立的。

2.世界的物质统一性

世界的本原是什么？或者说世界统一于什么？这是关于世界本体的思考，在这个问题上，主要有一元论和二元论两种观点。一元论又可以分为唯物主义一元论和唯心主义一元论，承认世界有统一性的，属于一元论。唯物主义一元论认为世界统一于物质；唯心主义一元论认为世界统一于精神。二元论认为世界是由心灵和物质两个彼此独立并存的实体构成。辩证唯物主义一元论和旧唯物主义一元论虽然都主张世界统一于物质，但是他们对世界物质统一性的理解是不同的，旧唯物主义把世界的本原理解为某一个具体的物质形态和结构层次，并把它归结为世界的本原而陷入了机械唯物主义。辩证唯物主义认为，物质概念包括一切客观存在的具体物质形态但又不归结为其中某一形态或某一层次，世界的统一性是在客观实在性基础上的统一。

作为马克思主义哲学的一个基本原理，世界物质统一性原理不是凭空想象和杜撰的，而是在总结全部人类认识史，特别是在总结科学和哲学发展的成果的基础上提出的。从微观世界的基本粒子到宏观世界的星系云团，从无生命的物质形态到万物之灵的人类，从自然界到人类社会，都是物质世界的不同形态。物质形态的多样性是物质世界同源性基础上的多样性，物质形态的层次性是物质世界同构性基础上的层次性，整个世界的同源性和同构性证明着世界的统一性在于世界的物质性。自然科学和社会科学都证明，人类社会是自然界长期进化的产物，是物质世界发展的高级阶段；劳动创造了人和人类社会，而人类社会是以生产方式为基础的复杂的物质体系，生产力、生产关系以及其他的各种社会关系，归根结底都是物质的关系或由物质关系决定的；人类社会的存在和发展离不开自然界，它每时每刻都在同自然界进行着物质变换。科学的发展还证明了意识是人脑这种高度发达的物质的机能和属性，从而在更深的层次上证明了世界的物质统一性。近现代科学的发展早已揭示，意识不过是自然界长期发展的产物，是人脑的机能和属性，它是不能脱离物质而存在的。

　　世界物质统一性原理的含义在于：第一，世界上除了物质的各种状态、属性、表现和关系外，没有也不可能有任何其他东西。无论过去、现在、将来，无论在任何地方，世界上不存在什么不是运动着的物质或不是由运动着的物质产生的东西。第二，世界上的一切事物、现象、过程都服从于一定的客观规律，而各种不同的规律不过是物质的辩证运动的表现或由物质的辩证运动所决定的。第三，物质世界多样化的进化系列、运动规律，将通过人的实践活动集中地体现出来。一方面，人是客观世界进化系列中最高级的存在形态，其他存在形态的基本性质、规律都综合在人的社会存在之中；另一方面，人的实践活动是社会与自然、主观世界与客观世界之间的变换与交流，它集中地体现了物质世界自身发展的内在矛盾。人的实践活动是世界物质统一性的最为集中的表现。

　　世界物质统一性原理具有重要的理论和实践意义：首先，世界物质统一性原理是整个马克思主义哲学的重要理论基础。马克思主义哲学的基本立场、观点和方法都是建立在这一原理的基础上的。正是通过把这一原理贯彻到底，马克思主义哲学克服了旧唯物主义哲学不懂得人类社会是物质世界的一个特殊领域的理论局限，实现了对自然界和人类社会及其历史发展的唯物主义理解，创立了彻底的唯物主义一元论的理论体系，实现了哲学史上的伟大变革。也正是从这一原理出发，马克思主义哲学坚决反对和深刻批判了形形色色的唯心主义、二元论、多元论和各式各样的宗教迷信。其次，世界物质统一性原理也是我们一切实际工作的重要理论指南。既然外部世界是不以任何人的主观意志为转移的客观实在，那么，人们要想正确地认识世界和有效地改造世界，就必须在一切活动中都做到从客观存在的实际情况出发。一切从实际出发、实事求是，是坚持世界物质统一性原理的必然要求。中国革命和建设的历史经验表明，什么时候我们认真坚持了一切从实际出发、实事求是的思想路线，革命和建设事业就取得成功；什么时候我们偏离了一切从实际出发、实事求是的思想路线，革命和建设事业就遭受挫折和失败。今天，也只有按照世界物质统一性原理的要求，牢固坚持一切从实际出发、实事求是的思想路线，我们才能把中国特色社会主义建设事业不断推向前进。

3.实践的世界观意义

要理解实践的世界观意义，必须先理解实践的含义。从词义上看，实践就是实行或行动，它指人们实现某种主观目的的活动。在马克思主义哲学中，实践是指人能动地改造物质世界的对象性活动。实践具有两层含义：第一层含义是指实践是人所特有的对象性活动，即它是以人为主体，以客观事物为对象的现实活动；第二层含义是指实践具有物质的、感性的性质和形式，即实践具有直接现实性的特征。

实践改造自然，不仅仅是改变自然物的形态，更重要的，是在自然物中贯注人的需要、目的和本质力量，使其从"自在之物"转化为"为我之物"，从而创造出按照自在世界本身的运动不可能产生的事物。实践改造世界的过程，实际上就是创造世界的过程。实践因此具有世界观的意义。

首先，实践的世界观意义体现在，实践创造出一个与自在世界既对立又统一的人类世界。人类世界在内容上包含着自然和社会两个方面，不是这两方面的简单相加，而是人化自然与人类社会"二位一体"的世界。人类世界中的自然不是脱离社会的自然，而是被人们"加工"过的自然，是被打上社会烙印的自然。在人类世界中，自然界意味着什么，自然对人的关系如何，人对自然的作用采用了什么样的形式、内容和范围等，都受到社会关系的制约。不仅自然被社会所制约，同时社会也被自然制约，社会归根到底需要自然过程的中介才能实现，社会发展是与自然运动"相似"的过程。社会的自然与自然的社会都是人们"对象性活动"的产物，实践是自然与社会相互作用、相互渗透的中介和基础，社会的自然和自然的社会都是通过人类的实践活动来实现或表现的。人类世界只能在实践中存在。

其次，实践的世界观意义不仅体现在世界的二重化以及人类世界的形成上，而且还体现在人类世界即感性世界的不断发展中。感性世界因此是一个动态的，不断发展、不断生成、不断形成更大规模、更多层次的开放体系。"动物的生产是片面的，而人的生产是全面的"；"动物只生产自身，而人再生产整个自然界"。[①] 人类实践活动已经"上天入地"，涉及方方面

----

① 《马克思恩格斯文集》第 1 卷，人民出版社 2009 年版，第 162 页。

面。在我们周围，几乎每样东西都刻有人的技能的痕迹。当代的实践活动更加凸显了实践的世界观意义。

最后，确认实践世界观的意义，并不是否认自然界的本原性及其对人类世界的先在性。马克思主义哲学确认自然界的"优先地位"，并认为"人并没有创造物质本身"，但是与旧唯物主义的自然概念不同的是，马克思主义哲学用科学的实践观扬弃了旧唯物主义的自然概念；马克思主义哲学不是把自然唯物主义推广或运用到社会（历史）领域，相反，是用社会实践的框架来理解人类世界中的自然，把自然同实践活动、社会生活和历史进程联系起来考察。人类世界的现实性包含着客观性，而人类世界的实践性又进一步确证着人类世界的客观性，并使人类世界及其与自在世界的关系呈现出历史性。客观性、现实性、历史性、实践性构成人类世界及其与自在世界关系的总体特征，其中，实践性是根本特征。人的实践活动内在地包含着人与自然、人与社会的关系，可以说，它是现实世界的缩影。马克思主义哲学正是通过人类实践活动来反观世界，建构了一种"新世界观"，从而消除了精神的历史与物质的自然对立的神话。这是哲学世界观的深刻变革。

4.社会生活在本质上是实践的

人类社会生活的本质是什么？在马克思主义哲学产生之前，人们没有真正地理解和把握社会的本质，人类社会或者被神化，或者被精神化，或者被自然化了。神学历史观断言社会生活是"神定的一种秩序"，"神意"是主宰国家兴亡、民族盛衰的最高力量。唯心主义历史观认为社会本质上是人的意志、意识活动或心理活动的产物，人类历史是"绝对精神"在时间中的展开。自然主义历史观认为人类社会生活是由外部的自然环境决定的，甚至由人类社会所处的地理环境来设想社会生活的本质。甚至把社会的本质归结为人的自然属性，即生物本能，认为人类与"动物社会"在本质上是同一的。

在马克思主义哲学看来，以生产劳动为其基本形式的实践不仅是人类社会赖以产生的根本力量，而且也是全部社会生活的根据和本质内容。马克思指出："全部社会生活在本质上是实践的。"① 马克思的这一论断深刻地揭示了社会生活的实践本质。

首先，实践构成了社会关系的发源地。人们之间的社会关系都是在实践中产生和发展的，生产实践既表现为人与自然之间的关系，也表现为人与人之间的社会关系，因为人们只有以一定的方式结合起来并相互交换其活动，才能进行物质生产。人们在生产实践中结成的就是反映着他们的物质利益的生产关系，包括生产资料的占有和使用关系、劳动的分工与协作关系、劳动产品的交换、分配与消费关系等等。在此基础上，人们相互之间还形成和发展了各种政治的和思想的关系。就其现实存在而言，人类社会就体现为经济、政治和思想诸方面的关系及其相互作用。实践内在地包含着三重关系，也就是人与自然的关系、人与人的关系以及人与其意识的关系，这些关系构成了基本的社会关系，即物质的社会关系和思想的社会关系。实践构成了社会关系的发源地，并以浓缩的形式包含着基本的社会关系。

其次，实践构成了社会生活的基本领域。人类的全部社会生活都是以实践为基础的，整个社会生活特别是社会物质生活本身就是实践的过程。人们在实践中形成的人与自然、人与人、人与其意识的关系内在地揭示了实践活动的三种基本类型，即创造物质生活资料的实践和创造社会关系的实践以及创造精神文化的实践，也就是社会的物质生活、政治生活和精神生活，它们构成了社会生活的基本领域。在整个社会生活过程中，生产实践具有基础和决定作用。物质生活的生产方式制约着整个社会生活、政治生活和精神生活的过程。

再次，实践构成了社会发展的动力之源。社会发展主要是社会关系的变化以及社会结构的变迁，社会发展不过是人的实践活动在时间中的展开。社会发展的动力绝不会产生于人的实践活动之外，只能形成于人的实践活动之中。生产力与生产关系的矛盾运动就是在生产实践过程中所形成的人与自然、人与人之间的矛盾及其相互作用。

马克思主义哲学确认实践是社会的本质，也就是从实践出发去理解

---

① 《马克思恩格斯文集》第 1 卷，人民出版社 2009 年版，第 501 页。

社会，或者说，把社会"当作实践去理解"，从实践出发去理解社会的根本点在于，从生产实践的内在结构，即生产方式出发去理解和剖析社会结构。生产方式决定着政治结构、文化结构以至整个社会结构，从而形成了以生产方式为基础的社会有机体。

5.文化结构的相对独立性及其功能

"文化"有广义与狭义两种含义，广义的文化概念，是指人的有目的活动的结果，即人们在物质活动和精神活动中所创造的一切，从这个意义上来说，可以把文化理解为自然的人化。狭义的文化概念指意识诸形式或观念形态，只包括与精神生产有关的观念形态。社会的文化结构中的文化，是指与解决政治相对应的观念形态的文化，也就是狭义的文化概念。文化结构是指哲学、政治法律思想、道德观念、宗教、艺术等多种意识形态的联接方式。在阶级社会中，大部分观念形态都具有意识形态性，文化结构属于思想上层建筑。意识形态属于社会意识范畴，社会意识包括了人的一切意识要素、观念形态以及全部精神现象及其过程，是人们对社会存在的反映。意识形态又不等于社会意识，社会意识是与人类社会一同产生的，而意识形态是人类社会发展到一定水平时才出现的，而且与私有制、阶级关系以及脑力劳动的分工密切相关，意识形态属于社会意识，又不能包含全部的社会意识。系统的社会意识包括两个方面的内容：一是意识形态；二是科学，即非意识形态部分。在阶级社会的每一种社会形态中，往往存在着三种不同的意识形态：首先是反映现存社会占统治地位的生产关系并为其服务的意识形态；其次是旧社会的意识形态，它反映已被消灭和正在被消灭的旧的生产关系；最后是反映现存社会中正在成长着的生产关系的意识形态。其中，反映和维护占统治地位的生产关系的意识形态通常占统治地位。一般来说，在经济结构中占统治地位的阶级也必然在文化结构中占主导地位。

在社会的文化结构中，各种意识形态都有其不同的内容和作用，但由于它们的经济基础和来源都是社会的经济结构，所以，当它们从不同的侧面以不同方式反映经济结构、社会生活时，在内容上必然相互关联、相互补充。艺术、道德、政治法律思想、宗教和哲学相互渗透、相互制约，形成了一个完整的文化结构。艺术是通过塑造活生生的形象来反映社会生活的意识形态的，它的最大特点就是依靠形象来反映社会生活，依靠形象的美来表现人们对社会生活的理解、情感、愿望和意志，按照审美的规则来把握和再现生动的社会生活，并用美的感染力具体地影响社会生活。道德是调整人们之间以及个人和社会之间关系的行为规范的总和，包括伦理思想和在伦理思想指导下的人的行为所体现的情感、风格、情操等。道德是一种依靠社会舆论、人们的信念、习惯、传统和教育来起作用的精神力量。政治思想是人们关于社会政治制度、政治生活、国家、阶级或社会集团及其相互关系的观点的总和，法律思想是关于法的关系、规范和设施的观点的总和。政治思想和法律思想是社会经济结构最直接、最集中的表现，因此，政治思想和法律思想也是适合经济结构最直接的思想表现，往往处于诸种意识形态的核心地位。宗教是统治人们的自然力量和社会力量在人们头脑中虚幻的、颠倒的反映，是由对超自然实体即神灵的信仰和崇拜来支配人们命运的一种意识形态。哲学是系统化、理论化的世界观，更概括、更完整地表明了人们关于社会的总体意识。哲学又是最抽象的意识形态，它从最一般原则的高度指导人们的社会实践、支配人们的思想。在文化结构中，各种意识形态具有不同的内容、形式、作用和特征，又相互补充、相互渗透、相互影响，构成了一个意识形态体。意识形态对社会生活的作用，是通过相互联合、相互辅助来实现的。这些具有相对独立性的各种意识形态各有特点且相互影响，构成了文化结构的整体，形成了强大的精神力量。

文化结构的相对独立性主要表现为文化结构的变化发展与经济结构的变化发展不一定完全同步。文化结构有时会落后于经济结构，对社会的发展起阻碍作用；有时又会预见到经济结构未来的发展趋势，对社会发展起推动作用。

文化结构的相对独立性还表现为发展的历史继承性。一定历史发展阶段上的文化结构，在内容上主要是反映现实的经济结构，但同时也会吸收、保留以往形成的某些意识形态材料；在形式上会继承以往既有的形式，同时又根据新的内容和条件加以改造、补充和发展，并增添一些新的具体形式。正是由于这种继承性，才有文化结构发展的独特的历史及其可以追溯的历史线索，才形成各具特色的民族文化传统。

文化结构相对独立性的最突出表现，是它具有独特的社会功能。第一，从社会结构角度看，文化具有意识形态的功能。第二，从社会进步角度看，文化具有承载和传递文明的功能。第三，从认识角度看，文化具有认知功能。第四，从育人的角度看，文化具有教化功能。第五，从民族发展角度看，文化具有建构民族心理、造就民族性格、形成民族传统、塑造民族精神的功能。

6.人的本质在其现实性上是社会关系的总和

现实的人的本质存在于具体的人性之中，是人性中的实质性的内容。现实的人作为主体是一切社会关系的总和。人在自己的社会或社会关系中表现出来的属性，就是人性。现实的社会关系是具体的，因而现实的人性也是具体的。人生活和活动于特定的历史时空之中，所以人性的具体性也表现为人性的历史性，处于不同历史形态的社会关系中的人具有不同的具体的人性。

在人性的各种规定中，人的本质即人的本质属性是人之为人的内在根据。人不是纯粹的自然物或者单纯的生物学意义上的人，人也不是抽象的概念，具体的人总是生活在一定的社会关系中，是实践着的、活生生的、现实的人，即社会的人。正如马克思指出的："人不是抽象的蛰居于世界之外的存在物。人就是人的世界，就是国家，社会。"[1] "人的本质不是单个人所固有的抽象物，在其现实性上，它是一切社会关系的总和。"[2] 诚然，人作为生物个体有其自然属性，这是人之为人的自然前提。但人的本质在于与其他动物不同的社会属性。正是人类的社会性使人同不具有社会性的动物以及具有某种社会性的动物区别开来。因此，规定人的本质的是人类社会性即人类社会关系。强调人的本质在于人类的社会关系，并不等于说人的本质只在人与社会的关系中表现出来。人的本质存在于人的现实关系之中，人的现实关系包括人与社会的关系，也包括人与自然界的关系。人

---

[1] 《马克思恩格斯文集》第1卷，人民出版社2009年版，第3页。
[2] 《马克思恩格斯文集》第1卷，人民出版社2009年版，第501页。

凭借社会性的活动改造自然，使自然人化，成为人类社会活动的客体。人与自然界的关系同时也是人的社会的关系，体现人的社会本质。

从其现实性上说，人是一种具有理性意识、从事着感性活动的感性存在，即实践的存在。实践是人类所特有的生存和发展方式。实践使人在一定程度上突破了人类作为自然物种的限制，能够在有目的地运用人工工具改造外部环境的活动中生存和发展。因此，人既有与动物相同的自然生命，又具有超越自然生命的本质，即实践的人的社会本质。人的自然属性是以扬弃的形式包含在人的社会本质之中的。人的社会本质，就是人作为实践主体的现实规定性，具有具体的历史的特点。第一，处于不同历史时期和不同历史条件下的个人具有不同的社会存在形态，因而相应地具有不同的本质。不属于任何历史时期，不依赖任何历史条件的先验的、抽象的、永恒的人的本质是不存在的。第二，人的社会存在形态及其本质是一个历史发展过程，人既继承了以往历史积淀下来的优秀文化，又创造着新的历史文化。人在创造和发展自己的社会历史的同时，也创造和发展了人的存在和本质。

正因为人的本质是人的真正的社会联系，所以人在积极实现自己本质的过程中，创造和生产了人的社会联系即社会本质。人的社会本质不是一种同个人相对立的抽象的一般的力量，而是每个人的本质，是他自己的活动、生活、享受和财富。这种真正的社会联系是由于有了个人需要和利益才出现的，是个人在积极实现其生存和发展时的直接产物。

人类社会关系常常通过物来表现，或表现为物的关系，于是出现了社会关系物化的现象。自有人类社会以来，人类生产的物质产品就物化着人与人的关系，可以说产品关系即生产关系，生产关系即社会关系。然而，物与物的关系毕竟不直接是人与人的关系，它作为对象性的存在只是凝结着人的本质力量，反映或折射着人的社会关系。但是，在资本主义社会中，物与物的关系反客为主，使人的本质在对象化中产生异化。异化的生产把人当作商品、当作具有商品的规定的人生产出来，而且依照这个规定把人当作精神上和肉体上非人化的存在物生产出来。人的本质的异化，在其现实性上，就是人的社会关系之总和的异化。

因此，马克思强调，"只有当对象对人来说成为人的对象或者说成为对象性的人的时候，人才不致在自己的对象里面丧失自身。只有当对象对人来说成为社会的对象，人本身对自己来说成为社会的存在物，而社会在这个对象中对人来说成为本质的时候，这种情况才是可能的"。[①]这就是说，必须始终把物作为对象性的存在，把人作为主体性的存在，使物成为社会的对象，使人成为社会的主体，这样，人才能真正拥有和实现自己作为人的社会本质。

7.对立统一规律

唯物辩证法是关于世界普遍联系和永恒发展的科学，联系的观点和发展的观点是唯物辩证法学说的总特征，对立统一规律、质量互变规律、否定之否定规律是唯物辩证法的三大规律。对立统一规律是辩证法的实质和核心，它揭示了事物发展的源泉、动力和实质内容，是人们认识世界和改造世界的根本原则。

对立统一规律又称矛盾规律，矛盾是唯物辩证法的核心范畴，矛盾反映事物内部或者事物之间的对立和统一及其关系。要正确理解和准确把握矛盾范畴，首先要正确区分辩证矛盾与逻辑矛盾。逻辑矛盾是思维中前后不一致，自相冲突，是违反逻辑规律而造成的，是应当从思维中加以排除的；辩证矛盾是事物和生活本身所固有的对立统一关系，是无法排除的。我们要研究辩证矛盾，避免犯逻辑矛盾的错误。

对立与统一是矛盾的两种基本属性，矛盾的对立属性又称为斗争性，矛盾的统一属性又称为同一性，二者是矛盾所固有的两种相反而又相成的基本关系或基本属性。矛盾的同一性是指矛盾双方的相互依存、相互吸引、相互贯通的一种联系和趋势，包含两个方面的含义：第一，矛盾着的对立面的互相依赖性。矛盾着的一方必须以另一方为媒介，以另一方的存在作为自己存在和发展的条件。第二，矛盾着的对立面的相互贯通性。矛盾的双方不仅互相依存，而且存在着由此达彼的桥梁，存在着相互转化的趋势。矛盾的斗争性是指对立面之间相互排斥、相互否定的关系和属性，体现着双方相互分离的倾向和趋势。事物内部矛盾的对立面之间的这种相

① 《马克思恩格斯文集》第 1 卷，人民出版社 2009 年版，第 190 页。

互排斥、相互否定，实际上是事物的自我否定。同一性和斗争性是矛盾的两种相反的基本属性，二者又是相互联系着的，是不可分割的。一方面，矛盾的同一性不能离开矛盾的斗争性而存在，没有矛盾的斗争性就没有矛盾的同一性。矛盾的同一性不是那种抽象的、无差别的同一关系，而是以对立和差别为基础和前提的统一关系，是包含着斗争性的同一性。另一方面，矛盾的斗争性也不能离开矛盾的同一性而存在。矛盾着的对立面彼此互为存在的前提和条件，对立面之间的差异、对立和斗争是矛盾统一体内部的差异、对立和斗争。因此，矛盾的斗争性寓于矛盾的同一性之中。正如没有矛盾的斗争性就没有矛盾的同一性一样，没有矛盾的同一性也没有矛盾的斗争性。

矛盾范畴不仅反映了事物内部对立统一的本质联系，而且揭示了事物发展的机制。事物的内部矛盾是事物发展的源泉、动力。事物的发展正是矛盾的同一性和斗争性共同作用的结果。但是，矛盾的同一性和斗争性在事物发展中的作用是不一样的。矛盾的同一性在事物发展中的作用主要表现在三个方面：第一，矛盾双方互为条件、相互依存，在统一体中得以存在和发展，一方的存在以另一方的存在为条件，这是任何事物得以存在的前提，同样，对立一方的发展也以另一方的某种发展为条件，矛盾双方力量的变化过程也是在相互依存的矛盾统一体中实现的。第二，矛盾双方相互吸取有利于自身发展的因素，在相互作用、相互促进中各自得到发展。第三，矛盾双方的相互贯通规定事物发展的基本趋势，就是一物转化为他物，但不是转化为别的东西，而是转化为自己的他物，是向自己的对立面的转化。矛盾的斗争性在事物发展中的作用表现：在事物量变过程中，斗争性推动着矛盾双方力量的变化，造成双方力量的不平衡性，从而使矛盾得以展开；在事物质变过程中，当矛盾双方力量的发展在斗争中沿着各自的方向达到它的极限时，矛盾的斗争性就会使矛盾双方突破限度，导致旧的矛盾统一体分解，新的矛盾体产生，一事物变成他事物。

作为既斗争又同一的关系，矛盾也是普遍性与特殊性的统一。所谓矛盾的普遍性，是指矛盾的共性。它包括两个方面的内容：其一，矛盾存在于一切事物的发展过程中，也就是说，处处有矛盾，矛盾无处不在。其二，每一事物的发展过程中都存在着自始至终的矛盾运动，也就是说，时时有矛盾,矛盾无时不有。矛盾在事物的产生、存在、发展直至消亡的过程中始终存在,旧的矛盾解决了,新的矛盾又会出现。矛盾是普遍存在的,但不同事物的矛盾之间具有根本的差异,即每个事物的矛盾又具有其特殊性。矛盾的特殊性就是矛盾的个性,也就是说,每一事物的矛盾及其侧面都各有其特点。矛盾的特殊性主要表现为三个方面:第一,矛盾的性质具有特殊性。第二,矛盾的地位具有特殊性。复杂事物所包含的矛盾常常不是单一的,而是由众多矛盾组合而成的复杂系统。就复杂事物的整个发展过程而言,我们可以从它的矛盾体系中剥离出基本矛盾和非基本矛盾。基本矛盾是指贯穿于事物发展过程的始终并决定着事物本质的矛盾,非基本矛盾是指那些不一定贯穿于事物发展过程的始终、对事物的本质也不起决定作用的矛盾。就复杂事物发展的某一阶段而言,我们又可以从它的矛盾体系中剥离出主要矛盾和次要矛盾。主要矛盾是指在复杂事物的某一发展阶段上起决定作用的矛盾,次要矛盾是指处于从属地位、对事物的发展不起决定作用的矛盾。同时,无论是何种性质、何种地位的矛盾,其不同的方面都有着不同的作用、占据着不同的地位。由此,我们还可以区分出矛盾的主要方面和次要方面。矛盾的主要方面是指在矛盾统一体中起主导作用、居于支配地位的方面,矛盾的次要方面则是指在矛盾统一体中起次要作用、处于被支配地位的方面。第三,矛盾的解决形式具有特殊性。不同的矛盾需要采取不同的方法来加以解决。一般而言,矛盾的解决形式有以下几种:一是矛盾的一方克服或战胜另一方,如真理战胜谬误、先进文化取代落后文化等。二是矛盾双方共同被新的矛盾双方所取代,如封建地主阶级和农民阶级斗争的结果是它们被资产阶级和无产阶级所取代。三是矛盾双方通过相互融合使矛盾获得最终解决。矛盾的普遍性与矛盾的特殊性之间的关系,是共性与个性对立统一的辩证关系。首先,矛盾的普遍性离不开矛盾的特殊性,它总是存在于特殊性之中,并通过特殊性表现出来。其次,矛盾的特殊性也离不开矛盾的普遍性,否则,它就会丧失原有的共同性质,转而具有另一类矛盾的共性。最后,矛盾的普遍性和特殊性在一定条件下可以相互转化。总之,矛盾是事物运动发展的根本动力,它既是同一性与斗争性的统一,又是普遍性与特殊性的统一。这就是对立统一规律的基本内容。

8.质量互变规律

质量互变规律揭示了任何事物都具有质的规定性和量的规定性，是质与量的辩证统一；质变与量变是事物运动和发展的两种基本状态，一切事物的变化都表现为由量变到质变的质量互变过程。

质是一事物成为它自身并区别于其他事物的所固有的规定性，每一个事物都具有其特有的质。质和事物的存在是直接同一的，事物总是一定质的事物，世界不存在不具有一定质的事物；质又是一定事物的质，脱离一定事物的质也是根本不存在的，事物的质发生变化，一事物就成为他事物。质是事物的内在规定性，属性是质的外在表现，人们是通过事物的属性去认识事物的质。量是事物的规模、程度、速度，以及它的构成成分在空间上的排列组合等可以用数量表示的规定性。量与质是事物两种不同的规定性，质和事物的存在是直接同一的，而量与事物的存在并不直接同一，同一事物在一定范围内数量的增减、功能的变化、结构的变动并不会影响某物之为某物。任何事物都同时具有质和量，是质和量的统一体。质和量的统一体现在"度"，度是事物保持自己质的量的限度、幅度、范围，是和事物的质相统一的数量界限。在度的范围内的数量的变化，事物的质不会发生变化；超出这个范围，事物的质就发生变化。

量变和质变是事物变化的两种形式或两种状态。量变是事物数量的增减和场所的变更，是不显著的变化，是在度的范围内的延续和渐进。质变是事物由一种质态向另一种质态的飞跃，是根本性的、显著的变化，是对原有度的突破，是事物连续和渐进的中断。事物的变化是否超出度的范围，是区分量变与质变的根本标志。

量变与质变相互联系，相互包含，并在一定条件下相互转化。其一，量变是质变的前提和必要准备。没有量变就没有质变，质变是在量变的基础上形成的，同时，量变还规定着质变的方向。在量变过程中，实际上存在着两种相反的量的较量，准备着质变的条件。事物质变不仅取决于量的绝对值的增减，而且决定于双方力量对比的变化。其二，质变是量变的必然结果。量变达到一定程度，必然会突破事物的度，引起事物的质变。质变巩固着量变的成果，质变又引起新的量变，为新的量变开辟道路。事物的变化总是先从量变开始，量变达到一定程度后超出了度，就导致质变，这就是量变到质变的过程。质变又引起新的量变，这是由质变到量变的过程。事物的发展就是由量变到质变，又由质变到量变的循环往复、不断发展的演进过程。其三，量变和质变具有复杂性，在总的量变过程中包含着部分质变，质变过程中具有量的扩张。量变的复杂性，首先表现在量变形式的多样性上。量变的形式基本分为两种：一种是由数量的增减而引起的质变；另一种是由于构成事物的成分在空间关系即排列次序、结构形式上的变化而引起的质变。量变的复杂性，还表现在总的量变过程中包含着部分质变。质变的复杂性，首先表现在它的形式的多样性，有爆发式飞跃和非爆发式飞跃两种。质变的复杂性，还表现在质变过程中具有量的特征。从时间的持续性上看，过程的持续有长有短；从空间的伸张性上看，过程的规模大小不等。无论在哪个层次上发生的飞跃，都有一个量的扩张过程。

9.否定之否定规律

矛盾具有普遍性，在任何事物之间以及在任何事物内部都有矛盾，事物内部的矛盾包含着肯定方面和否定方面，即肯定因素和否定因素。肯定因素是维持现存事物存在的因素，否定因素是促使现存事物灭亡的因素。由于事物内部矛盾双方遵循着必然性进行相互作用，时而否定方面占据支配地位，时而肯定方面占据支配地位。当肯定因素占据支配地位时，事物保持存在的状态；当否定方面占据支配地位时，事物就会由对自我的肯定走向对自我的否定，使自身丧失必然性的部分走向灭亡。由肯定到否定，再由否定进一步走向更高阶段的肯定，即否定之否定。这就是事物自己发展自己的完整过程，即否定之否定规律。否定之否定规律主要包括辩证否定观、事物的辩证发展过程及方法论意义三个部分。

（1）辩证否定观

形而上学否定观，是指要么肯定一切，要么否定一切，片面、孤立、静止地分析、解决问题。诡辩论和相对主义则往往把肯定和否定混为一谈。而辩证否定观既不同于形而上学否定观，亦不同于诡辩论。它是遵循事物发展必然性的肯定中有否定，否定中有肯定。辩证否定观的核心内容是：第一，否定是事物对自我的否定，是事物内部矛盾运动的必然结果。

第二，否定是事物进行自我发展的必要环节，是旧事物向新事物转变必然要经历的环节，只有经过否定，旧事物才能够向新事物转变。第三，否定是新旧事物联系的环节，新事物产生于旧事物之中，新旧事物通过否定环节联系起来。第四，其实质是"扬弃"，即新事物对旧事物的既批判又继承，既克服又保留，克服的是丧失必然性的部分，保留的是符合必然性的部分。

（2）事物的辩证发展过程

事物的辩证发展过程必须要经过两次否定、三个阶段，即经过肯定到否定，再由否定走向更高阶段的肯定这三个阶段。第一次否定使得事物内部的矛盾得到具体的、历史的、初步的解决，但此时事物仍然具有片面性，还要经过再次否定，即否定之否定，实现对立面的统一，矛盾才得以根本解决。否定之否定阶段看似是回到了出发点的肯定，但实际上是在更高阶段上的"回复"，是对事物内部的再次扬弃。两次否定、三个阶段，形成事物辩证发展的一个周期。因而事物发展呈现出周期性，不同周期的交替使事物发展呈现出波浪式前进或螺旋式上升的总趋势，从而事物的发展也是前进性与曲折性的统一。前进性是由于每一次否定都是质变，都把事物推进到一个新的阶段，同时不同周期交替进行，因而每一个周期都是开放的，前一个周期的终点是下一个周期的起点。曲折性是由于回复性，新事物战胜旧事物的过程中有时会出现暂时的停顿甚至是倒退，但是对于符合必然性趋势的事物而言，曲折性终将为事物的发展开辟新的道路。因而否定之否定规律揭示了事物的发展不是直线式前进的，而是螺旋式上升的，是前进性与曲折性的统一。

（3）方法论意义

从微观维度讲，否定之否定规律要求我们在认识活动中，要遵循事物发展的必然性，对事物采取科学分析的态度，树立辩证否定观，使实践活动符合事物辩证发展的本性，既要反对肯定一切或否定一切的形而上学否定观，又要反对肯定与否定混淆的诡辩论或相对主义。从宏观维度讲，否定之否定规律揭示了事物发展前进性与曲折性的统一，对于我们认识、分析和解决问题有重要的指导意义，要求我们正确看待事物发展的过程，既要看到前途的光明，又要看到前进道路上的曲折。

10.实践与认识的辩证关系

实践与认识的辩证运动表现为人的认识发展过程和实践活动的不断完善，即从实践到认识，再从认识到实践的循环往复和无限发展的总过程。实践是认识的基础，在认识发展中起决定性作用；而认识一旦产生，又反作用于实践、指导着实践活动，以达到改造世界、获得自由的目的。因此，认识与实践的辩证关系主要包括实践是认识的基础、认识反作用于实践以及方法论意义三个方面：

（1）实践是认识的基础，在认识活动中起着决定性作用

实践是认识的来源。认识是主体在实践基础上对客体的能动反映，人作为实践活动的主体，在实践过程中产生认识，认识的内容来源于实践活动。人通过实践，获得对实践对象的认识。若没有作为主客观沟通桥梁的实践，从根本上说，人就不会产生认识。一个人的多数知识来源于间接经验，即书本和传授，而这些知识从根本上来讲，仍来源于直接经验，即在实践中获得的。

实践是认识发展的动力。首先，实践的需要是推动认识在深度和广度上不断发展的根本。人为了改造世界而不断实践，在实践中，人的认识不断得到增长和完善。一般来讲，实践越多的领域，在该领域获得经验和认识的深度和广度也就越大。其次，实践为认识的发展提供了手段和条件，如实践中逐渐形成的经验材料、实验设备和工具等是对人的肢体延伸、感官延伸以及体能放大，是认识进一步发展的有利条件。最后，实践改造人的主观世界，锻炼和提高人的认识能力。主观世界的改造与客观世界的改造具有同构性，人在实践的推动下，不断打破认识上的旧框框，解放思想、不断创新，促进认识的深化和发展，认识得以发展，从感性认识逐渐飞跃为理性认识。

实践是认识的目的。人的实践具有自觉能动性，是一种有意识、有目的的活动，目的性是能动性的主要表现。在实践活动中获得并得以发展的认识最终都指向实践这一目的，都是为实践服务的。

实践是检验认识真理性的唯一标准。真理是标志主观与客观相符合的哲学范畴，其检验标准是实践，这具有根本性。逻辑证明只起到一定的补

充作用，其正确与否终究要靠实践检验。

（2）认识反作用于实践，对实践具有能动的指导作用

正确的认识即符合事物发展规律的认识，是认识主体对事物现象或规律的正确理解和把握，有利于指导实践进一步深入，在不断完善中逐渐达到预期目标。而错误的认识是对事物规律的错误把握和曲解，对实践具有一定的误导作用，使实践主体逐渐偏离实践目的。

（3）方法论意义

在实践与认识的辩证运动中，实践是认识的基础，认识对实践具有指导作用，这告诉我们务必要使主观统一于客观，认识统一于实践。这种统一是认识与实践的矛盾在发展中的统一，是具体的历史的统一。具体的统一，是指主观认识要与一定事物的一定时间、地点、条件下的客观实践相符合。因而，这种统一是具体的、现实的，而不是抽象的。历史的统一，是指主观认识要同特定历史发展阶段的客观实践相符合，不能超越或低于这个阶段。由于客观实践是具体的历史的，所以主观认识也应是具体的历史的。这告诉我们要一切从实际出发，同时坚持解放思想、实事求是。具体来说，我们要从客观事物存在和发展的规律出发，从变化发展着的客观实际出发，在实践中按客观规律办事，敢于自我革命、不断解放思想、与时俱进，不断创新，努力实现理论创新和实践创新的良性互动。

11.认识的基本规律

辩证唯物主义认识论认为，认识是主体在实践基础上对客体的能动反映。认识运动是一个辩证发展的过程，这个过程经历了两次历史性的飞跃。第一次飞跃是指从实践到认识，第二次飞跃是指从认识到实践。实践、认识、再实践、再认识，循环往复、无限发展。

（1）从实践到认识

从实践到认识的飞跃，主要表现为认识活动在实践的基础上由感性认识能动地发展到理性认识。感性认识和理性认识是认识过程的两个不同阶段，代表了人们对客观世界进行反映的两种不同水平。

①感性认识

感性认识是人们在实践基础上，由感觉器官直接感受到的关于事物的

现象、外部联系以及各个方面的认识。它包括感觉、知觉和表象三种形式：

a. 感觉是个体感受器（如眼、耳等感觉器官中的结构）接受刺激而产生感觉经验的过程，如看到某种颜色、边界、线段，听到某种声响，闻到某种气味等。感觉是人的感觉器官对客观事物的个别属性、个别方面的直接反映，它是一种最初级的经验，是我们认识客观世界的第一步；

b. 知觉是个体将来自感觉器官的信息转化为有意义对象的过程，是人的感觉器官对客观事物外部特征的整体的反映。以视觉为例，来自感觉器官的信息为我们提供了某种颜色、边界、线段等个别属性，我们将这些方面的感觉结合起来并经头脑的加工形成对客观事物的整体知觉。知觉是个体对感觉信息的组织和解释过程，它属于高于感觉的感性认识阶段；

c. 表象是在感觉和知觉的基础上形成的，它是人脑对过去的感觉和知觉的回忆，是曾经作用于感觉器官的客观对象的形象再现。表象是感性认识的高级形式，具有一定的概括性。

②理性认识

理性认识是指人们借助抽象思维，在概括整理大量感性材料的基础上，达到关于事物的本质、全体、内部联系和事物自身规律性的认识。理性认识包括概念、判断、推理三种形式：

a. 概念是指对某类事物的概括，是思维的最基本的单位，如家庭、社会、国家、民族等就是一些基本的概念；

b. 判断是展开了的概念，是对事物之间的联系和关系的反映，是对事物是什么或不是什么、是否具有某种属性的判明和断定；

c. 推理是从一个或几个已知的判断出发，推出另一个新判断的过程。推理是由判断构成的，并依据判断之间的真假关系，由已知确立未知的思维过程。

③感性认识与理性认识的关系

感性认识和理性认识是认识过程的两个阶段，它们是辩证统一的关系，需要在实践中发展。

a. 感性认识有待于发展和深化为理性认识

感性认识是认识的初级阶段，它具有直接性和局限性。在感性认识阶段，人们通过实践形成了对客观事物的感性映像，但是还不能深刻地理解事物的概念。随着实践的不断发展，人们对事物的认识发生了质的飞跃，要求由感性认识阶段上升到理性认识阶段；

b. 理性认识依赖于感性认识

理性认识是认识的高级阶段，它具有抽象性和间接性的特点。在理性认识阶段，人们对感性认识所获得的材料进行加工和改造，最终实现对事物的本质和规律的认识。感性认识是认识过程的起点，是达到理性认识的必经阶段；

c. 感性认识和理性认识相互渗透、相互包含

感性中有理性，理性中有感性。理性认识以感性认识为基础和表达手段，感性认识要向理性认识不断发展。

（2）从认识到实践

从认识到实践，是认识运动过程的第二次飞跃，这一飞跃具有必要性和重要性。一方面，从实践来看，认识世界的目的是改造世界。从感性认识上升到理性认识的第一次飞跃，认识的结果仍然是观念的存在，只有通过实践才能把观念的存在变为现实的存在。马克思主义认为，理论是行动的指南，没有革命的理论就没有革命的运动。但是如果把正确的理论束之高阁，使其脱离实践，那么再好的理论也是没有意义的。人们从实践中获得认识，其目的不是为了认识，而是使认识指导实践，从而改造世界以满足生活、生产的需要；另一方面，从认识来看，认识的真理性只有在实践中才能得到检验和发展。实践是联系主客观的桥梁，只有把理论付诸实践，并把认识和实践的结果相对照，才能检验认识的正确与否。也只有经过实践的检验，错误的认识才能被纠正从而不断地发展与完善。

12.非理性因素在认识过程中的重要作用

认识过程是一个复杂的运动过程，这个过程是理性因素和非理性因素相互作用的结果，非理性因素在认识过程中有着不可替代的作用。

（1）非理性因素的内涵

非理性因素主要是指认识主体的情感和意志。情感是主体对客观事物的态度和由此而产生的内心体验；意志是主体为了一定的目标，自觉地组织自己的行为，并与克服困难相联系的心理过程。从广义上看，非理性因

素还包括认识能力中具有不自觉、非逻辑性等特点的认识形式，如联想、想象、猜测、直觉、顿悟、灵感等。当理性因素被运用到一定程度，思维过程出现矛盾，认识主体无法沿着原来的逻辑展开思维时，非理性因素在认识过程中就发挥了作用。

（2）非理性因素在认识过程中的作用

人的认识过程是理性因素和非理性因素共同作用的结果，非理性因素对人的认识活动具有激活、驱动、调节和选择作用。

①激活作用

激活作用是指情感、意志等非理性因素，在认识过程中发挥着使主体的认识处于活跃状态的作用。主体的好奇心、求知欲、兴趣等心理倾向，刺激主体对客观事物产生联想和想象，而联想和想象等非理性因素又激活主体对客观事物的更为深入的探索。以科学创造为例，联想和想象会激活主体的积极性，引导主体的认识过程向前推进，进而指导主体进行发明创造、推动社会进步。在科学研究中，联想和想象等非理性因素发挥着重要的作用。

②驱动作用

在复杂的认识过程中，情感、意志等非理性因素对认识的发展起了一定的驱动作用。积极的情感对认识的发展起着推动作用，它为认识活动注入活力；坚定的意志对认识的发展起着支撑作用，它为认识活动提供力量。在认识活动中，当主体的情感、意志与客观的存在构成主客体关系，并与当时的情境产生共鸣时，主体的积极情感和坚强意志更容易被激发，从而促使认识主体处于积极能动的状态中，这有利于推动认识的发展和认识目标的实现。

③调节作用

调节作用是指认识主体在接收各种信息之后，调整原有认识图式或改变认识运动方式，以适应客观存在的需要。这种调节作用主要表现为两种形式，即形成思维定势和解除思维定势。思维定势是主体先前的思维活动形成的心理准备状态对后继同类思维活动的决定趋势。定势常常是意识不到的，它有时有助于问题的解决，有时会妨碍问题的解决。非理性因素的这种调节作用，有利于主体思维适时进行变换，从而减少认识发展过程中的阻碍。

④选择作用

选择是指主体根据自己的需求，以主要目的为中介，对事物、现象所做的判断、决策和取舍以及在此基础上所固有的能动、积极的活动方式。人类社会的产生、存在和发展离不开实践主体的选择，对于同样的信息，不同的主体会做出不同的判断与决策。在认识活动过程中，非理性因素的选择作用有助于主体在大量的信息、材料中分辨、获取个人所需的部分，从而提高认识的效率。

（3）正确认识理性因素与非理性因素之间的关系

在认识活动中理性因素和非理性因素是不可分割的两个部分，它们紧密地联系在一起，协同发挥作用。没有理性因素的认识是盲目的，没有非理性因素的认识是僵化的，理性因素和非理性因素是对立统一的关系。

一方面，理性因素与非理性因素是对立的，这主要表现在两者的反映形式和反映过程不同。理性因素以逻辑的形式反映事物，而非理性因素以非逻辑的形式反映事物；理性因素对事物的反映过程遵循一定的顺序和关系，而非理性因素对事物的反映过程打破了特定的程序。

另一方面，理性因素与非理性因素又是统一的。理性因素具有严密性，而非理性因素具有灵活性，因此两者互为补充。在认识活动中，非理性因素为理性因素冲破自身的束缚而创造条件，理性因素则对非理性因素所获得的认识成果加以整理、论证和逻辑检验，从而消除非理性因素的主观性和盲目性。

13.辩证法、认识论和方法论的一致性

首先，辩证法是关于自然、人类社会和思维发展的最一般规律的科学。对立统一规律是根本规律，是辩证法的实质和核心。马克思唯物主义辩证法把世界的本原归结为物质，主张物质第一性，意识第二性，意识是物质的产物。在意识与物质之间，物质决定意识，而意识则是客观世界在人脑中的主观映像。因此，物质是唯一事实上存在的实体。作为一个理论体系，唯物主义属于一元本体论，其本身又不同于以二元论或多元论为基础的本体论，作为对现实世界的一种解释，它是唯心主义的一个对立面。

唯物辩证法作为关于自然、社会和人类思维发展一般规律的科学，在认识论上是唯物主义认识论，在方法论上同时又是人们认识世界和改造世界的根本方法，体现了唯物主义、辩证法和认识论的统一。唯物辩证法既包括客观辩证法，也包括主观辩证法。客观辩证法是指客观事物或客观存在的辩证法，是客观事物以相互作用，相互联系的形式呈现出的各种物质形态的辩证运动和发展规律；主观辩证法是指人类认识和思维运动的辩证法，即以概念作为思维细胞的辩证思维运动和发展规律。

其次，马克思主义的认识论从物质决定意识、意识是物质的反映这一唯物主义原理出发，把认识的发展同社会实践的历史发展结合起来，把认识过程的辩证法同客观实在过程的辩证法统一起来，发展为建立在实践基础上的能动的辩证唯物主义认识论，辩证唯物主义认识论继承了旧唯物主义的合理前提，辩证唯物主义认识论具有两个突出的特点，一是把实践的观点引入认识论，二是把辩证法应用于反映论考察认识的发展过程，科学地揭示认识过程中多方面的辩证关系。

在马克思主义哲学中，唯物论和辩证法是统一的。由于世界本来就是普遍联系和变化发展着的物质世界，因此，当马克思主义唯物论解决世界的本原问题时已经内在地包含了辩证法。同样的道理，当马克思主义科学地揭示世界的普遍联系和变化发展时也就内在地包含了唯物主义。

最后，方法论就是关于人们认识世界、改造世界的方法的理论。唯物辩证法是马克思和恩格斯在唯物主义基础上改造黑格尔唯心主义辩证法，所创立的唯一科学的方法论。它是在概括总结各门具体科学积极成果的基础上，根据自然、社会、思维的最一般的规律引出的最具普遍意义的方法论。唯物辩证法是对客观规律的正确反映，它要求人们在认识和实践活动中一切从实际出发，实事求是，自觉地运用客观世界发展的辩证规律，严格地按客观规律办事。

14.真理与价值

（1）真理的内涵与特性

马克思主义认为，真理是标志主观与客观相符合的哲学范畴，是对客观事物及其规律的正确反映。真理具有客观性、绝对性和相对性。

真理的客观性是真理的本质属性，是指真理的内容是对客观事物及其规律的正确反映，真理中包含着不依赖于人的客观内容。真理的客观性决定了真理的一元性，真理的一元性是指在同一条件下对于特定的认识客体的真理性认识只有一个，人们对同一客体的认识是多元的，但真理是一元的。真理的一元性是针对真理的客观内容而言的，从真理的主观形式看，真理的表现又是多样的。真理是内容上的一元性与形式上的多样性的统一。

真理的绝对性是指真理主客观统一的确定性和发展的无限性，它有两方面含义：一是指任何真理都标志着主观与客观之间的符合，都包含着不依赖于人的客观内容，都同谬误有原则的界限，这一点是绝对的、无条件的。二是人类认识按其本性来说，能够正确认识无限发展着的物质世界。

真理的相对性是指人们在一定条件下对客观事物及其本质和发展规律的正确认识总是有限度的、不完善的。它也具有两方面的含义：一是从客观世界的整体性来看，任何真理都只是对客观世界的某一阶段、某一部分的正确认识，人类已经达到的认识的广度总是有限度的，有待扩展；二是就特定事物而言，任何真理都只是对客观对象一定方面、一定层次和一定程度的正确认识，认识反映事物的深度是有限度的，或是近似性的，有待深化。

人类的认识活动从总体上讲是为了获得真理，并用真理指导实践，以取得实践的成功。真理具有客观性，凡真理都是客观真理。就真理的发展过程以及人们对它的认识和掌握程度来说，真理既是绝对的又是相对的，真理的绝对性和相对性是辩证统一的。

（2）价值的内涵与特性

作为哲学范畴，价值是指在实践基础上形成的主体和客体之间的意义关系，是客体对个人、群体乃至整个社会的生活和活动所具有的积极意义。哲学上的价值概念具有最大的普遍性，是对各种特殊的价值现象的本质概括。价值具有主体性、客观性、多维性和社会历史性。

价值的主体性是指价值直接同主体相联系，始终以主体为中心。其一，价值关系的形成依赖于主体的存在。其二，价值关系的形成依赖于主体的创造，使客体潜在的价值转化为现实的存在。

价值的客观性是指某物是否有用，最终取决于该物的自身性质。价值是一种客观存在，独立于人们对它的认识和评价，认识和评价可以反映价值，但不能创造也不能消灭价值，因此，价值的主体性是以价值的客观性为前提的。

价值的多维性是指每个主题的价值关系具有多样性，同一客体相对于主体的不同需要会产生不同的价值。价值的多维性要求人们在创造或实现价值时，应对客体的价值作全面的考察和理性的选择。

价值的社会历史性是指主体和客体的不断变化决定了价值的社会历史性特点。价值关系中的主体是在一定社会关系中从事实践的具体的人，随着实践和历史的发展，主体和客体以及主客体之间的关系发生变化，导致人们对客体价值的判断也会发生改变。

（3）真理与价值的关系

真理与价值是紧密联系、不可分割的辩证统一关系，真理因其不以人的主观意志为转移的客观普遍而具有根本性和优先性，价值及其评价标准必须以对事物的真理性认识为前提，二者辩证统一于人民群众的社会实践。

首先，真理与价值是辩证统一的关系。一方面，价值尺度必须以真理为前提，脱离了真理尺度，价值尺度就偏离了合理的、正确的轨道。另一方面，人类自身需要的内在尺度，即价值尺度，推动着人们不断发现新的真理，脱离了价值尺度，真理尺度就缺失了主体意义。

其次，真理与价值或真理尺度与价值尺度的辩证统一关系是建立在实践基础上的。人们的实践活动总是受着真理尺度和价值尺度的制约，任何成功的实践都是真理尺度和价值尺度的统一，是合规律性和合目的性的统一。实践的真理尺度是指在实践中人们必须遵循正确反映客观事物本质和规律的真理。只有按照真理办事，才能在实践中取得成功。实践的价值尺度是指在实践中人们都是按照自己的尺度和需要去认识世界和改造世界，这一尺度体现了人的活动的目的性。

最后，真理与价值或真理尺度与价值尺度的辩证统一是具体的、历史的。基于时间的具体性和历史性，真理尺度与价值尺度的统一也是具体的和历史的，二者的统一会随着实践的发展而不断发展到更高级的程度，真理由相对向绝对转化，人的价值尺度也日益多元化。真理尺度与价值尺度是否达到了具体的、历史的统一，必须通过实践来检验。

15.社会基本矛盾的主要内容

"社会的物质生产力发展到一定阶段，便同它们一直在其中运动的现存生产关系或财产关系（这只是生产关系的法律用语）发生矛盾。于是这些关系便由生产力的发展形式变成生产力的桎梏。那时社会革命的时代就到来了。随着经济基础的变更，全部庞大的上层建筑也或慢或快地发生变革。"① 这是马克思《〈政治经济学批判〉序言》所表达的一段话，它深刻阐释了生产力与生产关系之间的矛盾运动是一个过程，说明了生产力对生产关系具有决定作用。马克思在这篇文章中首次总结了社会基本矛盾是生产力和生产关系、经济基础和上层建筑的矛盾。这两对矛盾存在于每个社会形态之中，贯穿于人类社会发展过程的始终。

（1）生产力和生产关系之间的矛盾

生产力体现的是人与自然之间的关系，是劳动者与生产资料相结合而形成的改造自然的能力。马克思恩格斯认为生产力是具体的、历史的和发展的。在原始社会，用石器制作成的简单工具代表着人类社会较低的生产力；在奴隶社会和封建社会，铜器和铁器的制作以及手工业的发展使得生产力进一步发展；在资本主义社会，成熟的机器大生产和工厂内部分工使得生产力大大提升。

生产关系体现的是生产资料所有制关系、人与人的关系及产品分配关系。对生产关系起决定作用的是生产力，"手推磨""蒸汽机"打破了原有落后的生产关系，形成的新生产关系更加适应当时的生产力。生产关系是人们在物质生产之上形成的，形成的生产关系必须符合生产力的性质与要求。当生产关系适合生产力的发展时，社会处于相对稳定发展的状态；当生产关系阻碍甚至破坏生产力的发展时，社会革命的时代就到来了。社会革命来临阶段，生产关系以及与之相匹配的上层建筑成为生产力发展的障碍，先进阶级一般会通过阶级斗争消灭旧制度和旧社会，建立新制度和新社会。

---

① 刘东升、王伟利：《〈资本论〉导读》，人民出版社 2004 年版，第 21 页。

（2）经济基础与上层建筑之间的矛盾

"人们在自己生活的社会生产中发生一定的、必然的、不以他们的意志为转移的关系，即同他们的物质生产力的一定发展阶段相适合的生产关系。这些生产关系的总和构成社会的经济结构，即有法律的和政治的上层建筑竖立其上并有一定的社会意识形式与之相适应的现实基础。"① 可以看出，马克思是把"生产关系的总和"理解为"经济基础"。上层建筑指建立在一定的经济基础之上的政治、法律、宗教、艺术、哲学等观点。它包括观念上层建筑和政治上层建筑。其中观念上层建筑变化相对更慢，因为观念上层建筑受到一个民族的历史文化影响较深；而政治上层建筑变化相对容易，先进阶级暴力革命能够推翻落后腐朽阶级而建立新的政治上层建筑。

经济基础对上层建筑的决定作用包括两个方面：第一，经济基础决定上层建筑的产生和性质。经济基础是上层建筑的物质根源，一旦确立经济基础后，就需要建立与之相适应的上层建筑，有什么样的经济基础便有什么样的上层建筑。第二，经济基础的变化发展使得上层建筑产生变化发展。经济基础是一切生产关系的总和，而生产关系又是生产力所决定的。生产力变化意味着经济基础变化，上层建筑也会随之发生动态变化。

上层建筑对经济基础具有反作用。在阶级社会，统治阶级要求在经济、政治、文化等方面取得统治地位，通过不断加强政治、思想上的统治来进一步维护其经济利益。上层建筑适应经济基础时，它能促进生产力的发展；上层建筑不适应经济基础时，它的反作用维护旧的生产关系和旧的生产力，阻碍了社会向前发展。当这种矛盾无法解决时，也就是社会革命快要到来了，社会形态的根本质变就不可避免了。

在社会基本矛盾体系中，最根本的矛盾是：生产力和生产关系的矛盾。而经济基础与上层建筑的矛盾更多的是对生产力与生产关系矛盾的一种反映。

16.生产方式是社会发展的决定力量

人们首先必须吃、喝、住、穿，然后才能从事政治、科学、艺术、宗

---

① 王荣栓：《重读马克思》，人民出版社 2007 年版，第 595 页。

教等活动。因此，物质生活资料的生产和一个民族或一个时代的一定的经济发展阶段，构成这个社会各个领域的基础，人们的国家制度、法的观点、艺术以至宗教观念，就是从这个基础上发展起来的，必须由这个基础来解释，而不是相反。

社会存在即人们的物质生活条件，包括生产方式、地理环境和人口因素，其中，起决定作用的是物质生产方式。物质生产方式是生产力与生产关系的统一体。生产方式的内在矛盾，即生产力与生产关系的矛盾运动是社会发展的根本动力，对社会的发展起决定作用。

（1）物质资料的生产是人类进行其他一切活动的首要前提

人们想要从事政治、艺术、宗教等活动，首先就要获得基本生活资料。想要获得这些基本生活资料，必须联合起来结成一定的生产关系进行生产活动。而想要进行其他的一切活动，就必须先进行物质生产活动。

（2）物质资料的生产方式决定着整个社会的结构、性质和面貌

由生产力决定的生产关系构成一定社会的经济结构，构成社会政治结构和观念结构的基础，决定着政治结构、观念结构的性质和面貌；生产力与生产关系的矛盾运动，会引起生产方式的变革，生产方式的变革会引起社会的经济制度、政治制度、思想理论的变化。有什么样的生产方式便有什么样的社会形态。

（3）物质资料的生产方式决定整个社会历史的发展变化和社会形态更替

生产力是最活跃、最能动的因素，它总是要向前发展的，而生产关系则是相对稳定的。随着生产力发展到一定程度，一定的生产关系便由生产力发展的形式变成生产力发展的桎梏。为了解放和发展生产力，必须变革原生产关系，代之以新的生产关系。随着经济基础的变革，上层建筑也会或早或迟发生变革，引起社会形态的更替，推动人类历史不断向前发展。

17.地理环境在社会发展中的作用

自然地理环境是人类社会生存和发展永恒的、必要的条件，是人们生活和生产的自然基础。自然地理环境提供了社会生活和生产资料的来源。离开一定的自然条件，人们就不可能进行生活和生产；自然地理环境的优劣对劳动生产率的提高产生积极或消极的影响，并对社会发展起促进或延

缓的作用。

　　劳动的过程中人与自然发生双向联系，人在改造环境的同时自身也得到了一定的变化。人类从地理环境获取生活所需的能量和信息，地理环境反过来又通过劳动来作用于人类。但地理环境对社会发展不起决定作用，自然地理环境的作用要受社会发展状况的制约，特别是受物质资料生产方式的制约；地理环境不能决定社会制度的性质和面貌，不能决定社会形态的更替。

　　人类的各种活动离不开地理环境。没有地理环境提供的空间范围和物质资料，人类就缺乏生存所必需的基本条件更谈不上发展。无论人类进步到何种程度，都不能摆脱对大自然的依赖。没有地理环境就不可能有人类社会，即使科学技术的不断进步，人类改造自然的能力得到了空前的提升也不可能征服自然，更不可能成为自然的主人。

　　地理环境对生产力的发展起着重要作用。地理环境对人类社会的影响是通过劳动这个中介使得人与自然产生一定的联系，在劳动中与周边环境发生一定的联系。人类为了生存所需的资料，每天必须进行生产活动。自然中的土地资源是重要的原料存储地，是一切生产的基础。

　　生产力作为一种改造自然的能力，其中最重要的两个要素就是物的要素和人的要素。人利用工具能动地改造自然，与自然进行物质交换。在这个过程中自然逐渐变为人化自然，人也会相应地变化，生产的过程也变成了主体客体化和客体主体化：一方面，人通过自己的物质实践活动将自身的力量转变为客观的人化自然，另一方面，人们在实践过程中，客观的自然界为人的实践提供各种工具、对象，也通过人对自然规律的掌握与利用影响人的主观世界，维持着人自身的自然身体，推动着人类的进化。

　　地理环境对生产力的影响主要体现在对生产力发展速度、结构和布局、性质和特点、生产工具的发明和改进等几个方面的影响。在其他条件相同的情况下，地理环境良好的地区，相同的劳动量会有更高的生产率并产生更多劳动产品，相对较差的地理环境会在很大程度削弱人改造自然的能力。地理环境资源的分布也会影响产业结构和布局。每个地区的资源分布有所差异性，也会使其生产具有和其他地区不一样的性质和特点。生产工具的发明和改进也会受地理环境的影响，有什么样的劳动对象，相应就有符合这种劳动对象的劳动工具。地理环境在一定程度上可以促进经济的发展，但也可以阻碍经济的发展，有时甚至直接影响经济的发展。

地理环境对社会生活的发展起着重要作用，地理环境与人类社会生活的相互影响的深度和广度不是一成不变的，时刻在发生变化。人类社会不断发展，地理环境对人类生活的作用也不断在变化。不同的地理环境对于社会发展影响程度不同，肥沃的土壤、便利的水源和交通的河流孕育了四大文明古国。良好的地理环境更有利于社会的发展。地理环境对于人类社会具有一定的反馈，地理环境的存在与演化具有客观的规律，如果人类的活动破坏了这种平衡性，自然就会对人类进行报复。所以合理地利用自然资源，保护生态平衡，是社会得以正常发展的必要条件。当今世界出现的生态、环境、人口、资源等全球危机问题，并不单纯是自然系统内平衡关系的严重破坏，实际上也是人与自然关系的严重失衡。

18.社会革命的实质和作用

阶级斗争具有多种表现形式，而社会革命则是阶级斗争的最高表现。在阶级社会中，社会形态的新旧更替是通过社会革命实现的。社会革命不是指社会生活个别方面的变化，而是同整个社会根本制度的变革相联系的。社会革命的根源在于生产力和生产关系、经济基础与上层建筑之间的矛盾，其实质是进步阶级推翻反动阶级的统治，用先进的社会制度代替腐朽落后的社会制度，解放和发展生产力。

社会革命的根本问题是国家政权问题，革命的首要标志是国家政权从反动阶级手中转移到革命阶级手中。当生产关系不适应生产力的发展，成为生产力发展的桎梏时，维护旧的生产关系的反动阶级必然不愿退出历史舞台，总是竭力维护其腐朽统治。这就与代表先进生产力发展要求的进步阶级形成了尖锐的对抗。先进阶级为了取得政权，建立新的社会形态，解放和发展生产力，就必须通过革命把反动阶级推下历史的舞台。

社会革命有两种形式：暴力革命和非暴力革命。譬如俄国的十月革命、中国的新民主主义革命等都属于暴力革命。而英国的"光荣革命"、日本的"明治维新"等则可列为非暴力革命的范畴。从人类历史的发展来看，社会革命的基本形式是暴力，非暴力也必须以暴力为后盾。革命阶级在准备暴力革命的同时，要尽最大努力争取和平的可能。究竟是暴力革命还是非暴力革命，一般取决于一个国家社会基本矛盾的性质、特点、革命阶级与反动阶级力量的对比以及当时所处的国际国内条件。

社会革命对社会历史的发展有着巨大的促进作用：一方面，革命是历史的"火车头"，是阶级社会从低级向高级发展的决定性环节和手段。进步的阶级只有通过政治斗争，采取社会革命的手段，才能摧毁反动阶级的政治统治，为消灭旧制度、建立新制度扫清道路，舍此不能完成社会发展的质的飞跃。也只有通过社会革命，才能从根本上冲破旧的生产关系，建立和巩固新的生产关系，使生产力获得解放和发展，从而推动社会历史的前进。另一方面，社会革命能够调动人民群众在历史发展中的积极性和创造性。社会革命由于是推动社会发展的动力，它代表最广大人民群众的利益，自然会得到广大人民群众的支持和拥护。人民群众也直接构成了社会革命的主力军。在革命过程中，人民群众得到了广泛的锻炼，他们的智慧和力量能够得以充分发挥，并且革命也能够涤荡他们身上的不良习气，使其成为推动社会发展的崭新力量。

19.改革在社会发展中的重要作用

社会基本矛盾运动的结果，不仅表现为通过革命实现一种新的社会制度取代旧的社会制度，而且表现为通过改革实现社会制度的自我调整和完善。改革是同一种社会形态发展过程中的量变和部分质变，是推动社会发展的又一重要动力。社会改革是在不改变原有社会基本制度的前提下对社会进行调整和完善。

在阶级社会尤其是非对抗性阶级社会中，改革也是阶级矛盾缓和的方式之一。社会改革的发起基本上都是国家的、政府的行为，其发动的方向是自上而下，这种方式不会产生太大的冲突和动荡。在整个世界历史发展的过程中，以改革的方式去缓解矛盾和突破发展中的桎梏在世界各国都是比较普遍的。比如16世纪欧洲展开的基督教自上而下的宗教改革运动，1861年俄罗斯帝国沙皇亚历山大二世推行的俄国农奴制改革，使农奴成为自由人，为资本主义发展奠定了基础。我国古代的商鞅变法、王安石变法、文景之治等都是成功的改革案例，对于当时时代的发展起了一定的推动作用。我国自 20 世纪 70 年代末以来进行的改革，是社会主义制度的自我完善和发展。

同社会革命一样，社会改革就其根源来讲，它也是社会基本矛盾运动的必然产物，是生产关系一定要适合生产力状况、上层建筑一定要适合经济基础状况规律的客观要求。当社会处在量变阶段时，某些阶级或阶层之所以要对生产关系和上层建筑进行局部调整或改良，就是因为它与生产力的发展有不相适应的地方。如果不进行必要的改革，生产力的发展就会受到某种程度的制约或阻碍；当矛盾积累到一定程度时，就会导致大的社会动荡，使正常的社会生产和社会生活受到破坏。当然，由于社会制度不同，有些改革是自觉推进的，有些改革是被迫进行的。但无论是自觉的还是被迫的改革，它最终都不是人们主观愿望的产物，而是由生产力发展状况决定的。因此，生产力不仅是社会革命的深层动因，而且也是社会改革的深层动因。

改革的实质是解放和发展生产力，根据生产力的不断变化发展，对于不能适应其变化的生产关系进行改革和调整，最终达到生产力在改革后的生产关系中得到新的发展。如果不能及时调整不适应生产力发展的生产关系，就会阻碍生产力的发展。

改革在社会历史发展中的重要作用集中表现在：它是在一定程度上解决社会基本矛盾、促进生产力发展、推动社会进步的有效途径和手段。在一定社会形态总的量变过程中，当社会基本矛盾发展到一定程度但又尚未激化到引起社会革命的程度时，就需要依靠改革的途径或手段来改变与生产力不相适应的生产关系和与经济基础不相适应的上层建筑。改革所涉及的领域是多方面的，包括经济改革、政治改革、文化改革等。如果说社会革命适用于解决现存的社会基本制度问题，把生产力从已不能容纳它的旧的生产关系中解放出来，那么，改革则适用于解决现存的社会体制存在的问题，在不改变社会基本制度的前提下，对生产关系和上层建筑的某些方面和环节进行变革，从而促进生产力发展和社会进步。

从历史上看，改革有范围和程度上的不同。有的是局部性的、浅层次的改革，有的则是全局性的、深层次的改革。由于后者对社会的生产关系和上层建筑有深层的触动和调整，因而能对社会生活产生广泛而深远的影响，甚至会影响到一定社会的发展方向。对于这样的改革，人们有时也会在一定意义上称其为"革命"或"社会革命"。这种概念的用法，不是从社会形态更替的本来含义上讲的，而是就这种改革的深刻性和对社会的深远影响而言的。

社会主义社会也是一个需要改革并经常进行改革的社会，社会主义社会的改革也有范围和程度上的不同。中国的社会主义改革是一场广泛深刻的伟大变革，从性质上看，它是社会主义制度的自我完善和自我发展，但从其广泛性和深刻性而言，从对我国社会生活的深远影响而言，则可以说是一场伟大的革命。新时代中国特色社会主义是我们党领导人民进行伟大社会革命的成果，也是我们党领导人民进行伟大社会革命的继续，是一场具有许多新的历史特点的伟大社会革命。

过去，中国共产党领导中国人民推翻封建主义、帝国主义和官僚资本主义在中国的统治，把旧中国变成了焕然一新的新中国，这是中国的第一次革命。现在，中国共产党正领导中国人民把一个经济文化比较落后的社会主义中国变成一个富强、民主、文明的现代化的社会主义中国，这是中国的第二次革命。"改革是中国的第二次革命"，意味着它不是对原有体制细枝末节的修补，而是对原有体制进行的根本性的变革；它并非仅仅局限于某一领域，而是各个领域深入的改革。当然，改革绝不意味着改变社会主义制度，而是社会主义制度的自我完善和发展。

20.科学技术在社会发展中的重要作用

科学技术在社会发展的动力系统中也占有十分重要的地位。它不仅影响社会的经济、政治生活的发展，而且推动社会观念形态的变革。科学技术实际上就是科学和技术的统称。由于它们之间的联系非常紧密，所以人们习惯将其统一在一起使用。

科学是正确反映事物本质及规律的知识体系，是系统化、理论化的自然知识、社会知识和思维知识的总称，是人类智慧的结晶。科学的本质决定着它的基本任务是以概念、原理、定律等知识形式，正确反映自然、社会和思维领域中的各种现象和过程，揭示其本质和规律。科学作为一种知识形式，是社会实践的产物，是人类在改造自然界、改造社会以及科学实验等实践的基础上产生和发展起来的。

技术应对的是"做什么""怎么样"，它奠基于改造世界。技术有广义、狭义之分。广义的技术是指人们为了达到特定目的而利用、改造世界的一切手段和方法。狭义的技术专指生产技术，表现为生产过程中活动方式的控制操作手段、程序与方法。

科学和技术彼此密切相连，二者相互依赖、相互作用。科学是技术发展的理论基础，技术是科学发展的手段，它们是反映人与自然关系的两个尺度，也是衡量文明进步的重要标准。尤其是当代社会，随着新科技革命的发展，科学与技术相互渗透、相互交织。具体表现在两个方面：一是科学日益技术化，二是技术日趋科学化。现代科学与技术之间的界限越来越模糊，逐渐融为一体。

科学技术活动是人类改造自然、改造社会、改造人自身的一种重要活动。科学技术一经形成，又反过来极大地推动社会的实践，成为社会发展的强大动力。

第一，科学技术推动生产方式的变革。其一，改变了社会生产力的构成要素。科技发展使生产自动化程度提高，大大地改变了脑力劳动与体力劳动的比例，使劳动力结构向着智能化趋势发展。其二，改变了人们的劳动形式。微电子技术的出现和广泛应用，使智能机器代替了人的部分脑力劳动，使人们的劳动方式经历了由机械自动化走向智能自动化、由局部自动化走向大系统管理和控制自动化的根本性变革。其三，改变了社会经济结构，特别是导致产业结构发生变革，推动了生产规模的扩大，进而推动了生产的分工和协作的广泛发展，并使生产社会化的程度进一步提高，最终必然导致生产关系的变革。

第二，科学技术促进人们生活方式的变革。现代科学技术革命极大地改善了人们的物质生活和精神生活的条件，提高人们的生活质量。科学技术加快了人们的生活节奏，全方位地改变着人们的作息方式、学习方式、消费方式、休闲方式等。科学技术为人们提供了相当的便利，也为人们的全面自由发展创造了更多的机会。

第三，科学技术也促进了人们思维方式的变革。科学技术促进人们思想的解放和观念的更新，推动社会精神文明的发展。科学技术扩大了人际交往的空间，消除了地域的狭隘性，拓宽了人们的视野，延伸了人们的感知能力，强化了人们的思维能力。科学对于放逐愚昧、战胜无知、驱除迷信具有极其重要的作用，它对整个社会的精神面貌有着深刻的影响。

当今世界各国之间的竞争归根结底是经济实力的竞争，而经济实力的竞争关键是科学技术的竞争。我国是一个发展中国家，迎接新技术革命的挑战，对我国来说，任务艰巨，意义重大。这场挑战，对我国不仅是技术和经济上的，同时也是政治上的。它关系到中国在世界格局中的地位，关系到中华民族的前途命运。

科学技术能够通过促进经济和社会发展造福于人类，科学技术的作用既受到一定客观条件如社会制度、利益关系的影响，也受到一定主观条件如人们的观念和认识水平的影响。

科学技术的发展标志着人类改造自然能力的增强，意味着人们能够创造出更多的物质财富，对社会发展有巨大的推动作用。但是，科学技术在运用于社会时所遇到的问题也越来越突出。一是对自然规律和人与自然的关系认识不够，或缺乏对科学技术消极后果的强有力的控制手段。二是社会制度的原因，在资本主义条件下，科学技术常常被资产阶级用作剥削压迫人民的工具，并非都能使人摆脱贫困，促进人的身心健康发展，因而，科学技术有时"表现为异己的、敌对的和统治的权力"。

我们要正确认识和运用科学技术，首要的就是有合理的社会制度保障科学技术的正确运用，始终坚持使科学技术为人类社会的健康发展服务，让科技为人类造福。

21.社会形态更替的统一性和多样性

生产力与生产关系矛盾运动的规律和经济基础与上层建筑矛盾运动的规律，是人类社会发展的一般规律，决定了社会形态的更替和历史发展的基本趋势。但是，由于社会发展的复杂性和曲折性，社会形态更替在遵循一般规律的同时，也会表现出一些特殊的形式。社会形态更替的选择性是指历史运动按规律行进过程中，历史主体有目的有意识进行创造、超越，体现出社会形态更替的跨越性、目的性的一面，这是由生产关系对生产力的反作用、上层建筑对经济基础的反作用决定的。它使社会形态的更替符合人类的目的，表现出历史的选择性。需要指出的是：历史的选择并不是对历史决定性的否定，因为人们通过历史选择活动而实现的对某种社会形态超越是有限度的，而无法超越在这种社会形态内形成的生产力。历史发展的这种决定性和选择性使社会形态的更替呈现出统一性和多样性。

社会形态是关于社会运动的具体形式、发展阶段和不同质态的范畴，是同生产力发展一定阶段相适应的经济基础与上层建筑的统一体。社会形态包括社会的经济形态、政治形态和意识形态，是三者历史的、具体的统一。经济形态是社会形态的基础，生产资料所有制关系具有决定性的意义。一定的社会形态总要以一定的社会制度形式呈现出来，社会制度能够集中体现社会形态的性质。人类社会是不断发展的，社会的根本性变革和进步就是通过社会形态的更替实现的。

依据生产关系的不同性质，从纵向看，至今为止的社会历史可划分为原始社会、奴隶社会、封建社会、资本主义社会和共产主义社会（其第一阶段是社会主义社会）五种社会形态。这五种社会形态的依次更替，是社会历史运动的一般过程和一般规律，除此之外不同民族、国家的同类社会形态具有共同的本质，如西方英、美等国和东方的日本，同是资本主义社会，具有共同的本质——生产资料资本家私有制和资产阶级专政。这两者都表现了社会形态更替的统一性。

但是就某一国家或民族的社会发展的历程而言，情况就不一样了。有些国家在发展中经历了几种社会形态依次更替的典型过程，也有些国家在发展中超越了一个甚至几个社会形态而跨越式地向前发展；有些国家在历史发展的一定阶段上社会形态性质不够典型，甚至多种社会形态特征交叉渗透；有些国家在一定时期由较为落后的社会形态快速跃进为先进的社会形态，而有些国家的社会形态则长期陷于停滞状态；即使是同一种社会形态，在不同国家也会显现出不同特点。所有这些都体现了社会形态更替形式的多样性。

社会形态更替的统一性和多样性是同一个历史进程的两个侧面，二者有着紧密的联系。一方面，社会形态更替的统一性正是通过不同民族和国家的历史发展的多样性体现出来，世界历史发展的一般规律并不排斥不同民族和国家各自发展的独特道路和模式。另一方面，社会形态更替的多样性服从于人类历史的一般进程，受社会形态统一性的制约。就世界历史而言，资本主义社会的产生不可能早于封建社会，社会主义社会的出现则必然晚于资本主义的历史阶段。因此，在把握历史发展的基本线索时，我们既要看到它的统一性，又要看到它的多样性，把二者辩证地统一起来。

22.人民群众是历史的创造者

人民群众是社会历史的主体，是历史的创造者。这是马克思主义最基本的观点之一。人民群众是一个历史范畴。从质上看，人民群众是指一切对社会历史发展起推动作用的人；从量上看，人民群众是指社会人口中的绝大多数。在不同的历史时期，人民群众有着不同的内容，包含着不同的阶级、阶层和集团，但其中最稳定的主体部分始终是从事物质资料生产的劳动群众。在当代中国，凡是拥护、参加和推动中国特色社会主义事业的人都属于人民群众的范畴。

在社会历史发展过程中，人民群众起着决定性的作用。人民群众是社会历史实践的主体，在创造历史中起决定性作用。人民群众创造历史的作用是同社会基本矛盾运动推动社会前进的过程相一致的。在社会基本矛盾的解决过程中，人民群众是顺应生产力发展要求的社会力量，是具有变革旧的生产关系愿望的社会力量，是主张变革旧的社会制度和旧的思想观念的社会力量。人民群众的总体意愿和行动代表了历史发展的方向，人民群众的社会实践最终决定历史发展的结局。

人民群众是社会物质财富的创造者。人类社会赖以存在和发展的基础是物质资料的生产方式。广大的劳动群众是物质资料生产活动的主体，创造了人们吃穿住行等必需的生活资料以及从事政治、科学、文化艺术等活动所必需的物质前提。包括知识分子在内的劳动群众在生产过程中不断积累和传播生产经验，不断改进和发明生产工具，促进了社会生产力的发展。随着生产过程的现代化和繁重体力劳动的逐渐减少，知识分子的脑力劳动在生产活动中将变得更为重要。在当代，科学技术在生产力发展中的地位愈来愈重要，知识分子在推动社会生产力进步、创造社会物质财富过程中所起的作用将更加突出。

人民群众是社会精神财富的创造者。物质生产活动的主体是人民群众，精神生产活动的主体也是人民群众。人民群众通过物质生产实践为创造精神财富提供了必要的物质条件和设施。人民群众的生活、实践活动是一切精神财富、精神产品形成和发展的源泉。人民群众还直接参与了社会精神财富的创造，尤其是人民群众中的知识分子在精神生产过程和社会精神财富的创造中起到了非常重要的作用，他们中产生了不少伟大的科学家、思想家和艺术家。

人民群众是社会变革的决定力量。人民群众在创造社会财富的同时，也创造并改造着社会关系。生产关系的变革，社会制度的更替，最终取决于生产力的发展，但不会随着生产力的发展自发地实现和完成，而必须借助人民群众的力量。在特定的社会环境中，人民群众通过推动生产力的发展而不断要求改进生产关系。人民群众是社会革命的主力军，他们在社会形态更替的过程中发挥了巨大作用。

人民群众创造历史的活动受到一定社会历史条件的制约。经济条件对于人民群众创造历史的活动有着首要的、决定性的影响。一定历史阶段所达到的生产力水平是人民群众创造历史的物质基础和前提。在不同的生产关系或经济制度中，人民群众的经济地位、经济利益及其在生产过程中的作用是不同的。政治条件对人民群众创造历史的活动也具有直接的影响。在不同的政治制度下，人民群众的政治地位和享受到的政治权利不同，在政治以及其他领域中创造作用的发挥也不同。精神文化条件也是制约人民群众创造历史活动的重要因素。一定历史时期的人们总是自觉或不自觉地受着一定社会的思想文化传统和意识形态的影响。消极落后的文化意识会削弱人民群众创造历史的作用，而先进的科学文化和思想道德则对人民群众创造历史的活动具有积极的促进作用。

23.社会进步

社会进步是一个总体性概念，它反映的是社会历史进程的总体趋势。所谓社会进步，是指社会发展的基本趋势是前进、上升的，呈现为一个由简单到复杂，低级到高级的合乎规律的上升运动的过程。社会进步主要表现在两个方面：一是社会形态从低级向高级的发展，新旧生产关系更替，社会生产力重新得到解放和发展。尽管具体过程不一，但总体趋势是这样的；二是指同一社会形态内部的发展。但某一社会形态处于上升期时，其社会基本矛盾是相对缓和的，也会推动社会生产力、生产关系和社会生活的进步。即使是在没落的阶段，统治阶级也会因各种原因对旧的经济基础和上层建筑作一定的调整，也能在一定程度上推动生产力的发展。社会进步不是绝对的，并没有标准，它是相对的。它表现一种历史过程和运动。

社会进步的根源在于社会基本矛盾。生产力与生产关系、经济基础与上层建筑之间的矛盾运动使得社会由低级不断向高级发展，社会基本矛盾是社会进步的动力源泉。社会进步的道路不是单一的，而是多样的。

第一种"循序型进步"，没有对抗性矛盾，社会处于平稳发展状态。第二种"跨越型进步"，像俄国从经济落后的封建农奴制度直接过渡到社会主义制度，跨越了资本主义制度。第三种是"曲折型进步"，即社会进步不是直线式而是螺旋式上升或波浪式前进。社会总体趋势是发展的，但是某些地区或在某个方面会出现倒退现象。

对于社会是否有进步，历史上思想家们观点不一。历史循环论、历史倒退论等就是此类观点。即使有人认同社会是进步的，但在关于社会进步的标准也是不一的。如有的人以某一抽象的主观范畴如德性、平等、自由等为标准。唯物史观坚持社会进步的最终标准是客观的。因为社会进步总体上是一个客观的物质过程。衡量社会进步的根本标准也绝不能到人们的精神领域中去寻找，而应该到社会存在中去找。

总的来说，社会进步的标准并不是单一的，而是综合的。社会进步的评价有两个基本的标准：一是生产力的发展程度；二是人的发展程度。社会生活的全面发展程度也是标准之一。

生产力是推动社会发展的根本力量，具有根本的决定性作用，是衡量社会进步的根本性尺度和最高标准。社会是否发展以及发展的程度，关键看生产力的发展程度。人类社会总体上的发展趋势是由低到高、由简单到复杂，之所以表现出这样发展趋势是根源于生产力发展的连续性和进步性。

生产力尺度是衡量社会发展的客体性尺度，相对的，人的发展尺度则是衡量社会发展的主体性尺度。人在社会发展过程中，始终占据着重要的位置。人的发展和社会的进步在本质上是一致的。人是处于一定的社会关系中的，人作为社会物而存在，人类历史也是人的实践活动的延展。我们考察社会历史的进步问题时，不能撇开人的实践活动。

人既是历史的剧作者，又是历史的剧中人。人民群众是历史的创造者，从事实践活动的人创造满足自身生存所需的物质生活资料和精神生活资料，从而推动了历史的发展。因而，人在实践中塑造自己的同时，也塑造社会历史。人通过自己的社会实践活动不断创造巨大的生产力，从而推动历史的发展，社会历史是人的本质力量发展的历史，是追求目的的人的活动的历史。

作为衡量社会进步的两个基本尺度，生产力尺度和人的发展尺度有着各自的侧重点。生产力尺度主要侧重于从客体方面去评判社会发展进步与否，人的发展尺度则侧重于从价值层面、主体方面上评判社会进步与否。

24.人的发展与社会发展（社会进步）

人的发展可以从许多方面体现出来。人的发展一方面指人类自身生存状态的提高，另一方面指人的个性发展状态的进化。人自身生存状态是指人的物质生活水平的质与量的提高，是人的发展的基础。而人生活状态的提高是指人所处的社会关系和生活状态的质与量的提高；社会发展主要体现在三个方面：物质文明、精神文明、制度文明。社会发展意味着其生产力水平不断提升，物质财富不断增加，精神文明和制度文明向更高层次发展。这三种文明都是在主体人的生产实践中所创造出来的。

社会发展与人的发展在一定程度上是同步的，是相互促进、相辅相成的辩证统一关系。一方面，人的发展依赖社会的发展，社会的发展为人的发展提供条件和前提；另一方面，社会发展以人的发展为核心和目的，人是社会发展得以根本依靠的主体。

社会发展为人的发展提供一定的物质基础。物质生产力水平的提高和物质资料的极度丰富为人的能力的提升奠定了基础，人只有满足了基本的衣食住行等物质需求前提下才能更好地发展自己。当社会生产效率提高到一定程度时，人们可以用更少的时间和资源产生更多满足人们生存所需要的产品，可以解放人们的双手及其获取更多自由支配的时间去全面发展自己。物质资料生产也为精神生产提供一定的基础，社会发展的水平也会制约人的发展。

社会环境的状况也会影响人的发展状况。社会环境是人类发展的背景和土壤。社会环境主要包括社会制度、社会关系以及社会的文化发展水平等。这些要素都为人的发展提供了不可或缺的外部条件。

人的发展需要足够丰富的社会关系。社会关系的完善会促使人的全面发展。和谐的社会氛围可以为人的发展创造条件。动荡的社会无疑不利于人的发展，反之则会推动人的发展。不同性质的社会关系对人的发展所形成的影响也不同；文化发展可以为人的发展提供更高层次的智力和动力支持。社会发展所带来的进步的、发达的文化环境和资源既可以为人的发展提供精神食粮，也可以为人的发展提供动力。社会的发展还可以为人的发展提供良好的制度保障。

社会的发展是以人的发展为必要条件，通过人的社会实践而实现。社会发展的最终目标是为了实现人的自由全面的发展。社会历史的形成就是人类实践活动的结果。社会的发展需要高素质的主体，即从事着社会物质和文化生产的人。作为活劳动，人的智力和精神动力水平直接决定着社会生产力水平。人的需要与新的需要直接为人的实践提供动机，推动人们新的创造实践，进而推动社会的进一步发展。

社会发展最终是为了人本身的发展，以人的发展为最终目标。任何不以人为本的发展都不是科学发展，不是可持续发展。任何社会发展最终都要人的发展。

25.人的发展的历史形态

马克思认为在社会历史发展中，人的发展大致经历了人的依赖关系占统治地位的阶段、以物的依赖关系为基础的人的独立性阶段、"自由个性"阶段这三个阶段。

在"人的依赖"阶段的初期，还处于原始社会时期的人们对自然界的改造微乎其微，人类也只有原始地维持生存的需要。但是仅仅依靠单纯大自然的馈赠，经常满足不了基本吃饱需要，人们逐渐学会了通过改造自然来使自己获取更多生存所需的资料。但是其改造力度薄弱，生产工具也十分简陋，生产力水平也极度低下，人们的最大需求就是吃饱穿暖。处于该阶段的人类和自然并未完全分离，人类也没有处于自然的对立面去征服自然，很大程度上受制于自然。除了受制于自然，同时也受制于社会，单独的个人很难生存，必须依靠集体的力量才能更好获取食物、躲避危险。在这个阶段人与人处于相互依附的状态，社会对于个人来说不是自觉的组合，而是为了生存必需的强制性集合力量。人们没有充分认识自己也没有充分了解自然，也没有将大量知识转化为生产力，劳动占据了大部分的时间，没有其他自由时间去全面发展。

在"以物的依赖性为基础的人的独立性"的阶段，是商品经济发展迅速的时期。社会生产率提高，商品的数量逐渐增加，人对于自然的依赖程度逐渐降低。商品经济的发展也使人们摆脱了对原始社会共同体的依赖，形成了商品经济中所特有的人与人的交换关系。人在这个阶段具有一定的独立性。资本家受利益驱使在世界各地开辟市场，使得人与人的交往打破了以往的界限，世界历史逐渐形成。在这个阶段，人的物质需要得用货币作为中介来交换才能满足，生产的目的不再仅仅是为了具体的产品，而是为了得到具有财富象征的货币。人们在满足基本物质需求后，才有时间去丰富自己的精神世界。在这个阶段，人们开始大量地把将科学技术运用于生产，改造自然的能力逐步在提升。人类不再屈从于自然，并试图征服自然，这也意味着人类开始作为自然的对立面获得了独立的地位。

由上可以看出，在大工业时代，人们逐渐摆脱了对自然的完全依赖，也摆脱了对社会的人身依附。同时由于分工的逐渐成熟与细化，人的发展越来越具有差异性，为人的个性化发展奠定了一定的基础。但是这种"独立"不是真正意义上的独立，是建立在对"货币（物）"的依赖基础上，这种物化也表现在人与自然的关系、人与人的关系上的不全面，在一定程度上阻碍了人的全面、自由的发展。

在"自由个性"阶段，生产力高度发达，人们工作时长逐渐缩短，有更多时间发展自己的兴趣爱好，同时可以根据自己的喜好选择自己的职业，劳动不仅仅是一种被动的谋生手段，而更多的是一种自我的幸福和乐趣。人的劳动不再依附于生产工具，既不受物的关系奴役，也不受他人的控制。人们不是为了获取和压榨工人的剩余劳动而缩短个别必要劳动时间，而是把社会必要劳动时间降低到最低，劳动是一种自由自主的活动。在这个阶段的人们更多地重视其精神需要和自我超越的自由的需要，这时人的需要实现了真正的丰富性和层次性。社会生产目的是满足社会所有成员的生活与发展需要。商品交换消失，物化的经济因素被消除，产品按需分配。人与人之间的关系是自由的，结成的是"自由人的联合体"，人成为社会、自然、自身的主人，获得自由和全面的发展。

|第二章|

中国哲学

1.中国哲学的基本特点

德国现代哲学家雅斯贝斯在《历史的起源与目标》中提出轴心时代理论，认为人类在公元前 800 年至公元前 200 年之间，尤其是公元前 600 年左右，在古代希腊、中国和印度等地发生了一次人类思想史上的大飞跃，其中的一个重要标志是产生了哲学。经过两千多年的发展演化，形成三大哲学传统：发源于古希腊的西方哲学、发源于古印度的印度哲学和发源于古代中国的中国哲学。我们这里所讲的中国哲学就是三大哲学传统当中的中国哲学传统。中国哲学的特点是哲学研究者经常关注的重要问题。在我们看来，与西方哲学和印度哲学相比较，从内容和形式两方面来看，中国哲学至少呈现以下几方面的特征：

（1）天人合一

在天人关系方面，有两种基本理解方式，一是天人相分，二是天人合一。中国哲人主流的思维方式，具体表现在世界（天）与人的关系问题上坚信人与天地万物是一个有机联系共存共生的整体。西方哲学注重区分，以天人相分为主，将人视为与世界相对的主体来看待，这一思维方式也可称之为主客二分，具有外在性（人与世界的关系是外在的）、人类中心论（对象性：人为主，物为客，物处于被征服、被认识的对象的地位）、认识桥梁型（通过认识而在彼此外在的主体与客体之间搭起一座桥梁，以建立主客体的对立统一）。而"天人合一"的特征是：内在性，人寓于世界万物之中，而最有灵者；非对象性，人与世界万物是共处和互动的关系；人与天地万物相通相融，无须借助认识桥梁而与万物本来是一个整体。

天人合一的思想萌芽于三代神（天）人相通的思想。郑国大夫子产把天地与人事联系起来："夫礼，天之经也，地之义也，民之行也。天地之经，而民实则之。"礼是天经地义，即自然界的必然法则，人民也必须按照天经地义的礼行事。后来孟子说："尽其心者，知其性也，知其性则知天矣。"庄子讲："无以人灭天，无以故灭命。""天地与我并生，而万物与我为一。"①《易传·文言》言："与天地合其德。"董仲舒的"人副天数"说与天人感应论等，表达的都是天人合一观。北宋张载第一个明确提出"天人合一"的命题："因明致诚，因诚致明，故天人合一，致学而可以成圣，得天而未始遗人。"天人合一既是天与人的本来面貌，也是我们应当追求的最高精神境界。对于建立在主客二分基础上所导致的人类中心主义等观念及其导致的全球性生态、政治、文化等冲突问题时，中国哲学的天人合一观具有深刻的现代价值。

（2）以人为本

人的问题是中国哲学家思考的中心，不像西方哲学特别重视纯粹的自然哲学问题或神的问题。中国哲人有强烈的责任感和现实感，研究天道的目的是为人道找到依据，论证和说明人道问题。孔子讲："未能事人，焉能事鬼？""敬鬼神而远之""子不语怪力乱神。"②东汉仲长统指出："人事为本，天道为末。"③此"人"可以是个体的我，也可以是一般的抽象的人，还可以是处于具体历史与社会当中的现实人。

对于人的思考、探讨，又总是与伦理、政治、历史、文化相联系。在中国哲学家那里，对智慧的追求，不仅仅是一种个人的兴趣、意志和学问，还包含了一种对民族、对国家、对天下的忧患意识和崇高责任感。这种责任感要通过自己的身体力行体现出来。儒家最理想的人格型态是圣贤君子，是内圣外王者，所谓"内圣"，就是讲对人格的修养、自我的完善；所谓"外王"，就是讲以这种人格与自我去成就事功，实现治国平天下。

---

① 《南华真经》。
② 《论语·述而》。
③ 《政论校注·昌言校注》。

道家讲人要效法天道自然，所谓"人法地，地法天，天法道，道法自然"，佛教也是以自我佛性的发现与成就为成佛的关键。

（3）内在超越

中国哲学家多数都肯定人生的价值，肯定在人性中存在自我完善的内在根据，不寄希望于外力的拯救和超拔。在中国哲学中，超越性与内在性是联系在一起的，并不同彼岸世界相联系，因而没有神性的意味。中国哲学从来没有成为神学的婢女，很少有彼岸世界的成分。这点与西方哲学和宗教当中存在的将人生超越性目标寄托于外在事物的外在超越模式是不同的。西方文化往往向往的理想境界是天国而不是人间，心中的理想人格是神而不是人。而孔子说："为仁由己""我欲仁，斯仁至矣""人能弘道，非道弘人。"[1] 孟子讲："仁义礼智非由外铄我也，我固有之"[2]"人皆可以为尧舜。"[3] 老子讲："域中有四大，人居其一。"[4] 荀子提倡："涂之人可以为禹。"道教讲长生久视，希望人们永远生活在现实世界中。僧人道生指出："一阐提皆可成佛。"禅宗宣称："一切众生皆有佛性""凡夫即佛""担水砍柴无非妙道，行住坐卧皆是道场"。慧能说："东方人造罪，念佛求生西方；西方人造罪，念佛求生何国？"[5] 极乐世界并非真的是在遥远的西方，而是在此时此地的现实世间即可成就的。

（4）独特的表达方式

重体悟不重论证，甚至认为逻辑方法难以表达最高的智慧。中国哲学家较早就意识到语言表达与哲学所讲的根本义理之间存在距离，所谓"第一义不可说""道可道，非常道""道不可言，言而非也""得意忘言""言不尽意""言有尽而意无穷"等。因此，冯友兰先生曾提出两种方法，即"正的方法"与"负的方法"。正的方法就是直接告诉我们哲学的对象是什么，而负的方法则是告诉我们哲学的对象不是什么。一正一负都是对对象的说明。中国哲学史研究的一个重要任务就是以逻辑分析的方法重构论证

① 《论语·卫灵公》。
② 《孟子·告子章句上》。
③ 《孟子·告子章句下》。
④ 《碧落碑述论》。
⑤ 《指月录》。

的中国传统哲学智慧。

语言富于暗示性。如先秦诸子百家的经典多是"文约义丰",具有非常丰富的思想内涵和解释空间。作为孔子思想主要文本的《论语》是对孔子言行的记录,没有一套套的逻辑推理,多半是结论式的语言。《老子》一书属于哲理式的表达,《庄子》则讲究寓言、重言与厄言的方式。

中国没有纯粹哲学著作的哲学家非常多,也没有职业哲学家,哲学是每个人都要学习的。所谓文史哲不分,传统哲学经典往往同时又包含文学、史学等学术思想,也是中国文学、史学等其他学科的基本文本。

2.孔子的仁学思想

"仁"是儒家创始人孔子思想的核心概念。通过梳理孔子在《论语》当中关于"仁"的论述,我们可以概括出以下内容:

(1)"仁"的基本精神:爱人

"樊迟问仁。子曰:'爱人。'"[1]孔子继承了西周时期的"保民"思想,以爱人为仁,主张关怀一切人。但孔子讲的"爱人"和基督教的"博爱"、墨子的"兼爱"不同,是一种有差别的爱。

孔子的"仁爱"建立在血缘关系的基础之上。"弟子入则孝,出则悌,谨而信,泛爱众而亲仁。"[2]以血缘关系来讲父母是最近的,人首先要爱自己的父母,其次是血缘关系稍远的长辈,然后再层层递进到"泛爱众"。孔子所说的爱是有亲疏远近之分的等差之爱。"君子务本,本立而道生。孝悌也者,其为仁之本与!"[3]孔子的弟子将"孝"看作"仁"之本,亦能佐证这一点。

《中庸》记载孔子说:"仁者,人也,亲亲为大。"说明在孔子眼中,"仁"是人之所以为人的道理,而亲亲之爱是其中最为重要的内容,广泛的"仁爱"正是由孝敬父母、尊敬兄长等亲亲之爱扩充发散出去的。孔子所说的"爱人"以血缘关系为基础,但又不仅仅局限于血缘家族之爱,而

---

[1] 《论语·颜渊》。

[2] 《论语·颜渊》。

[3] 《论语·学而》。

是进一步升华至对全人类的爱。

（2）"仁"是道德内在依据：为仁由己

孔子说："为仁由己，而由人乎哉？"① "仁远乎哉？我欲仁，而斯仁至矣。"② 孔子认为"仁学"是向内探求的"为己之学"，不由任何外在的力量驱使，说明了"仁"的道德主体性和自律性，"仁"是先验的道德意志，是道德行为得以实现的依据，不由任何后天的经验所产生。

孔子说："克己复礼为仁。"③ "礼"也是孔子思想当中的重要内容，是"仁"具体形式化的外在表现，但孔子认为最根本的还是要认识"仁"。孔子说："人而不仁，如礼何？人而不仁，如乐何？"④ 脱离了"仁"的礼乐，只是虚有形式的空壳，唯有认识到道德的内在性，才可实现道德的自主与自律。同时，也不能完全消灭"礼"的积极意义，"礼"是基于社会环境产生的必要约束，没有"礼"的调节作用，人们往往难以认识到内心的道德主体存在，所以一方面要遵守"礼"的制度，另一方面也不应拘泥于"礼"，要转向寻求内在的道德自我建设，进一步达到道德实践的自律与自由。

（3）"仁"的实践途径：忠恕之道

在知晓了"仁"是人的道德内在依据后，还需要落实到人的实际生活当中，即完成道德的实践。曾子曰："夫子之道，忠恕而已矣。"⑤ "忠恕"即是孔子的一以贯之之道，其中涵盖了在进行具体的道德实践时所要遵循的两项基本原则。

"忠"就是尽己之心，孔子说："夫仁者，己欲立而立人，己欲达而达人。能近取譬，可谓仁之方也已。"⑥ 这是从积极的角度出发，尽心尽力地善待他人，自己通达了也要想着帮助他人一起通达。"恕"则是推己之心，"子贡问曰：'有一言而可以终身行之者乎？'子曰：'其恕乎！己所不欲，

① 《论语·颜渊》。
② 《论语·述而》。
③ 《论语·颜渊》。
④ 《论语·八佾》。
⑤ 《论语·里仁》。
⑥ 《论语·雍也》。

勿施于人。'"① 这是从消极的角度出发，提出人们应该推己及人，设身处地为他人着想，自己所不希望的事物也不应强加给他人。

"忠"和"恕"实际上就是以换位思考作为主要方法，从而促进人与人之间互相理解、包容的人际交往原则，对于创造和谐互助的社会氛围具有引导作用。

（4）"仁"的不同层次

"仁"这一范畴有着不同的层次，作为美德意义上的"仁"具备两种层次：高层次的"仁"统摄众德，是最高的道德原则，其他美德都从属于仁。低层次的"仁"是众多美德之一，与义、礼、智、信等其他美德处于相同地位，可与其他美德构成一种并列关系。

"仁"有时也作"仁者"解释。就精神境界而言，孔子眼中的理想人格有圣、贤、君子、成人等，其中主要是两个层次：第一层次即"圣人"，这是最高的人格境界，象征着道德上的完美无缺，同时也难以达到，是所有仁者共同追寻的目标。第二层次即"君子"，这是人人都可以通过努力来达到的境界，"君子无终食之间违仁。""君子喻于义，小人喻于利。"② 孔子强调君子应时刻谨记在德性上的修养，以实现人生的价值。

孔子之后，仁学也成为儒家思想的主体部分，在后来儒学发展过程当中受到不断诠释与演化。

3.老子的道论

"道"是老子哲学体系的中心概念，在《老子》一书中并没有直接地界定什么是"道"，但在各章句的内容中，体现了"道"不同的哲学意涵，以供人们从各个角度去体验"道"。

（1）本体意义上的道

《老子》第一章说："道可道，非常道；名可名，非常名。无名，天地之始；有名，万物之母。故常无，欲以观其妙；常有，欲以观其徼。此两者同出而异名，同谓之玄。玄之又玄，众妙之门。"天地、万物都是"有

---

① 《论语·卫灵公》。
② 《论语·里仁》。

名"，"道"则是"无名"，不可言说的"道"是一切事物的本源。要注意的是，作为世界本源的"道"，既不能说是"有"，也不能说是"无"，无与有是"道"共有的两个属性。

"无"代表着"道"不同于一般的感性经验概念，是永恒、无限的超越之"道"，不能用有限的感官去规定、命名："视之不见名曰夷；听之不闻名曰希；搏之不得名曰微。此三者不可致诘，故混而为一。"① 此处的"一"也就是"道"不可见、不可闻、不可触，超越了人们的感官，是一种形而上的哲学概念。老子说："有物混成，先天地生。寂兮寥兮，独立不改，周行而不殆，可以为天下母。吾不知其名，字之曰道，强为之名曰大。"② 有这么一个事物，老子不知道它的名称，勉强给它起名为"道"或者"大"。它"先天地生"，这里的"先"不是指时间上的先，而是指逻辑上的先，这就体现了"道"形而上的特性，将"道"与一般具体意义上的天地万物区分开来。但同时，它也是切实存在的，不是纯粹意义上的"虚无"，也就是"有"的涵义。《老子》第二十一章说："道之为物，惟恍惟惚。惚兮恍兮，其中有象；恍兮惚兮，其中有物。窈兮冥兮，其中有精。"说明"道"的特性虽是玄妙难辨的，但也真真确确的存在，是天地万物等具体实有的本体意义上之"有"。"有"与"无"同来自"道"，只是名称不同，代表"道"的不同属性，共同体现"道"的玄之又玄。

（2）价值意义上的道

老子哲学体系中的"道"不仅仅是天地万物的本源与前提，同时也是事物运行发展所应当遵循的法则，即同时为"所当然"与"所应然"。"道"虽然是最高的存在，但由于其无名无形的特点，人无法直接接触、感受它。这个我们"视之不见""听之不闻"的"道"，却对万事万物发挥着作用，中间的桥梁就是"德"。《老子》第五十一章："道生之，德蓄之。物形之，势成之。是以万物莫不尊道而贵德。""道"与"德"的关系是统一的，是一种体与用的关系。作为本体的"道"，蕴藏在天地万物之中，它所呈现出来的、合于道的部分就是"德"。老子所说的"道生一，一生二，

---

① 《老子》第十四章。
② 《老子》第二十一章。

二生三，三生万物"①，不是描述"道"如何创生万物的整个过程，而是为了表明"道"与万物的关系，强调"道"的本源意蕴。此处之"生"不同于基督教中上帝创造世界那样的创生之意，"道"是在驱使着万物自我生成、发展。"生而不有，为而不恃，长而不宰。"②"道"与"德"生养万物却不据为己有，统帅万物却不强加主宰，这种不加干涉的"自然无为"的原则是"道"作为价值本体的主旨所在。

老子强调的"自然无为"不是指什么也不做的无所作为，而是排除了个人意愿和主观因素的无为之为。老子认为，人为的因素过多，会使得事物变得僵化琐碎，一味强调外在的礼仪规范只会不断地使道德沦丧："故失道而后德，失德而后仁，失仁而后义，失义而后礼。夫礼者，忠信之薄而乱之首。"③老子肯定道德的内在性，反对外在对道德行为的束缚，认为当需要不断去强调道德时，那就到了道德产生危机的时候了。老子相信，只有以"不为"为价值原则，才能达到"无不为"的结果。

4.墨子的兼爱

墨子思想内容极其丰富，提出了兼爱、非攻、尚贤、尚同、天志、明鬼、非命、非乐、节葬和节用等十大命题，这些命题针对各国弊病之处对症下药，看似具有矛盾之处，但大体上都以"兼爱"为主旨。以下对"兼爱"思想的内涵进行阐述：

（1）爱无差等

墨子十分强调"爱"的重要性："凡天下祸篡怨恨，其所以起者，以不相爱生也，是以仁者非之。"④墨子认为世间的祸端都来源于人与人之间的"不相爱"，于是他提出"兼相爱"的解决方法："天下兼相爱则治，交相恶则乱。"⑤墨子认为"兼相爱"是使天下获得太平之治的根本条件。

墨子所提出的"兼爱"和儒家所提倡的"仁爱"不同。儒家的"仁

---

① 《老子》第四十二章。

② 《老子》第五十一章。

③ 《老子》第三十八章。

④ 《墨子·兼爱中》。

⑤ 《墨子·兼爱上》。

爱"是以家庭血缘关系为起点的有差别的爱，由血缘最亲近的父母渐渐推及血缘疏远的他人，爱的程度也随之慢慢减轻。墨子对于这种有亲疏之分的等差之爱是持反对态度的，所以他所提的"兼爱"思想特别强调爱人如己、不分厚薄、一视同仁。墨子认为，社会之所以"交相恶"，究其原因来自"别"，"别"主要指的就是偏爱、差别，墨子提出的修正措施就是"以兼易别"，以平等之爱代替偏爱。墨子意图打破传统的宗法血缘观念，要求人们对别人的爱与对自己父母、亲人的爱一视同仁，并且对别的国家的爱也要等同于对自己国家的爱，以此来实现人与人、家与家、国与国之间的平等关系。墨子的"爱无差等"思想带有理想主义色彩，在现实生活当中具有较难的操作性。

（2）义利合一

墨子在强调"兼相爱"的同时，也提出了"交相利"，和儒家强调道义、看轻利益的原则有所不同，墨子主张将"义"与"利"联系起来："义，利；不义，害。志功为辩。"①"义"就是"利"，"不义"就是"害"。墨子将"爱人"和"利人"相统一："夫爱人者，人亦从而爱之；利人者，人亦从而利之。"②墨子认为"义"与"利"并不是绝对冲突的，因为他眼中的"利"带有"爱"的成分，并且这种"爱"不是单向的要求，而是意图建立一种互爱互利的双向关系，是一种人人遵循的公利。墨子作为工农小生产者的代表，了解物质利益对生存的意义，他这种"义利结合"的思想当中包含着互利互惠的功利主义原则，突破了儒家关于道德与物质利益不可共存的观念，把是否有利于人看作道德善恶的标准，贴近现实生活的实际情况，更加容易让人接受。

（3）非攻

墨子在"兼爱"思想的基础上进一步延伸出了"非攻"思想，这也是他一生为之奋斗的目标。墨子指出了战争的"不义"与"不利"。"杀一人谓之不义，必有一死罪矣。若以此说往，杀十人，十重不义，必有十死罪矣；杀百人，百重不义，必有百死罪矣。当此，天下之君子皆知而非之，

---

① 《墨子·大取》。
② 《墨子·兼爱下》。

谓之不义。今至大为不义攻国，则弗知非，从而誉之，谓之义。"① 墨子从杀一人是为不义开始类推，到最后说明战争为最大的不义之事。墨子还通过战争的"不利"说明战争的"不义"："春则废民耕稼树艺，秋则废民获敛。今唯毋废一时，则百姓饥寒冻馁而死者，不可胜数。"② 战争给百姓带来的损失巨大无比，得到的却只是一国之私利，并且实际上战争所带来的利益远不及其所带来的破坏："计其所自胜，无所可用也；计其所得，反不如所丧者之多"③，而这都是由于"诸侯各爱其国，不爱异国，故攻异国以利其国"④。墨子希望君王能够了解战争所造成的巨大损坏，停止攻伐征战，引导人与人、国与国之间建立互爱互利的关系，才可创造出互利共赢的和谐世界。

（4）尚贤

墨子作为底层小生产者的代表，为了打破唯亲唯贵的世袭制度，让庶民能够获得参与政治的权利，提出了"尚贤"的政治主张。墨子期望通过"尚贤"的政治原则，让平民百姓能够和王公贵族享有相同的政治参与权，只要是具备贤能的人，就有机会成为官员："官无常贵，而民无终贱，有能则举之，无能则下之。"⑤ 墨子期望能够打破等级贵贱的约束，定下了"厚乎德行，辩乎言谈，博乎道术"⑥ 的贤能标准，只要是品德高尚、学识出众的人才，无论他的身份背景如何，都应该具备为官的资格。墨子认为只有在政治上也实现任人唯贤的标准，才能使社会达到兼相爱交相利的状态。

兼爱是墨家学派的根本主张，具有一定的理想化色彩。墨家学派在先秦以后没有得到传承，一直到近代墨家思想才逐渐为哲学家所重视。

---

① 《墨子·非攻上》。
② 《墨子·非攻中》。
③ 《墨子·非攻中》。
④ 《墨子·兼爱上》。
⑤ 《墨子·尚贤上》。
⑥ 《墨子·尚贤上》。

5.孟子的性善论

在孟子所处的时代，人性问题是一个争议的热点，当时主要流行的有以下三种观点：一是告子所主张的"性无善无不善"论；二是"性可以为善，可以为不善"论；三是"有性善，有性不善"论。而孟子则提出了不同于当时流行观点的新看法，在与告子的两次辩论当中，孟子就对第一种观点提出了批评："告子曰：'性犹杞柳也，义犹桮棬也。以人性为仁义，犹以杞柳为桮棬。'孟子曰：'子能顺杞柳之性而以为桮棬乎？将戕贼杞柳而后以为桮棬也？如将戕贼杞柳而以为桮棬，则亦将戕贼人以为仁义与？率天下之人而祸仁义者，必子之言夫！'"① "告子曰：'性犹湍水也，决诸东方则东流，决诸西方则西流。人性之无分于善不善也，犹水之无分于东西也。'孟子曰：'水信无分于东西。无分于上下乎？人性之善也，犹水之就下也。人无有不善，水无有不下。今夫水，搏而跃之，可使过颡；激而行之，可使在山。是岂水之性哉？其势则然也。人之可使为不善，其性亦犹是也。'"② 从以上两个辩论的内容中，可以看出告子通过杞柳与水来比喻人性，认为原始的人性如杞柳，仁义只是加工后的产物，又提出人性如流水，向东引则往东流，向西引则往西流，这两种说法都认为人性是由外力所决定的，目的是说明人性无所谓善或不善。而孟子则提出反驳，认为水虽然可以被指引向东或向西流，但却一定是向下流的，这就是水的本性，人性也同样一定是本善的。即便通过手段使得水不向下流，那也是外力作用的影响，不是水本身的问题，而人做出了不善的事，也是外力影响的结果，不能说明人的本性不善。

在孟子看来，内在的道德本心是人所固有的，"恻隐之心，人皆有之；羞恶之心，人皆有之；恭敬之心，人皆有之；是非之心，人皆有之"。③ 这四样道德本心体现为人具有行善的可能性，而这种可能性就是道德伦理"仁义礼智"的萌芽，孟子把这种萌芽称作"端"："恻隐之心，仁之端也；

① 《孟子·告子上》。
② 《孟子·告子上》。
③ 《孟子·告子上》。

羞恶之心，义之端也；辞让之心，礼之端也；是非之心，智之端也。人之有是四端也，犹其有四体也。有是四端而自谓不能者，自贼者也；谓其君不能者，贼其君者也。凡有四端于我者，知皆扩而充之矣，若火之始然，泉之始达。苟能充之，足以保四海；苟不充之，不足以事父母。"① 把这些萌芽状态的本心扩充开来，就可以安保天下，但若不加以保养，则连父母都难以赡养。孟子说明人具有四端之心，强调人具有道德意识的自觉性，只是人常常不能体认到本心，所以需要时常反问自省："爱人不亲，反其仁；治人不治，反其治；礼人不答，反其敬。行有不得者，皆反求诸己。"② 对于道德精神的探求要回到自身，向内探寻，反求本心，道德的行为是道德主体自我实现的结果。

按照孟子的说法，这种天赋于人的良知良能，是人与其他事物的区别所在。孟子说："然则犬之性，犹牛之性；牛之性，犹人之性欤？"③ 孟子认为犬之性和牛之性不同，牛之性和人之性不同。孟子从道德价值的角度出发，提出人性就是人与禽兽的本质差异，也就是道德性。对于禽兽来说道德是毫无价值和意义的，而人之所以为人，就是因为人具有道德属性。这种判断并不是基于自然事实层面的事实判断，而是站在道德价值层面的价值判断。因为从事实经验来说，人性是有善有恶的，通过经验归纳不能得出人性本善的结论。但孟子的性善论，是先于经验的，是人所独有的超验的道德属性，这种属性是先验和内在的，只有人才具备这种道德自觉的意识，所以每个人都有向善的可能，任何人在事实上所做出的不善，都不能反驳人性上的善。

孟子的性善论深化了先秦儒家人性论，在唐代中期随着孟子地位的上升，逐渐成为儒家主流人性论的代表，成为宋明理学人性论的重要理论来源。

6.庄子的人生观

庄子是先秦道家的重要代表人物之一，和老子并称"老庄"。其人生

---

① 《孟子·公孙丑上》。
② 《孟子·离娄上》。
③ 《孟子·告子上》。

观具备超越与豁达的特点，显现出一种独特的人文关怀。以下简述庄子人生观的主要内容：

（1）理想人格

庄子追求的是"至人无己，神人无功，圣人无名"[①]的理想人格。庄子认为，只有摆脱人世间一切现实的束缚，超脱于万物之外，处于不依赖任何外在条件的"无所待"的状态，才可称得上是达到了"逍遥"的境界，也就是庄子眼中最高的人生境界。庄子在《逍遥游》当中举例加以说明：有些人的才能足够担任地方的官员，德性能够让整个国家信任，他们不断努力追寻职位和权能，这样的人在儒家墨家看来，应该是属于德才兼备的贤人了。但是这样的人却为宋荣子所讥笑，宋荣子不因他人的赞赏而喜悦，不受他人的批评而沮丧，能够辩乎荣辱之境，在世上无所追求，这样的境界可以说已经实属不易了，然而宋荣子还没做到物我两忘、荣辱俱无的境界。比宋荣子还要更胜一筹的是列子，他能够驾风而行，潇洒脱俗，宛如仙人，但他依旧需要借助风的力量，还是要有所依赖，称不上逍遥游。庄子提出了他眼中的逍遥之境："若夫乘天地之正，而御六气之辩，以游无穷者，彼且恶乎待哉？"[②] 在庄子眼中，唯有顺应自然本性，随着大道流行的变化而变化，实现"与道同体"的天人合一之境，才是至高的精神境界。由此可见，庄子理想人格的本质特征是顺应自然、坦然自若、超越豁达、逍遥自由。这种理想追求看似高远，但并非脱离实际生活，在充满虚伪丑恶的俗世当中，人总会产生一种超越现实的追求，庄子的理想境界能给迷失的人们带来返璞归真的指导方向。

（2）人生态度

庄子对于理性境界的追求，也导致他在人生态度上体现出"物我为一"的平等观和超越的生死观。庄子提出了"天地与我并生，而万物与我为一"[③]的思想，庄子"齐物"的意思是"以不齐为齐一"。庄子认为，要探寻万物的共同标准是很难的，因为每个人处于不同的角度和立场，在不

---

① 《庄子·逍遥游》。

② 《庄子·逍遥游》。

③ 《庄子·齐物论》。

同的意识体系下对事物的认知必定会有落差，这时就要求我们把性质不同的万物和世间一切的差别相，看作是"齐一"的，破除它们之间的差别。庄子希望人们不受限于有条件的"地籁"和"人籁"，而是去仔细感受无所依赖的"天籁之音"。庄子从自然的角度出发，提出把"以物观之"换成"以道观之"，只有站在最高的"道"的角度，才能意识到事物的一切差别都显得微不足道。庄子主张人们要摒弃唯我独尊的自我意识，不强加自己的想法给他人，通过"丧我"的功夫达到"物我两忘"的状态，能够平等地看待每一个个体的立场。

庄子对于生死这一人生终极问题，展现出十分积极的态度。庄子认为生与死只是一种不断转化的过程："方生方死，方死方生。"[①] 人之所以会畏惧死亡，是把死当成了生命的终结，但在庄子看来，这实际上只是一种生命形态到另一生命形态的转化，死亡是另一段生命的开始。庄子说："生之来不能却，其去不能止。"[②] 生与死都是自然规律的一部分，是人所无法改变的，所以人们在面对生死问题时，既不应该贪生怕死，过分地抵触死亡，也不应该漠视生命，轻易地放弃生命，而是要放下对生死的执着，豁达面对生命的过程。

（3）人生修养

庄子认为，人之所以无法与道同一，达到逍遥境界，都是"有所待"，于是他提出"坐忘"和"心斋"的修养方法："堕肢体，黜聪明，离形去知，同于大通，此谓坐忘。"[③] "坐忘"就是要忘却一切物质存在和知识技巧，摆脱执念的束缚，从而实现对"大道"的体悟。此外，庄子还强调"心斋"的功夫："若一志，无听之以耳，而听之以心；无听之以心，而听之以气。听止于耳，心止于符。气也者，虚而待物者也。唯道集虚。虚者，心斋也。"[④] "气"即指将心灵洗涤至净的空明灵觉的状态。这两种功夫都强调消除掉外在的肢体、心智等因素所带来的束缚，为的是达到"物我两忘"的"丧我"之境，以便完成对"道"的体悟。

---

① 《庄子·齐物论》。

② 《庄子·达生》。

③ 《庄子·大宗师》。

④ 《庄子·人间世》。

庄子的人生观成为道家人生哲学的主要代表，成为塑造中国人精神世界的重要资源，在传统社会具有深远影响。

7.荀子的天人关系说

天人关系是中国哲学史中的重要问题，如孔子与孟子强调"天"的道德属性，主张"天人合德"，这种天人合一的看法在当时占据主流。荀子却打破常规，注重阐发"天"的自然义与规律义，提出"天人相分"论，主要内容有以下几方面：

（1）天行有常

荀子认为，天和人一样，都是一种客观的存在，强调"天"的客观规律性："列星随旋，日月递炤，四时代御，阴阳大化，风雨博施。万物各得其和以生，各得其养以成，不见其事而见其功，夫是之谓神。皆知其所以成，莫知其无形，夫是之谓天〔功〕。唯圣人为不求知天。"[①] 星辰流转，日月交替等自然现象都是根据"天"的自然规律在无形之中发生的。荀子说："天行有常，不为尧存，不为桀亡。应之以治则吉，应之以乱则凶。"[②] 荀子认为"天"不会随着君主贤明或是昏庸而产生改变。荀子也破除了许多迷信的说法："星坠、木鸣，国人皆恐，曰：'是何也？'曰：'无何也，是天地之变，阴阳之化，物之罕至者也。'"[③] 星辰陨落、树木鸣叫，都只是一些比较罕见的特殊自然变化而已，和日升日落等自然现象也没有什么区别，不代表厄运或是吉祥的意义。荀子强调人的主观能动性的作用："上明而政平，则是虽并世起，无伤也。上暗而政险，则是虽无一至者，无益也。"[④] 如果政治清平的话，哪怕各种异象同时发生，也没有什么损害，但要是政局凶险的话，哪怕天象再正常不过，也不会给人带来任何好处。荀子将天道与人事区分开来，人对于天来说是独立的存在，天对于人也不再具有神秘意义。

---

① 《荀子·天论》。

② 《荀子·天论》。

③ 《荀子·天论》。

④ 《荀子·天论》。

（2）明于天人之分

荀子在确立"天"的客观实在性之后，进一步提出"明于天人之分"的思想，也就是理清人与天之间的联系与区分，界定好各自的职责与权限。荀子强调人不应干涉天的职责："不为而成，不求而得，夫是之谓天职。如是者，虽深，其人不加虑焉；虽大，不加能焉；虽精，不加察焉；夫是之谓不与天争职。"① 另外就是人应该做好自己的本分："强本而节用，则天不能贫。养备而动时，则天不能病。修道而不贰，则天不能祸。……故明于天人之分，则可谓至人矣。"② 人如果努力完成生产并节约成本，天不会让人贫穷；专心修道不出偏差，天不会让人受灾祸，明确天与人之间的职责不同的人，可以说是至高的人了。

荀子所讲的"天人之分"绝不是指天与人完全对立，两者之间依然是具备相通性的。人的日常活动要以天的自然规律作为标准："天能生物也，不能辨物也；地能载人也，不能治人也；宇中万物生人之属，待圣人然后分也。"③ "辨物"与"治人"是人的职责所在，在天地面前，人不是渺小的存在，人具有积极主动的参与作用，这里又包含着"天人相合"的意味。荀子的"天人之分"彰显了人的尊严与地位，而"分"之后的"合"则体现了人的价值，涵盖了天与人的关系的辩证统一的发展过程。

（3）制天命而用之

荀子说："大天而思之，孰与物畜而裁之？从天而颂之，孰与知天命而用之？望时而待之，孰与应时而使之？因物而多之，孰与骋能而化之？思物而物之，孰与理物而勿失之也？愿与物之所以生，孰与有物之所以成？故，错人而思天，则失万物之情。"④ 与其盲目等待"天"的赏罚，不如主动了解自然规律，从而充分地利用以改善生活。荀子认为要想充分了解"天"的规律就要做到"知其所为，知其所不为"。⑤ 也就是遵循并应用能带来收益的规律，避免与防范不应违背的规律。荀子告诉我们："所志

---

① 《荀子·天论》。

② 《荀子·天论》。

③ 《荀子·礼论》。

④ 《荀子·天论》。

⑤ 《荀子·天论》。

于天者，已其象之可以期者矣；所志于地者，已其见宜之可以息者矣；所志于四时者，已其见数之可以事者矣；所志于阴阳者，已其见知可以治者矣。官人首天而自为受道也。"[1] 荀子表明了自然规律的重要性，并且提出人把顺应自然规律作为自己的本分，总体来讲还是一种"顺天"的思想，而不是什么对于"人定胜天"的执念。

虽然荀子在中国儒学史上不占主流地位，但是荀子的天人观具有科学合理的成分，具有独特的价值。

8.董仲舒的人副天数说

董仲舒提出过著名的"天人感应"论，认为人与天是同类的，故会如琴瑟一般彼此之间产生共鸣、相互感应。而"天人感应"的前提就是"人副天数"说，董仲舒在此说中表明了自己对天人关系的独特理解。

董仲舒继承先秦哲学的天道观，阐发了"天"的多重属性。首先，董仲舒认为"天"是宇宙万物的始祖，也就是抒发了"天"的自然属性："天者，万物之祖，万物非天不生，独阴不生，独阳不生，阴阳与天地参然后生。"[2] 董仲舒此处所说的"天"不是与地相对应的实质意义上的天，而是包含天地的创始存在："天有十端，十端而止已。天为一端，地位一端，阴为一端，阳为一端，火为一端，金为一端，木为一端，水为一端，土为一端，人为一端，凡十端而毕，天之数也。"[3] 天地人与阴阳五行都包含于"天"之中。"天地之气，合而为一，分为阴阳，判为四时，列为五行。"[4] 天在创生万物的过程当中，包含了阴阳、四时、五行的转化，这些内容为董仲舒之后阐述天人关系提供了基础。其次，董仲舒还指出"天"具备道德属性，他认为"天"有着与人相同的道德情感："春气爱，秋气严，夏气乐，冬气哀；爱气以生物，严气以成功，乐气以养生，哀气以丧终，天之志也。是故春气暖者，天之所以爱而生之，秋气清者，天之所以严以成之，夏气温者，天之所以乐而养之，冬气寒者，天之所以哀而藏

---

① 《荀子·天论》。

② 《春秋繁露·顺命》

③ 《春秋繁露·官制象天》。

④ 《春秋繁露·天地阴阳》。

之；春主生，夏主养，秋主收，冬主藏。"①董仲舒认为，爱乐严哀等道德情感本来就是属于"天"的，正是"天"的情感发生促使阴阳之气的循环变化，才使得四时划分开来。董仲舒以天地人与阴阳五行等要素建构出了一个庞大丰富的"天"的系统，春夏秋冬四时、东南西北四方与仁义礼智信五德等内容都可以从董仲舒的"天"论中找到对应的涵义，不过，董仲舒最注重的还是将"天"和"人"的联系进行说明。

在确立"天"是万物的始祖之后，董仲舒进一步提出了人与天之间的关系："为生不能为人，为人者，天也，人之人本于天，天亦人之曾祖父也，此人之所以乃上类天也。"②父母能够生下子女，却不能造出人类，创造出人类的是"天"，所以说，"天"也叫作人类的曾祖父，这里的曾祖父是始祖的代称。依照生活经验能知道，子女总是类似于他们的父母辈，按这样的逻辑一层层往上推，则可得出人也类似于"天"的结论，或者说，人是按照"天"的形象类比生成的。这就是董仲舒提出的"人副天数"说，认为人是天的副本、同类。

董仲舒认为人与其他万物不同："天地之精所以生物者，莫贵于人。人受命乎天也，故超然有以倚。物疢疾莫能为仁义，唯人独能为仁义。物疢疾莫能偶天地，唯人独能偶天地。"③万物不能从事仁义，不能与天地为偶，唯有人可以做到。"是故凡物之形，莫不伏从旁折天地而行，人独题直立端尚正正当之。是故所取天地少者，旁折之；所取地天多者，正当之。此见人之绝于物而参天地。"④人不同于万物，是由于人端正地面对天地，取得较多的天地精华，董仲舒还将人的形体样貌和天作比较加深这一论证："是故人之身，首颁而员，象天容也；发象星辰也；耳目戾戾，象日月也；鼻口呼吸，象风气也；胸中达知，象神明也，腹胞实虚，象百物也。……天以终岁之数，成人之身，故小节三百六十六，副日数也；大节十二分，副月数也；内有五脏，副五行数也；外有四肢，副四时数也。"⑤

---

① 《春秋繁露·王道通三》。
② 《春秋繁露·为人者天》。
③ 《春秋繁露·人副天数》。
④ 《春秋繁露·人副天数》。
⑤ 《春秋繁露·人副天数》。

人的诸多形体，都与天数或天象一致。此外，人的道德情感也都来自"天"："人之德行，化天理而义；人之好恶，化天之暖清；人之喜怒，化天之寒暑。"[①] 董仲舒通过类比的手法，将人和天归为一类，使天获得人的道德性的同时，也让人获得了天的自然性。董仲舒的这一天人关系说在中国哲学史上具有独特地位。

9.魏晋玄学的基本流派与主要观点

魏晋玄学一般指魏晋时期以老庄思想为基本骨架，试图调和"名教"（儒家）与"自然"（道家）关系的一种特定的哲学思潮。魏晋玄学主要反思和批评汉代繁琐的经学思潮，以哲学本体论取代汉代流行的宇宙生成论，具有浓厚的抽象的思辨哲学色彩。正如冯友兰先生所言："玄学的辩名析理完全是抽象思维，从这一方面说，魏晋玄学是对两汉哲学的一种革命。"[②] 在学风上，魏晋士人不同于汉儒重视"五经"的解释与传承，他们重视《老子》《庄子》和《周易》（被称为"三玄"），往往"非汤武而薄周孔"（嵇康语）。从玄学的基本流派看，主要有以何晏（190—249）、王弼（226—249）为代表的"贵无论"、以裴頠为代表的"崇有论"、以郭象为代表的"独化论"，尤以"贵无论"影响最大。

据记载，"魏正始中，何晏、王弼祖述老庄，立论以为天地万物皆以无为为（按：多了一个"无"字）本。无也者，开物成务，无往而不存也。阴阳恃以化生，万物恃以成形，贤者恃以成德，不肖者恃以免身。故无之为用，无爵而贵矣"[③]。王弼自己说："天下之物，皆以有为生，有之所始，以无为本，将欲全有，必反于无也。"[④]

"天地万物皆以无为本"是玄学贵无派的基本主张，"无"能成就天地万物，"无"是最尊贵的，超出世俗爵位之"贵"。这里涉及玄学讨论的一个基本哲学问题，即"无"与"有"的基本关系问题，作为经验层面的"有"（有具体规定的天地万物），必须以超出经验之外的"无"（无具体规

---

① 《春秋繁露·为人者天》。
② 《春秋繁露·为人者天》。
③ 《晋书·王衍传》。
④ 《老子》第四十章注。

定性）为根据。"无"就是无形无象之本体，作为本体意义上的"无"，不可言说，但并不是"虚无"，它客观存在，只是未确定、未定型、未显现，因此不能说"无""是什么"。"无"与"有"的关系，就是"体"与"用"的关系，"本"与"末"的关系，"道"与"器"的关系，"一"与"多"的关系，"静"与"动"的关系，"本体"与"现象"的关系。"本体"不同于"现象"，但是"本体"不能脱离"现象"而孤立存在，"无不可以无明，必因于有"。

王弼从"有之所始，以无为本"的"贵无"论立场出发，在名教与自然关系问题上，主张"守母以存其子，崇本以举其末"[1]"仁义，母之所生"[2]，赞同名教（"末"）本于自然（"本"）的观点，调和孔、老，提倡儒、道一体。

竹林时期的玄学揭露和批判当时名教存在的种种虚伪、狡诈弊病，"君子之礼法，诚天下残贼乱危死亡之术"[3]。在名教与自然关系问题上，提出了"越名教而任自然"的观点。

裴頠（263—300）著有《崇有论》，反对以王弼为代表的贵无论。他说："夫至无者，无以能生，故始生者，自生也，自生而必体有。"在裴頠看来，"无"不能生"有"，"无"是"虚无"、什么都没有、就是零，"无"只是"有"的缺失。"无"与"有"（有形的世界）之间是绝对割裂开来的、绝对对立的。裴頠所理解的"无"，不同于王弼"贵无"论中的"无"，"贵无论"中的"无"作为本体，它必"因于有"。

在崇有论看来，"有"不是因于"无"而生，它是"自生"的，既然"自生"，那么一定以"有"为本体而不是以"无"为本体。"自生而必体有"，说明万物的产生是以其自身的实际存在为本体，"有"即是其自身存在的根据。

郭象（252—312）从裴頠的崇有论中进一步发展出自己的"独化"论。所谓"独化"，是说任何事物都是独立自足的生生变化，而这种独立

---

① 《老子》第三十八章注。
② 《老子》第三十八章注。
③ 阮籍：《大人先生传》。

自足的生生变化是绝对的，不需要任何条件的。任何事物都是"自生""无待""自然"的。所谓"自生"，就是指事物根据其"自性"而存在，"自生"意味着"非他生"，"自生"意味着"非有故""非有因"。所谓"无待"，就是事物的存在是无条件的，事物的生灭变化不需要任何外在力量。所谓"自然"，主要指事物的存在变化，既是必然的又是偶然的。在郭象"独化"论看来，"无"不能生"有"，"有"也不能生"有"。郭象的"独化"论，其目的在于论证名教即自然的观点，现实的一切都是合理的、自然的，只要自足其性、各安其位、各得其实，就能实现"独化于玄冥之境"。

10.华严宗的四法界说

华严宗实际创始人是唐朝法藏（643—712）所创立，以《华严经》为主要根据，法藏被武则天赐号贤首大师，又称贤首宗，此宗以法界缘起为思想旨趣，又称法界宗。华严宗传承关系：杜顺（557—640）——智俨——法藏——澄观——宗密。法藏主要著作有《华严义海百门》《华严金师子章》《华严经探玄记》和《华严经旨归》等。

华严宗的核心思想就是法界缘起论及其"四法界"思想。"法界"是一切客观事物的本原，一切客观事物都是由"法界"派生的。在华严宗看来，法界又称"一真法界""真如佛性"或"如来藏自性清净心"。

法界缘起论的具体展开，就是"四法界论"。"四法界"指事法界、理法界、理事无碍法界、事事无碍法界。宗密《注华严法界观门》解说"四法界"："一事法界：界是分义，一一差别，有分齐故。二理法界：界是性义，无尽事法，同一性故。三理事无碍法界：具性分义，性分无碍故。四事事无碍法界：一切分齐事法，一一如性融通，重重无尽故。"

所谓"事法界"，指有差别的各种事物、现象。所谓"理法界"，指诸法平等的理体、真如、真空。所谓"理事无碍法界"，指有差别的事物与平等的真如理体交融无碍，任何事物都是"真法界"随缘的产物、是真如理体的显现，事物不能离开真如理体而独立存在；理即事，事即理，理事圆融无碍。所谓"事事无碍法界"，指诸差别的事物由于真如理体同一，每一事物包摄理之全体，所以能一一如性融通，法法平等，事事无碍，一多相即。

　　这"四法界",不仅体现了宇宙万物万事之间的普遍联系,也是代表修证华严法门的四种精神境界。从哲学上讲"事法界"代表的是现象,属于物质性的现象世界,现象是虚妄的,虽有而无;"理法界"代表的是"本质"、本体,属于精神性的本体世界,本体是真实的;"理事无碍法界",讨论的本体世界与现象世界的关系问题,本体和现象不是割裂的、对立的,而是相互渗透的、相互联系的,本体世界即在现象世界之中。以金狮子为例,金是本体,狮子的形相是现象,没有金则没有金狮子相,金存在于金狮子相中,金狮子相乃是因缘而成,可以变化,因此是不真实的,是幻相。法藏说:"师(狮)子相虚,唯是真金。师(狮)子不有,金体不无,故名色空。"①"师(狮)子不有",指的是金狮子色相存在并不真实,因为"色相从缘而非有","真金"比喻真如理体真实不虚。

　　华严宗的"理事无碍"说,揭示了本质与现象具有统一性,这具有辩证的真理性,但是华严宗又认为本质是真实的而现象是虚幻的,这就不符合本质与现象的辩证关系,现象表现本质,绝不是虚幻的。"事事无碍法界",强调的是现象世界的普遍联系,各种现象彼此相互包容,圆融无碍,没有差别和对立,一即一切,一切即一。"一"即真如理体,"一切"即各种现象。

　　"事事无碍法界"涉及事物之间的同一性与差别性问题,华严宗夸大了事物之间的同一性而忽视、否认了事物之间的差别性,结果得出"一即一切,一切即一"的相对主义结论。华严宗认为一切事物之所以混融无碍,因为"诸法无定相",各个事物并没有自己的确定性、实体性。法藏说:"初无定相者,谓以小非定小,故能容大;大非定大,故能入小。"②以金狮子为例,华严宗认为"一一毛中,皆有无边师(狮)子"③。狮子"眼即耳,耳即鼻,鼻即舌,舌即身",这完全否认了各事物之间的具体差别性,否定了事物自身的确定性,眼、鼻、舌虽然有联系,但是各自却有自己的确定性,不能混淆。华严宗取消一切差别和对立的根本原因,在于认

---

① 《华严金师子章》。

② 《华严经旨归》。

③ 《华严金师子章》。

为万物万事皆由"心现","一切法皆唯心现,无别自体。是故大小随心回转,即入无碍。"① 从认识上讲,华严宗的"四法界"说,是一种典型的唯心主义认识论。从佛教的修道解脱上说,华严宗的"四法界"说旨在超越一切差别、对立而进入无碍、圆融、大自在的自由精神境界。

11.禅宗的基本思想

禅是古印度宗教通过打坐使心念安定下来的实践。在释迦牟尼以前,印度即有以生"天"为坐禅目的之思想;至释迦牟尼时,开始展开远离苦乐两边,以达涅槃为目的之佛教禅定。一般认为,禅宗不同于印度佛教的禅定,而是佛教中国化的产物。禅宗是以不立文字、教外别传、以心传心、见性成佛为宗旨的大乘佛教宗派。禅宗一般以菩提达摩为初祖,在历史上有二祖慧(惠)可、三祖僧璨、四祖道信(580—651)、五祖弘忍(602—675)、六祖慧(惠)能之说。六祖慧能(638—713)是中国禅宗的实际创立者,其把印度佛教思想彻底中国化了,号称"六祖革命"。慧能俗姓卢,家境贫苦,曾以卖柴为生,后因听闻《金刚经》而有所悟,决定离家前往五祖弘忍门下学习佛法。他作诗一首:"菩提本无树,明镜亦非台。本来无一物,何处惹尘埃!"因此诗,慧能受到五祖弘忍的赏识,五祖决定把衣钵传给他。从此以后,慧能在广东岭南一带传法并开创了自己的南宗禅。慧能禅法思想主要保存在由后人整理、编辑的《坛经》里。慧能的禅法思想代表了禅宗的基本思想,后期禅宗虽因时代有一定变化,但是在禅学核心思想上并没有超出慧能的范围。慧能的禅法思想如下:

(1)自心即佛、生佛不二。慧能继承印度佛教传统,主张一切众生皆有佛性,但是在慧能看来,佛性(自性)并不是人心之外的一个客观实在,不是理论思维、人类认识的客观对象,只有在宗教实践修证中,能直觉到它的真实存在,佛性即是自心,自心本来就是佛。慧能将自心(自性)与佛性、众生与佛看作是一个二而一的关系,主张即心即佛、自心即佛心、众生即佛的主张。慧能说:"佛是自性作,莫向身外求。自性迷,

---

① 《华严经旨归》。

佛即众生；自性悟，众生即是佛。"①

（2）无念、无相、无住的"三无"法门。慧能说："善知识！我此法门，从上已来，顿渐皆立无念为宗，无相为体，无住为本。何名为相无相？于相而离相。无念者，于念而不念。无住者，为人本性，念念不住，前念、今念、后念，念念相续，无有断绝，若一念断绝，法身即离色身；念念时中，于一切法上无住；一念若住，念念即住，名系缚；于一切法上念念不住，即无缚也。"②所谓"无念"，并不是没有任何念头，而是无妄念、无邪见，"于念而不念"，远离生灭、有无、人我、是非、染净等一切对立之相，于真如自性上起生起正念，"自性起念，虽即见闻觉知，不染万境，而常自在"③。"无念"，是针对"妄念"、邪见而言的。"无相"就是"于相而离相"，"无相"不是断灭诸相。"相"，即事相，世俗执为实有的一切事物或存在；"离"，不是远离或避开，而是不染著、不执著。慧能"无相"的思想，实际上是对《金刚经》般若实相思想的继承与发展。

（3）顿悟成佛。慧能的禅法精神特色在于自修自证、自性顿悟。从历史上看，顿悟方法并非六祖慧能首创造，但慧能是把顿悟作为解脱和成佛之根本思想、根本方法的第一人。慧能说："善知识，我于忍和尚处一闻，言下大悟，顿见真如本性。是故将此教法流行后代，令学道者顿悟菩提，各自观心，令自本性顿悟。"④从时间次第上说，顿悟是刹那间领悟或直觉到即心即佛、自性即佛，成佛在一念之间，无需累劫修行，传统佛教的诵经、念佛、坐禅等修习法门在顿悟法门面前已经失去意义。顿悟何以可能的真正依据，在于即真即妄的唯当下之现实人心。当下活泼的现实人心，本身既是真心又是妄心，真、妄之间无存在距离，本是人心一体之两面，由迷到悟无遥远距离，自然能够一刹那间圆成实现。慧能的禅学思想以顿悟为标帜、为特色，主要针对上根人、利根人而言，但是并不排除渐修等种种方便。慧能肯定了持诵《金刚经》的作用，"但持《金刚般若波罗蜜经》一卷，即得见性入般若三昧"，肯定了外在善知识的作用。但是

---

① 《坛经》。
② 《坛经》。
③ 《坛经》。
④ 《坛经》。

到了慧能以后晚唐、五代时期，禅宗走上废弃经教文字而玩弄讥讽、棒喝之路。

12.柳宗元的元气自然观

柳宗元（773—819），字子厚，河东解县（今山西运城）人，故称柳河东先生，是唐代著名文学家和唯物主义哲学家。他的哲学著作主要有《天说》《天对》《封建论》《非国语》等。

在自然观上，柳宗元继承和发展中国哲学史上气一元论传统，对汉代以来流行的天人感应论的天命神学思想进行了批评，宣扬朴素唯物主义和无神论精神。

柳宗元批评了流行的"天命"说，认为"天"只是自然界，只是"元气"，没有人格意志，没有赏善罚恶的能力。他说："彼上而玄者，世谓之天；下而黄者，世谓之地；浑然而中处者，世谓之元气；寒而暑者，世谓之阴阳。是虽大，无异果蓏（luǒ）、痈（yāng）痔、草木也。假而有能去其攻穴者，是物也，其能有报乎？蕃而息之者，其能有怒乎？天地，大果蓏也；元气，大痈痔也；阴阳，大草木也，其乌能赏功而罚祸乎？功者自功，祸者自祸，欲望其赏罚者大谬；呼而怨，欲望其哀且仁者，愈大谬矣。"[①] 在柳宗元看来，天地等自然界的现象，并无喜怒情感，更无赏功罚祸的意志，如果祈求"天"能赏罚，这是大错特错了。

在自然宇宙观上，柳宗元提出了"惟元气存"的唯物主义宇宙观。他说："本始之茫，诞者传焉。鸿灵幽纷，曷可言焉！曶（hū）黑晰眇，往来屯屯，厖（máng）昧革化，惟元气存，而何为焉！"[②] 柳宗元认为，宇宙是由混沌的元气构成，并无任何怪物主宰，而那些所谓本始的神秘的东西，原来只是并无根据的传说而已，并不可信。宇宙间"惟元气存"，充分肯定了世界的物质性，在一定程度上接触到了世界的无限性和统一性问题。"元气"就是构成宇宙万物最后根据，并无另一个造物主。物质性的元气本身是自动的，并不需要另外一个"推动者"，世界万物的运动变化，

---

① 《天说》。
② 《天对》。

实际上是元气自身（阴阳二气）相互作用的结果。自然万物"自动自休，自峙自流""自斗自竭，自崩自缺"，并不需要另外一个力量（造物主）去推动。

柳宗元从元气论出发，批判了天人感应的神学目的论思想。他批评《国语》将"西周三川皆震"与周幽王灭亡的现象联系起来的唯心主义解释，他指出周幽王的灭亡与"三川皆震"并无因果必然联系。他说："山川者，特天地之物也。阴与阳者，气耳游乎其间者也。自动自休，自峙自流，是恶乎与我谋？自斗自竭，自崩自缺，是恶乎为我设？"[①]他批判将自然界的雪霜、雷霆与世间人事相互联系、相互感应的做法。他说："或者乃以为雪霜者天之经也，雷霆者天之权也，非常之罪不时可以杀，人之权也；当刑者必顺时而杀，人之经也。是又不然：夫雷霆雪霜者，特一气耳，非有心于物者也；圣人有心于物者也。春夏之有雷霆也，或发而震，破巨石，裂大木，木石岂为非常之罪也哉？秋冬之有霜雪也，举草木而残之，草木岂有非常之罪也哉？彼岂有惩于物也哉？彼无所惩，则效之者惑也。"[②]在天人感应论看来，秋冬有霜雪，这是天的"经"，是不可以杀人的，春夏有雷霆，这是天的"权"，遇见有非常大的罪，不必等到秋冬就可以杀，这是人的"权"。必须秋冬才可以杀人，这是人的"经"。柳宗元批评上述说法，雷霆雪霜都是自然现象，"特一气耳"，并无主观意志，"非有心于物"。人间赏罚与自然界雷霆雪霜并无必然关系，不能根据自然界的春夏秋冬去赏罚，自然界的雷霆霜雪本是无意识的自然现象，"非有心于物"，并不是赏罚行为，"彼无所惩"，人类若去效法，则是愚蠢可笑的。柳宗元明确划分"天""人"之间的界限，即自然与社会之间的区别，明确主张天人相分的思想，自然界的变化是"无心"的、无意识的，人间的活动是有心的、有意识的。"天人感应论"混淆自然与人的区别，走向了唯心主义自然观。柳宗元坚持的是唯物主义自然观，体现出来的经验主义、理性主义的批判精神，具有深远的历史意义。

---

① 《非国语》上。
② 《断刑论》下。

13.韩愈对佛教的批判和道统论

韩愈，字退之，河南河阳（今河南省孟州市）人，世人称其为"韩昌黎""昌黎先生"。他是唐代古文运动的倡导者，也是宋明道学初源的开启者。在唐朝的中期，唐朝开始走向衰落，佛老思想的盛行日益威胁到儒家文化的发展。作为当时最重要的思想家之一，韩愈对佛教发起了激烈的批判，并主动担当起复兴儒学的重任，提出了"道统"说。

韩愈指出，佛教文化的盛行首先是对华夏民族文化和封建统治的极大破坏。"夫佛本夷狄之人，与中国言语不通，衣服殊制，口不言先王之法言，身不服先王之法服，不知君臣之义，父子之情"。[①]"法言""法服"就是合于礼法规范的话语体系和服装样式。破坏了中国人传统的语言、服饰就是破坏封建礼法，即佛教从根源上抛弃了中华文化赖以传承的先贤至圣之教。

其次，佛教引导百姓们去除七情六欲，弃君臣父子之道，不顾人伦道德，去一味追求到达脱离于现实世界之外的西方净土；这些思想极大地破坏了儒家倡导的人伦纲常，自然也就极大地破坏了以血缘伦理为基础、以忠孝为核心内容的封建统治制度。

最后，韩愈还指出，佛教徒不事生产，劳民伤财，佛教的兴盛对社会经济造成巨大破坏，百姓苦不堪言，不利于国家稳定和社会长治久安。由于政府给佛教寺庙许多优惠待遇，大量劳动人口投身于佛门，而寺庙也趁机大肆圈占土地、收敛钱财，寺院经济与世俗地主阶级的经济利益矛盾日益激化，严重影响经济的发展和国家秩序的稳定。

基于此，韩愈上书提出抑制佛教信仰的一系列具体措施，主张"人其人，火其书，庐其居"，并强调要以先王之道育民。在排佛的同时，韩愈意识到应对佛教文化的冲击，扫除佛教文化的影响，不能仅是简单地从表面上批判佛教，从根本上必须从振兴儒学本身入手，让儒学焕发生机，重新获得知识分子的信仰与推崇。

为了与佛教传法世系相抗衡，恢复儒学文化的主导地位，韩愈提出了

---

① 《韩愈·论佛骨表》。

儒家的道统说，并以之作为自己思想的理论基础。韩愈指出佛老之所以错误，就在于抛弃了仁与义来讲道，其实道的具体内容实质就是仁义。"博爱之谓仁，行而宜之之谓义，由是而之焉之谓道"，按照仁义的法则去做就是道。在对道作出规定的基础上，韩愈明确地提出了儒家的道统传承系列。即"尧以是传之舜，舜以是传之禹，禹以是传之汤，汤以是传之文、武、周公，文、武、周公传之孔子，孔子传之孟轲，轲之死不得其传焉"[①]代表儒家传统的先王之道，开端于尧，再到舜、禹、汤、文、武、周公、孔子，一直相传授受，自孟子之后道统失传。于是，韩愈积极自觉地担当起道统继承人的大任，以复兴儒家先王之教、传播儒学为毕生使命。韩愈在吸收孟子相关论述的基础上在中国思想史上第一次正式提出了儒家道统论，开宋代道学先声，而其自续道统的当仁不让精神，也为后世道学家所效仿。

14.宋明理学的兴起

宋明理学，又称新道学或理学，是指宋、明朝（包括元、清）占主导地位的儒家思想体系。宋明理学是在儒家思想的基础之上，融佛道智慧于一体的一种新的哲学形态。按照我们一般的分法，在宋明理学中最主要和最有影响的派别是以程颐、朱熹为主要代表的理学学派和以陆九渊、王守仁为主要代表的心学学派。

宋明理学的兴起有其复杂的社会背景。在经济层面上，封建经济关系上有了新的发展，适应历史发展趋势，北宋统治者实行了更有利于农民与一般地主土地私有制发展的经济政策，土地的私人占有化逐渐得到了社会的广泛认可。在土地所有形式相对改变的条件下，宋代划分政府掌握的官田和地主占有的私田，两者都以产品地租为主要剥削方式。这一时期的佃农已不再是完全处于依附地位，而是成为编入国家户籍的"客户"，佃耕制取代了荫户制。由于生产力水平显著提高，封建土地私有制得到进一步的发展，这就使得北宋时期土地的买卖、兼并现象十分突出。剧烈的土地兼并行为使得大量农民丧失土地，甚至破产，沦为流民，四处逃亡流浪，

---

① 《原道》。

社会秩序日益混乱。日益加剧的社会贫富分化，进一步激化了阶级矛盾。全国各地农民起义频发，提出了均贫富的口号。同时，北宋还面临着尖锐的民族矛盾。北宋建立之初，面对辽、西夏等少数民族政权在北宋边境的不断侵犯和烧杀掳掠等行为，为了维护统治秩序和边防安全，北宋统治者采取对外妥协退让的政策，由此所引发的巨额财政负担，加重赋税，使当时的阶级矛盾进一步激化，加深了宋王朝的危机。北宋的建立结束了唐五代长期混乱分裂、藩镇割据的政治乱局，但是人心涣散、道德沦丧的整体社会局面并未得到扭转。在这样的情势之下，宋代的统治者需要调整官方儒学以巩固统治。

从思想发展的本身而言，宋代理学的兴起既有内在的原因，也有外在的影响。儒学自两汉以迄隋唐，已由孔、孟、荀的儒家之学变为经学。而且所谓经学，从西汉、东汉到唐代，亦已由注重"微言大义"的今文经学，一变而为专重训诂考据的古文经学。以章句注疏、名物训诂为表现形式的汉唐经学，有遗孔孟遗意，忽略先哲经传中所含义理的讨究，难以承担重振儒学的重任。佛教传入中国，日益对中国社会产生极大的影响，对儒家传统的纲常伦理日益产生威胁。自魏晋南北朝以来崇佛的时代风气盛行，士大夫们争相参佛论禅，佛道兴盛。与此同时，儒家传统的纲常伦理已然受到极大的破坏，儒学地位每况愈下，这引起了当时一些儒家学者们的高度警惕。儒家思想一向以现实社会的伦理纲常为主，论者遂以为缺乏哲学上的推理系统，难以满足好学深思之士进一步探究的欲求。因此唐代儒学虽为政府倡导，实际影响却远不及佛学深远。宋初学者戒五代之混乱，为挽回世道人心，重新提倡儒学，并为能与佛学相抗衡，特别著意于儒家思想的"形上学"体系的建立。他们批判吸取了佛老思想资源，以儒家的纲常伦理为核心内容，以精巧的哲学思辨为理论基础创立了宋明理学。

总的来说，宋明理学的兴起实质上是在宋明儒学家应对佛老冲击，儒学被边缘化的现状，为挽回精英知识分子信仰进行的一场自觉的儒学复兴运动。

15.周敦颐的宇宙论

周敦颐，又名周元皓，原名周敦实，字茂叔，谥号元公，道州营道楼田保（今湖南省道县）人，世称濂溪先生，北宋五子之一。从"无极而太极"到"万物化生"，周敦颐在其《太极图说》中建构起了他的宇宙论体系。

周敦颐说："无极而太极。太极动而生阳，动极而静，静而生阴，静极复动。一动一静，互为其根。分阴分阳，两仪立焉。阳变阴合，而生水火木金土。五气顺布，四时行焉。五行一阴阳也，阴阳一太极也，太极本无极也。五行之生也，各一其性。无极之真，二五之精，妙合而凝。乾道成男，坤道成女。二气交感，化生万物。万物生生而变化无穷焉。"[1] 周敦颐认为，宇宙的根源即是太极。他所讲的"太极"是指处于混沌未分状态下的原始物质，而所谓"无极"，指混沌的无限。即太极是"有"与"无"的统一，其中无极是指太极无形而有理的一面。在这里，周敦颐把无极和太极两个哲学概念统一起来，提出了"无极而太极"的宇宙本体论。在此基础上，周敦颐进而描绘了宇宙生成演化图景，其一为从本体到现象，即太极分化之后成为阴阳二气，阴阳分立形成天地，阴阳变化结合形成五行，阴阳二气与各自具有特殊性质的五行进一步相互作用就产生了万物。其二则为从现象到本体的过程，"五行一阴阳也，阴阳一太极也，太极本无极也。"[2]

此外，周敦颐认为，太极是未分化的原始本体，太极元气"动而生阳，静而生阴"，其运动是产生阴、阳二气的根源。当太极元气进行显著运动就产生了阳气，而它的相对静止则产生了阴气，这说明宇宙本质上是运动的，变化的，凸显了运动对于宇宙生成和演化的意义。"动极而静，静极复动"，"动""静"两个矛盾对立面之间的循环转化就是运动的过程。当太极元气"动"到极致，它就会向相反的方向转变。同样，太极元气"静"的状态也是如此转化为"动"。在宇宙的整个演化生成过程中，没有什么运动状态是恒久不变的。而就像"动"和"静"是无限循环的，宇宙间的万物和一切事物也是无限变化的，"四时运行，万物终始，混兮辟兮，其无穷兮"，宇宙是一直处于一个永不停歇、无限的生成和演化的过程中。

---

① 《太极图说》。
② 《太极图说》。

不过，周敦颐强调，"动而无静，静而无动，物也。动而无动，静而无静，神也"。作为宇宙本原的太极，虽由动静而演变，但却并不处于一动一静的流变之中，这也呼应了"无极而太极"的观念。

周敦颐提出的无极而太极以及关于太极动静的论述，在本原问题的探讨上，突破了以往的生成论思维，无极与太极的结合，使得本原的实体成为"实有而非物""本无而不空"的绝对体，虽不甚成熟，里面夹杂了一些传统生成论的因子，然毕竟开创了一种足以与佛教思想抗衡的宇宙本体论新框架，为重新确立中国儒家文化价值观奠定了基础。

16.张载的气本论

张载，字子厚，生于长安，祖籍是在大梁（今河南开封），与周敦颐、邵雍、程颐、程颢合称"北宋五子"。因其长期在陕西眉县横渠镇居住和讲学，世人称他为"横渠先生"，而其所立学派也被称为"关学"。张载的思想体系"以《易》为宗，以《中庸》为体，以孔、孟为法"。张岱年在其《中国哲学大纲》中就提出，在宋明理学中不仅有理学、心学两派，而且有以张载和王夫之为代表的气本论。

张载认为气是世界的本原，是构成物质世界最基本的元素。他说："凡可状皆有也，凡有皆象也，凡象皆气也。一切皆气。总合未分之气，名为太和。"[1]认为宇宙间一切存在和一切现象都是"气"，更没有外于气而存在的其他实体。万物的生长发展都由于气的聚散、动静，气中又有阴阳二性，沉、降、静之性是阴性，浮、升、动之性是阳性，气有聚散，气聚则物成，气散则物毁。"气"这一存在实体中包含了阴、阳二气相反相成、升降互变、对立依存的矛盾关系，万物和人类就是在这种阴、阳二气的交互运动过程中产生的。气的聚散，有一定的规律。所以物的产生，有一定的秩序，这叫作"理"。"人"亦由气聚所产生，故亦得其性的部分，具有"天地之性"和"气质之性"。同时，张载还把无形的"太虚"也看作是气的一种存在状态，提出了"太虚即气"的命题。他认为，无形的太虚，有形的万物，是同一物质实体——气的两种存在状态。"太虚无形，气之

---

① 《正蒙·乾称》。

本体，其聚其散，变化之客形尔"，太虚是气散而未聚的本然状态，万物则是气暂时凝聚的客形，气之本体有聚散，却没有生灭。"气之聚散于太虚，犹冰凝释于水。知太虚即气，则无'无'！……诸子浅妄，有有无之分，非穷理之学也。"①无论是"气"聚合成可以看得见摸得着的形态之"有"还是消散成看不见摸不着的"无"的形态，本质上都是"有"，而非"无"，"气"这一物质实体始终存在，只是形态进行了变换，以人的观感感受到的"无"，并不是真正意义上的"无"，即不存在。因为作为宇宙本体的物质的"气"，只有存在形式的不同变化，不是物质本身的消灭和化为无有了，故而"气"是永恒存在、不生不灭的。

总的来看，张载的思想理论体系中有"气、太和、太虚、性"四个最根本的观念。"太和"就是阴阳会冲未分之气。"太虚"就是气弥散开、看不见摸不着的状态。"性"就是气所固有的会运动变化的本来属性。除此之外，又有"道、天、易、理"四个较为次一级的根本观念。道就是气化的过程。张载的道与老子所讲的道不同，老子的"道"指的是本原或规律，而张载的"道"更多是"道路"，是宇宙生成演化的过程。在张载这里，"天"是太虚的另一个名称，"易"是道的另一个名称，"理"是指"气"的运动变化的规律。张载提出根本观念虽然内涵各有不同，但是最终的根源都是来源于气。张载气本论思想的提出，标志着中国古代元气论发展到一个新的阶段。

17.二程的天理

程颢、程颐是同胞兄弟。其中程颢（1032—1085，字伯淳）为兄，是为大程子，后学尊称其为"明道先生"；程颐（1033—1107，字正叔）为弟，是为小程子，后学尊称其为"伊川先生"，人们把他俩合称为"二程"。他们是洛阳人，又长期在洛阳讲学，所以其学派被称为"洛学"。二程是宋明理学的主要奠基者，与周敦颐、张载、邵雍一起被尊称为"北宋五子"。二程年少时在赣州曾向周敦颐问学，周敦颐以"孔颜所乐何事"为问，诱其自悟，二程"自再见茂叔后，吟风弄月以归，有吾与点也之

---

① 《正蒙·太和》。

意"。在不断的学问思辨中，二程逐渐发展出一套以"天理"为核心的哲学体系。

首先，二程认为世界的根源是"理"，也叫作"道"，也叫作"天理"，是最高存在，是客观的、自然的存在。程颢提出"天者理也"①的命题，并认为"理则天下只是一个理，故推至四海而准，须是质诸天地、考诸三王不易之理"。②程颢说："吾学虽有所受，'天理'二字却是自家体贴出来。"③"天理"是二程思想理论体系中的最高范畴，这两个字是由他自身体贴领会而来。所谓"天理"，指的是具有永恒性、普遍性、最高实存的"理"。这里的"天"字，实际上是对"理"的一种形容，并无神秘主义的色彩。"天理云者，这一个道理，更有甚穷已？不为尧存，不为桀亡。人得之者，故大行不加，穷居不损。这上头来，更怎生说得存亡加减？"④这是说，"天理"不因为社会上有尧那样的好人就存在，也不因为有桀那样的坏人就灭亡，个人行为的好坏，不影响"天理"的变化。"理"永远如此，不生不灭，不增不减。

其次，"理"是万事万物所根据的法则，是物质世界的"所以然"，万物一理，具有超越性，亦即根源性。二程体贴出"理"是"天理"，旨在强调理具有本体意义，是万物万事之源，这正是理的超越、形而上的一面。二程肯定万事万物皆有其理，对此，程颐"天下物皆可以理照。有物必有则，一物须一理"。⑤所谓的"物则"就是物之"理"，也就是事物之所以如此的本质所在。二程认为，万物各有其理，但在根本上，万物之理只是一个"理"。他说："天下之物皆能穷，只是一理""万物皆是一理，至如一物一事虽小，皆有是理"⑥。在《答杨时论西铭书》中，程颐首次提出"理一分殊"的思想。也就是说，事事物物之间虽然各个不同，彼此区分，但有一个整全的理统摄天地万物之理，天地万物皆分殊自"理一"，

———————————

① 《遗书》卷十一。
② 《遗书》卷二。
③ 《河南程氏外书》卷十二。
④ 《遗书》卷二。
⑤ 《遗书》卷十八。
⑥ 《遗书》卷十五。

而此统一的、整全的理就是世界的最后根据和究竟实在。"理"体现在天地万物中，表现为天地万物的准则："万物皆有理，顺之则易，逆之则难，各循其理，何劳于己力哉？"①

再次，二程强调形而上与形而下的区别。形而下者即是"器"，形而上则为"道""理"，而"道""理"才是最根本的。从二程看来，张载提出的气一元论虽然在驳斥二氏之学上有其重要作用，但按照张载的观点会造成道器混同，从而也取消了儒学在本体论的论述优势。对此，程颐说："有理则有气"②，也就是说，在气化宇宙之上还有一个更高的实体——理，而且此"理"是作为气化宇宙的根据而存在的，因此形上之理决定形下之气。气有聚散，理无生灭，这又与张载的气论有截然之区别。

最后，二程认为"理"的一个重要涵义是指伦理纲常。程颢指出："为君尽君道，为臣尽臣道，过此则无理"③"父子君臣，天下之定理"④。此处"理"的涵义则表现为以五伦为中心的伦理准则。理作为超越的实体，在现实的映照便是伦理纲常。正因为天理是世界的"所当然"，自然也是人们行为之准则，不容逾越。

总之，二程哲学的中心范畴是"理"。"理"又称为"天理"，是"自家体贴出来"的。

此处的"天"字，实际上是对"理"的一种形容，并无神秘主义的色彩。用后来朱熹的话说，意即"公共的道理"⑤。故二程之学称为"理学"。

18.朱熹的理气关系和工夫论

朱熹（1130—1200），字元晦，号晦庵，婺源人。朱熹早年出入佛老，泛滥于百家，后反本六经，终成一代大师。他以二程理学为宗，同时吸收和融摄了周敦颐、张载、邵雍等人的学问，继承孔孟道统，构建起博大精深的理学体系。由于朱子常年在福建讲学，他所建立的门派被后人称为

---

① 《遗书》卷十一。
② 《二程粹言》卷一。
③ 《遗书》卷五。
④ 《遗书》卷五。
⑤ 《朱子语类》卷十三。

"闽学"，又因其理论是对二程学说的继承与发展，后人将其合称为"程朱理学"。

朱熹的理气论主要包含如下内容：首先，朱熹认为，天地之间，理不离气，气不离理，理气相即，即"天地之间，有理有气。理也者，形而上之道也，生物之本也；气也者，形而下之器也，生物之具也"①，可见理气虽然相即，但理是第一性的，是万事万物创生之根本，而气则为第二性的，是万事万物创生之具体材料。由此气而构成形质的世界，气是永无终止的流行之物，它的聚散、幽明、隐显等等，都是理的作用。由此理而构成意义的世界，理是此世界存在的意义和根据，也是世界有差别的统一者。理气一体浑成，但又可以区分。朱子认为："所谓理与气，此绝是二物。但在物上看，则二物浑沦，不可分开；若在理上看，则虽未有物，而已有物之理。"也就是说，"在物上看"，理气浑沦一体不可分开，理与气不离；但"在理上看"，理与气相互区别，一属本体世界，一属物质世界，乃分属不同类别之"二物"，因此朱熹的理气是既不相离的，又不相杂的。

其次，朱子认为："理气本无先后之可言，然必欲推其所从来，则须说先有是理。"②这里朱子表达的意思是，理不可生气，气不可生理，理气是两种不同的存在，并无生成或时间的间隔可言，但"推其所从来"，却是"先有理后有气"。进而，朱熹认为："要之，也先有理。只不可说是今日有是理，明日却有是气；也须有先后。且如万一山河大地都陷了，毕竟理却只在这里。"③在此，朱熹明确地表示，理气先后不可掺杂"今日""明日"这些时间概念。理在气先，不是指时间的先后，而是指逻辑的先后。通过"理先气后"这一命题，朱熹确认了理作为终极的实在，是万事万物的根据，同时也为儒家人伦道德提供了宇宙本体论的论证。朱熹认为："未有这事，先有这理。如未有君臣，已先有君臣之理；未有父子，已先有父子之理。"④作为宇宙终极存在的理是恒常的、普遍的，因此，作为人伦道德之理也是恒常的、普遍的。

① 《答黄道夫》。
② 《朱子语类》卷一。
③ 《朱子语类》卷一。
④ 《朱子语类》卷九十五。

最后，朱子认为，天地万物总体而言只是一理或一个太极，此理散在天地万物，使得万物各具一理，是为"理一分殊"。为此，朱熹认为："本只是一太极，而万物各有禀受，又自各全具一太极尔。如月在天，只一而已；及散在江湖，则随处而见，不可谓月已分也。"也就是说，太极是一个不可分割的整体存在，且天地间仅有此一最高存在之理。因此，"只是一个理，万物分之以为体。"朱熹常用"月印万川""随器取量"来作譬喻天地万物的"分殊之理"与"理一"的关系。因为分殊，天地万物呈现出各自的形态与光彩；因为理一，天地万物皆在一种普遍性、统一性中获得了意义和根据。

对于朱熹的工夫论，朱熹继承程颐"涵养须用敬，进学则在致知"的观点，发展出一套"居敬穷理"的工夫论。朱熹所说的"居敬"，主要指收敛精神使其不放逸、谨畏、常惺惺、主一、整齐严肃。朱熹通过这种内外交修的自觉修养，达到内无妄念、外无妄动，从而存心养性，实现心体的光明纯洁，仁心仁性发辉朗照。对于"格物穷理"，朱熹指出："所谓致知在格物者，言欲致吾之知，在即物而穷真理也……必使学者即凡天下之物，莫不因其已知之理而益穷之，以求至乎其极，至于用力之久，而一旦豁然贯通焉，则众物之表里精粗无不到，而吾心之全体大用无不明矣。"[①] 朱熹认为心统性情，心虽具理，但众人不能直接认识自己，必须通过"即物穷理"的工夫，须以格物来致知穷理，不断积累，"学以求其通"，不可一蹴而就。同时不应仅仅停留在具体事物的理，而应贯通所学。人一旦达到"豁然贯通"，则"吾心之全体大用无不明"。

总之，通过对前人思想的总结和发展，朱熹构建起了博大精深的理学体系，宋代理学在中国思想史中不断更新与发展，因其蓬勃广大的生命力，对于其后的中国乃至东亚社会产生了深远的影响。

19.陈亮的功利思想

陈亮（1143—1194），字同甫，号龙川，浙江永康人。陈亮、叶适是南宋事功学派的主要代表。他们既不满意当时南宋朝廷的软弱，坚决主张

---

① 《大学章句》。

对金作战；又不满意当时理学家们空谈性理，认为道德性命之学兴盛，而文章政事几乎废弛，从而导致了国家的贫弱与怯懦，因此，陈亮十分注重对实际问题的探析，重视实际的功利和效果，强调"事外无道""王霸并用""义利双行"等观念，从而构成其功利思想的核心。

第一，陈亮提出了"事外无道"的观点，这是陈亮功利思想的理论基础。与程朱理学高度强调存在超越性、永恒性的天理不同的是，陈亮认为事物之外并非另有实体，道就在事物之中。他认为整个世界都是物质的，并不存在着朱熹所讲的那个最高存在的"理"。他所重视的是现实世界中的"物"与"事"。"物"是客观存在的事物，"事"是人的现实活动。在他看来，整个宇宙就是由"物"与"事"构成的。陈亮说："夫盈宇宙者，无非物；日用之间，无非事。古之帝王独明于事物之故。"① 这是说，整个宇宙世界、人类生活，无非都是各种"物"、各种"事"罢了，没有一个"理"世界的存在。人们所要认识的，只是具体事物、现实活动及其规律。陈亮进一步指出，所谓的"道""理"，都存在于"事""物"之中，不能脱离了"事""物"而单独存在。他说："夫道非出于形气之表，而常行于事物之间者。"② 陈亮进而指出，认为"道""理"是"净洁空阔"的世界的看法，从思维方式上看，在于"于本质之外，换出一般，以为绝世之美器"③。与朱熹不同，陈亮强调具体世界，认为没有脱离具体世界的本体世界。用他的话说，就是"人只是这个人，气只是这个气"④，"人""气"这些"一般"，都只能存在于"这个人""这个气"之中。

第二，从具体内容而言，陈亮对于"事功"极为看重，认为不应该把学问与事功分离开来。从事学问，应当以适用为主。陈亮认为，学应该致用，如果不能学以致用，不能解决实际的问题，这样的人怎么能算是一个人才呢？因此，能解决实际问题，成就一番事业，才是最重要的。他说："人才以用而见其能否，安坐而能者，不足恃也。兵食以用而见其盈虚，

---

① 《龙川文集·经书发题》。

② 《勉强行道大有功》。

③ 《与朱元晦秘书书》。

④ 《与朱元晦秘书书》。

安坐而盈者，不足恃也。"① 也就是说，应当通过实际应用，看他是否有成效，才是判断问题的标准，而不是当时那些只会讨论脱离实际问题的人。他认为，当时最大的实际问题是抵抗金朝统治者的扩张，收复失地，而舍此不管，专谈"天道性命"，是没有什么用处的。对此，陈亮认为"功到成处，便是有德，事到济处，便是有理"②。他进一步强调，道德不应外于事功，事功成就之处，就是道德成就之处，二者应该是统合的，而不应该是割裂的。正是基于这样的理论观点，陈亮在与朱熹的论辩中，对汉唐时代的成就作了积极肯定。他认为，正是在汉唐时代，国家民族强盛统一，经济文化高度发展，"其国与天地并立，而人物赖以生息"。因此，离开了三代帝王，宇宙照样运行，社会照样前进，"天地常运而人为常不息"。③历史上的帝王往往是"王道"与"霸道"杂用的，这才符合历史的实际。陈亮认为，成为圣贤，讲究道德，离不开功利。无功无利，成不了圣贤，讲不了道德。陈亮所主张的"功利"，并不像朱熹所指责的那样，是为了个人"立大功名，取大富贵"，而是"除天下之患，安天下之民"。他说："贤者在位，能者在职，而无一民之不安，无一物之不养，则大有功之验也。"④ 陈亮的功利思想，关注的是民生问题，实际上是他忧国忧民之情的表现。

总之，陈亮面向现实，重视事功，形成南宋时与理学、心学不同的事功之学。事功学派与理学的主要区别在于：是不是存在超越性、普遍性、永恒性的道？如何评价道德，是依据动机，还是效果？不同的学派预设，决定了他们之间的理论冲突。以陈亮为代表的事功学派认为道德与事功是统一的，重视实际效果，认为道德原则和实际效果不能分开。总之，陈亮的学说当时被称为"功利之学"，在当时是比较重要的思想之一。

20.陆九渊的发明本心

陆九渊（1139—1193），字子静，江西金溪人。陆九渊自幼聪颖，常

---

① 《上孝宗皇帝第一书》。
② 《止斋文集·答陈同甫》。
③ 《与朱元晦秘书书》。
④ 《勉强行道大有功》。

常"深思而至忘寝食",自学所思的程度极深。陆九渊所创立的心学,据其自述,是"读《孟子》而自得之"①。"本心"这个观念是陆九渊心学最为核心的观念。陆九渊认为,本心是先天赐给人的,是本来内在于人自身的,不是从身外搜寻得来的。"发明本心",即孟子的"求放心",而陆九渊不仅将"发明本心"作为"为学功夫",而且他还对这种"为学工夫"作了颇为详细的说明和各种规定。

第一,以"先立乎其大者"作为为学宗旨。陆九渊说:"孟子曰:'先立乎大者,则其小者不能夺也。'人惟不立乎大者,故为小者所夺,以叛乎此理,而与天地不相似。"又指出:"此理即大者。"②而对陆九渊来讲,理与心至当归一,精义无二,"心即理也",因此"先立乎其大者",就是先立乎其"心"。对陆九渊而言,他之教人先立乎其"本心",其目的是使学人首先确立道德践履的根本立足点,要求在人品上树立根基。只有为学而有"本",才不会被"末"牵累,"先立乎其大"亦即"发明本心"不仅是陆九渊心学的为学宗旨,而且是他的心学的"为学工夫",此"工夫"虽简易直截,但对欲以"发明本心"为工夫的人来说,如果没有对"本心"的肯定与确定,那么将根本无法从事此工夫。正因为如此,陆九渊说:"汝耳自聪,目自明,事父自能孝,事兄自能弟,本无少缺,不必他求,在乎自立而已"。③又说:"人之有是四端,而自谓不能者,自贼者也。"④可见,陆九渊从正反两面来启迪和唤起人们觉悟此"本心"体认此"本心",要求人们对自身所固有的"本心"认定且不动摇。

第二,陆九渊强调"志"自"发明本心"工夫中的作用。他说:"人惟患无志,有志无有不成者。然资禀厚者,必竟有志。"又说:"志小不可以语大人之事。"⑤陆九渊认为,人只有志于良心之善,才可语大人之事,才有无有不成者。否则,"志于声色利达者,固是小"⑥。在陆九渊看来,人

---

① 《象山语录》下。
② 《与朱济道》卷十一。
③ 《象山语录》下,卷三十五。
④ 《象山语录》上,卷三十四。
⑤ 《象山语录》下,卷三十五。
⑥ 《象山语录》下,卷三十五。

的立"志"在于人要志于大而不志于小，他说："世不辨个大小轻重，既是埋没在消除，于大处如何理会得？"① 在陆九渊看来，人如果不辨个大小轻重不知何者为大何者是小，那么，就不可能真正志于"大者"——"良心善性"，这是人要"发明本心"工夫所不可或缺的条件。

第三，陆九渊认为"发明本心"必须经历一番"剥落"和"减担"的工夫。既然"心"为物欲所蔽所害，那就应该努力地去除"物欲"，陆九渊提出用"剥落"的方法去除"物欲"。他说："人心有病，须是剥落。剥落一番即得一番清明，后随起来又剥落，又清明；须是剥落净尽，才是。"② 剥落一层，就离清明近一步，每剥落一次，就近一次，这样坚持不懈地剥落下去，直至剥落最后一层，"本心"最终就会显露出来。对于为学之蔽，陆九渊提出"减担"的工夫。他说："圣人之言自明白。且如'弟子入则孝，出则弟'是分明说与你入便孝，出便弟，何须得《传》《注》。学者疲精神于此，是以担子越重，到某这里，只是与他减担。"③ 有些学者将明明白白、减担易行的儒家道理复杂化。到他这里，所作的工夫就是给人减去负担，教人不要沉湎于经书之中，不要沉浸在意见之中，不要沉迷于欲望之中，因为那样会使人走向迷途，自然也就找不到本心了。

总之，针对朱熹强调多读书，主张只有博览群书和加强对外物的观察才能认识到"天理"，陆九渊认为朱熹的学说太复杂繁琐，提出"心即理"的命题，主张"易简工夫"，在修养论上主张"发明本心"。其学说经后世弟子发扬光大，到明代王守仁集大成，形成了理学思潮的一个重要派别，对中国哲学发展产生了深远的影响。

21.王阳明的致良知

王守仁（1472—1529），本名王云，字伯安，号阳明，浙江余姚人，明代哲学家，心学的集大成者，代表作是《传习录》《大学问》。王阳明的

---

① 《象山语录》下，卷三十五。
② 《象山语录》下，卷三十五。
③ 《象山语录》下，卷三十五。

心学思想，系以良知之悟为中心，而向两个方面扩展，一是探讨良知与致良知的根据，二是探讨如何来致良知。良知从文字来看，是良好的知，是人心依据自身所具有的生命之性或自然的自身需要，运用心的知、情、意三种灵性，对自身与环境进行感知、判断、认识与行为。王阳明从四个方面规定良知的内涵。

（1）心之虚灵明觉即良知之本身，"心者，身之主也，而心之虚灵明觉即所谓本然之良知也"①。所谓心之虚灵明觉，大致相当于今人所讲的心的知情意三种灵性——知主感应，情主感通，意主行为指令。

（2）良知即是人对自身要走的道路的明觉，"道即是良知"②。《中庸》讲："天命之谓性，率性之谓道，修道之谓教。"人的心灵遵循人生而具有的生之命令或生命需要，而去认知、照料、处理自身与环境，便是人要走的道路。心的虚灵明觉，便是明觉到人身所内蕴的生之命令，并以此为依据而去建立起一个人化的为己的世界来——这也是孔子所讲的"为己之学"的真切含义。

（3）良知对事物的好恶判断具有自然自发性：良知是心灵的虚灵明觉，是心灵的内在能力，这种能力是自然的而且是自动生发的，因此王阳明说："凡意念之发，吾心之良知无有不自知者：其善欤，惟吾心之良知自知之；其不善欤，亦惟吾心之良知自知之"③"知是心之本体，心自然会知。见父自然知孝，见兄自然知弟，见孺子入井，自然知恻隐，此便是良知，不假处求"④。推而言之，冷暖自知，好恶自知，乃至公平与否，自己的心灵都自然有着天生的判断——现代心理学便证明了公平感的普遍存在，更区分了初级公平感（动物感到合作不公平便直接终止合作）和次级公平感（人感到合作不公平还有继续忍受的第二选择，直到这种不公平感累积而爆发）。

（4）良知是德性与智慧的生发之源。人是基于良知的自然判断而产生出德性和智慧的观念和结果来。人去感知、认识、改造自身和天地万

---

① 《答顾东桥书》。
② 《传习录》。
③ 《大学问》。
④ 《答顾东桥书》。

物，不是为了感知而感知、为了认识而认识、为了改造而改造，而是基于人的生命需要和由此而自然产生的好恶判断去感知、认识、改造。只有在此种"为己之学"的基础上建立起来的理性知识和德性知识，才是真正良善的知。因此王阳明以良知来贯穿仁义礼智信，来贯通人类的真知识体系和真文化体系："《大学》所谓厚薄，是良知上自然的条理，不可逾越，此便谓之义；顺着这个义理，便谓之礼；知此条理，便谓之智，始终这个条理，便谓之信。"①深层理解这句话，便是一切人类的真观念、真知识、真文化体系（也就是所谓智），都有一个"为己"或"人本"的向度和限制，离开这个向度和限制，观念与知识便成为反人类的伪智（非良知，包括对人无用、徒耗人类生命、时间与精力的无用知识和将人引向为非作歹的坏知识）。

明觉了良知是什么，致良知才有了目标和方向。致良知，就是使人的内在而本有的良知呈现出来，使其成为人类自身生命与生活的主宰。在这个意义上，王阳明的致良知和《中庸》的"率性之谓道"是一脉相承的，使良知呈现，实质是使人的生命本性呈现，使人的真正主体性呈现，也就是"率性"。良知既然内在而自然生发，为什么还要致呢？这是因为良知有昏明两种状态，人世有万般迷雾遮掩——人生而具有的天命就是生，就是活着，有情有义地活着，相互依偎地活着（人是群体性动物），但是人世却产生了许多将外在价值凌驾于生命价值之上的伪智来迷惑心智。因此致良知的"致"，是在后天伪智所笼罩的昏天暗地中，反身而观到内心所自然具有的一点明觉，察之、执之、扩充之："昏黑夜里，亦影影见得黑白，就是日之余光未尽处，困学工夫，只从这一点明处精察之。"②

王阳明的致良知说，与陆九渊的发明本心说不同之处在于，发明本心着重顿悟，而致良知则是次第扩充的工夫。与朱熹的格物致知说比较，后者将事物之理和人生之理分隔为两截，而致良知则是由人生之理来统摄和贯通事物之理。

---

① 《传习录》。
② 《王阳明年谱》。

22.罗钦顺的气本论

罗钦顺是明代哲学家，主要哲学著作有《困知记》（后所引原文，皆出此书，不同另注）一书。在本体论上提出了"理只是气之理"的气本论思想，不仅继承了张载气一元论思想，还批判性改造了程朱理学的"理一分殊"学说。

（1）天地古今无非一气。他说："盖通天地、亘古今，无非一气而已""人物之生，本同一气"。天地一气，万物皆气所化成，气外再无别物。气自身便是永恒运动的，气运动的原因则在于彼此相兼相制，即相互牵引牵制。《正蒙》有云：阴阳之气，循环迭至，聚散相荡，升降相求，姻缊相揉。盖相兼相制，欲一之而不能，此其所以屈伸无方，运行不息，莫或使之。"

（2）理只是气之理。他明确指出："理果何物也哉？盖通天地、亘古今，无非一气而已。气本一也，而一动一静、一往一来、一阖一辟、一升一降、循环无已，积微而著，由著复微，为四时之温凉寒暑，为万物之生长收藏，为斯民之日用彝伦，为人事之成败得失……有莫知其所以然而然，是即所谓理也""理只是气之理，当于气之转折处观之，往而来，来而往，便是转折处。夫往而不能不来，来而不能不往，有莫知其所以然而然，若有一物主宰乎其间，而使之然者，此理之所以名也"。即是说，理就是气运动变化的必然规律，依存于气而有，气外别无所谓理。这是对程朱理气分离思想的纠偏。

（3）"理一分殊。"这一命题源于程朱理学，原意讲天地一太极，太极即整全之理，太极通过阴阳五行的变化生成万物，万物又各自为分殊此太极之理而成小太极，这是母子图像，太极即理一，万物各具有的理，都是最高的理一的具体表现，这是分殊，理一便是分殊的整体，分殊便是理一的表现，两者不离不隔，合而为一，是谓理一分殊。程朱从理气分离的角度论理一分殊，罗钦顺则从理只是气之理的角度论理一分殊。他说："夫器外无道，道外无器，所谓器亦道，道亦器也，而顾可二之乎？""周子《太极图说》……至于无极之真，二（阴阳）五（五行）之精，妙合而凝三语，愚则不能无疑。凡物必两后而可言合，太极与阴阳果二物乎？其为物也果二，则方其未合之先，各安在耶？朱子终身认理气为二物，其源盖出于此。愚也积数十年潜玩之功，至今未敢以为然也。"道器不可看作两物，道即是器的属性，这是彻底否定了程朱理学中将理独立的思想。又说："盖人物之生，受气之初，其理惟一；成形之后，其分则殊；其分则殊，莫非自然之理；其理之一，常在分殊之中，此所以为性命之妙也。"这是以化形为界线来讲理一和分殊，继承的是先秦之学中以形体成形为小宇宙形成标志的传统。再说："所谓理一者，须就分殊见得来。"这里已经触及到了一般和特殊的辩证关系：一般不能脱离个别而存在，一般即存在于个别之中。"理一分殊"命题经过罗钦顺的改造，与程朱的理本论路线形成了明显的对立。

罗钦顺的气本论思想，总体上继承了张载的气本论思想，独特之处在于引入、改造、发挥了"理一分殊"思想。在理气合一和理一分殊思想的基础上，罗钦顺也对程朱、张载关于天命之性与气质之性的区分进行了批评："程、张本思、孟以言理，既专主乎理，复推气质之说，则分之殊者，诚亦尽之。但曰天命之性，固已就气质而言之矣。曰气质之性，性非天命之谓乎？一性而两名。""以气质与天命对言，气质之性即太极全体堕在气质之中，夫既以堕言，理气不容无罅缝矣。"《中庸》讲"天命之谓性"，气质亦是天所命之，亦是天命之性，天命之性外别无所谓气质之性，若硬要区分，也应是以天命之性为总纲，在其下来区分名目，如佛家的"一心开二门"，否则就会陷入"一性而两名"的错误。

23.王夫之的历史观

王夫之是明末清初的哲学家，重要的哲学著述有《周易外传》《尚书引义》《诗广传》《读四书大全说》《张子正蒙注》等。理势统一的历史观，是其思想中颇具特色的部分，这种历史观，相比前人的历史观，更具整体透视的性质，有许多超越前人的新见解。

王夫之依据"理依于气""气无非理"的自然观，将历史发展的客观存在称之为事，历史发展的方向或趋势称之为"势"，把历史发展的规律性称之为"理"，即"其始之有理，即于气上见理，迨已得理，则自然成势，又只在势之必然处见理。"① 王夫之理势统一的历史观，有四个方面的主要内容：

（1）理势合一。理势是辩证统一的，"势之顺者即理之当然者已"②，历史发展的方向中蕴含着历史发展的规律性，历史发展的规律性通过历史发展的方向来表现。"势者事之所因，事者势之所就，故离事无理，离理无势。势之难易，理之顺逆为之也。理顺斯势顺矣，理逆斯势逆矣"③ "凡言势者皆顺而不逆之谓也，从高趋卑，从大趋小，不容违阻之谓也，夫然又安往而非理乎？知理势不可以两截沟分。"④

（2）理势相成。理势是依存变化的，天地间没有固定不变的理，也没有一成不变的势，势变则理变，理变则势易。理有顺逆，势有可行不可行，顺理则可行，可行则成势，势成则理合，理势之间的这种共变互成的关系，便是"理势相成"。理通过势来开辟道路、指引历史发展的方向；势通过理来获得合理性，强化对历史发展方向的指引力。这一理势相成的理论，事实上阐明了历史发展的内在机理。

（3）历史进化。理势的依存变化，不是无序无方向的，而是整体上向前发展的。王夫之指出，上古时代并不是理想的境界，秦汉以后的情况事实上比夏商周三代要更好些："唐虞以前，无得而详考也，然衣裳未正……婚姻未别……人之异于禽兽者无几也" "至于春秋之世，弑君者三十三，弑父者三，卿大夫之父子相夷，兄弟相杀，姻党相灭，无国无岁而无之" "然则治唐虞三代之民难，而治后世之民易，亦较然矣"⑤。王夫之不仅从人伦道德方面考察了历史的变迁，还从政治制度方面考察了历史的变迁，他指出，三代分封诸侯，贵族世袭；秦汉之后采用郡县制，地方官吏不再世袭，是一种进步。

（4）历史发展不以人的意志为转移，但又通过人的意志与人的活动来曲成和表现。他指出，历史向前发展是通过人的活动来进行的，人的活动

① 《读四书大全说》。
② 《读四书大全说》。
③ 《尚书引义》。
④ 《读四书大全说》。
⑤ 《通读鉴论》。

的初始愿望，未必是去推动历史的发展，但是其实际结果，则是顺着理势而行，从而推动历史向前发展。他以秦皇汉武为例说明这一道理："秦以私天下之心而罢侯置守，而天假其私以行其大公""武帝之始闻善马而远求耳……然因是而贵筑昆明，垂及于今，而为冠带之国，此岂武帝张骞之意计所及哉？故曰天牖之也。"[1] 秦皇汉武基于自身私意的活动，客观促进了历史的进步，这是天假其私以行其大公，而何谓天？王夫之说："夫岂有苍苍不可问之天哉？天者理而已矣，理者势之顺而已矣。"[2] 人的私意，本质上便是理势的一部分，因为历史，本质上便是人的活动，历史中的理与势，即是人的活动的理与势，离人事无所谓历史及历史的理与势。王夫之对历史与人事关系的这种认识，是非常深刻的，而其中曲成的观点，充满了透视历史、透视政治的深层智慧。

王夫之阐明了历史进化的观点，并探讨了历史进化的宏观机理，但是在历史发展的根本动力这个问题上，则是英雄史观。他曾写过《君相可以造命论》[3]，虽然断言君相"不能自造其命"，却认为他们可以"造民物之命"，即可以创造国家人民的命运。他肯定人定胜天，但他把人定胜天的作用，归之于圣人而不是人民，过分夸大了英雄人物的历史作用。

24.戴震的认识论

清代哲学家戴震，在认识论方面承继荀子、朱子的格物致知传统，通过对《孟子》中认识论思想的改造，提出了以"血气、心知"为核心范畴的新认识论思想。

所谓血气，是阴阳二气凝聚成人身而产生的人身所特有之气，为区别阴阳二气和他物所凝成之气，而称之为血气，即所谓"分于阴阳五行而成性者也，故曰天命之谓性"[4]。血气的整体就是人身，血气的泛指就是人身所受的天命之气及此天命之气而自带的天命之性，因此戴震从两个方面界定血气的性质：一、血气内含欲、情、知："欲生于血气""举凡身之嗜欲

---

① 《读通鉴论》。

② 《宋论》。

③ 《薑斋文集》。

④ 《孟子字义疏正》。

根于血气明矣""人生而后有欲、有情、有知，三者，血气心知之自然也"
①。二、血气内含感官知觉，"味也，声也，色也，在物则接于我之血气；
理义在事而接于我之心知"，这个主知觉的感官便是心。心除感知的能力
外，还有辨别、理解、推理的能力，这种能力便称之为心知："理义在事
情之条分缕析，接于我之心知，能辨而悦之。"②戴震进一步对辨别推理进
行了解释："理者，察之而几微必区以别之名也，是故谓之分理；在物之
质，曰肌，曰腠理，曰文理。得其分，则有条而不紊，谓之条理……以秉
持为经常曰则，以各如其区分曰理。"③辨别推理以区分事物为基础，所得
之理，基于物之质或物之文理，这已经是物理的意义，而非仅仅是道德之
理了。戴震的心知概念，事实上区分开了物理与道德之理，区分开了初
级的感知和次级的辨别推理之知，区分开了原始经验与推理经验。尽管
辨别推理之知的提出，未曾涉及纯逻辑性知识，但毕竟是认识论上的一大
进步。

从血气心知理论出发，戴震对天理人欲的关系进行了新的理解，他
说："惟有欲有情而又有知，然后欲得遂也，情得达也。天下之事，使欲
之得遂，情之得达，斯已矣""天理云者，言乎自然之分理，以我之情契
人之情，而无不得其平是也""在己与人皆谓之情，无过情无不及情之谓
理"④。这是将天理理解为人欲人性的顺达，理解为人与人、人与物之间欲
与情的公平、节制与正当，天理即在人欲之中，而不是理解为天理人欲的
对立。

戴震血气心知概念的提出，其目的并不在于求纯客观知识，而在于论
证孟子"仁、义、礼、智根于心"的观点，所以他在提出"理义在事情之
条分缕析，接于我之心知，能辨而悦之"的观点后，马上接了一句："其
悦者，必其至是者也。"这一附加的判断，则带有主观臆断的性质了，心
之所悦，即使是经过辨别推理所得的理，其正当与否，大多数并不能由心
是否悦来直接判定。戴震也探讨了真理的标准问题："心之所同然，始谓

① 《孟子字义疏正》。
② 《孟子字义疏正》。
③ 《孟子字义疏正》。
④ 《孟子字义疏正》。

之理，始谓之义。则未至于同然，存乎其人之意见，非理也，非义也。"以心之所同然为真理的标准，相对于各有是非是一种进步，但仅仅以心之所同然为真理的标准是不够的，真理是主客观的双向契合，仅在主体的范围内在解决契合问题，是将真理标准问题简单化了。然而戴震也指出："故理义非他，所照所察者之不谬也。……理义岂别若一物，求之所照所察之外？"从所照所察之不谬去判断真理与否，又是一种契合论的立场。这说明戴震已经认识到了真理标准的客观性的一面。造成这种矛盾的原因，在于戴震没有明确区分客观真理和价值真理，价值真理的判断，侧重于主体自身，客观真理的判断，侧重于客观事物本身，应区分开来去探讨主客观的契合问题。

25.康有为和谭嗣同的仁学思想

基于变法图强和启蒙民众的现实需要，康有为和谭嗣同运用西方的科学知识与中国传统哲学糅合，形成了从内容到形式上都具有时代特色的理论形态。

康有为沿袭中国传统哲学的气一元论思想，并吸纳近代西方自然科学知识，形成"元气"说。把"元"或"气"作为本体："元者为万物之本。""其道以元为体，以阴阳为用。天地之始，《易》所谓乾元统天者也。天地阴阳，四时鬼神，旨元之分转变化，万物之始也。天地万物同资始于乾元，本为一气，及变化而各性命，但为异形。"但同时康有为又运用康德—拉普拉斯星云说对元气范畴作了新的科学解释，认为所谓元气即原始星云，元气的运动逐步演成了宇宙自然和人文世界："积气而成为天，摩励之久，热重之力生矣，光电生矣，原质变化而成焉，于是生日，日生地，地生物。物质有相生之性，在于人则曰仁；充其力所能至，有限制矣，在于人则曰义。人道争则不能相处，欺则不能相行，于是有信形，为仁之后，有礼与信矣。"这样就使得他的"元气"说具有了中国传统哲学所没有的近代西方自然科学的新内容，建立起了一种具有近代意义的科学宇宙论。但是，由于康有为的"元气"说仍然带有浓厚的传统思辨性，而且他对近代西方自然科学的了解也相当肤浅，因此，他不能区分"元气"的物质性与精神性的关系。他将"元气"所涵具的"电"理解为"神"，又将"神"解释为"知气""魂知"乃至"明德"。他说："无物无电，无物无神。夫神者，知气也，魂知也，精爽也。灵明也，明德也，数者异名而同实。"他认为物质是有意识的，神是"有知之电"。元气也是有意识的物质。所谓魂质，就是有意识的物质。这就混淆了物质与精神的界限，导致了物质有知论。进而他又用电来比附人的精神现象的根本──"仁"，认为人的精神即"有知之电"："不忍人之心，仁也，电也，以太也，人人皆有之。"不仅人人皆有"仁"，在康有为看来，"仁"甚至是"万化之海，为一切根，一切源"，这样他就从以"元气"为本归结到了以"仁"其本，其元气说所吸纳的近代西方自然科学内容也最终淹没在传统思辨哲学之中。

谭嗣同和康有为一样，将传统哲学和西方的科学知识糅合在一起，建立起以太──仁本体论体系。很典型地体现了中国哲学既舍不得割裂传统，又想吸取西方科学知识的特征。

首先，谭嗣同引进"以太"这一新的概念作为宇宙本原，建立了新的带有近代气息的宇宙论。他认为"以太"充满弥贯于宇宙之中："遍法界、虚空界、众生界，有至大至精微、无所不胶粘、不贯洽、不管络，而充满之一物焉。目不得而色，耳不得而声，口鼻不得而臭味，无以名之，名之曰'以太'。"很明显，他在阐释"以太"的形态及其特征时，用了中国古典哲学中"气"的思维框架，认为"以太"是充盈万物之中；但又"目不得而色，耳不得而声，口鼻不得而臭味，无以名之"，是至大至精微的无形统一体，这就相当于老庄的"道""气"，周敦颐的"太极"，张载的"太虚"。"以太"如何生成万物呢？谭嗣同又借助西方科学中的"原质"（相当于元素）概念，他指出："故观化学析别原质七十有奇，而五行之说，不足以立。"这就是说，谭嗣同用元素说取代了中国传统的五行说，认为世界是由 73 种元素构成的，而"以太"是"原质之原"："然原质犹有六十四之异，至于原质之原，则一以太而已矣。"又说："任剖其质点一小分，以至于无，察其为何物所凝结，曰惟以太。"谭嗣同用"以太""原质"概念，取代传统的"气"范畴，作为宇宙的本原，对世界的统一性做了具有近代自然科学特点的说明，不同于古代的猜想。就使宇宙论建立在近代科学的基础上，事实上是用西方的近代科学宇宙论取代了传统宇宙论。但是他与康有为一样，思维方式仍然是传统的，仍然以宇宙论为本体论做论证，他借用"以太"的目的在于论证传统的"仁"。所以具有近代科学知识的"以太"又被纳入"仁学"体系中去。以太如何成为世界万物的本原呢？在于通的作用，也就是"仁"，"夫仁，以太之用，天地万物由之以生，由之以通。"他从"以太"说"仁"，把物质性的"以太"与精神性的"仁""心力"等同起来。他说："仁以通为第一义。以太也，电也，心力也，皆指出所以通之具。""夫仁，以太之用，而天地万物由之以生，由之以通"，正是由于仁的通，才实现宇宙的统一性。也就是说，"以太"亦曰"仁"。这样一来，谭嗣同又把"仁"作为世界的本原，说："仁为天地万物之源，故唯心，故唯识。""天地间亦仁而已矣。"也就是说谭嗣同确立起的是"以太"即"仁"的本体论体系，是将宇宙本源的"以太"与道德之源的"仁"混糅在了一起。

康有为、谭嗣同运用西方近代自然科学作为自己新仁学思想体系的基础，反映出他们对近代自然科学的崇信与追求，将传统宇宙论发展为近代科学宇宙论。但康有为和谭嗣同没有超越传统哲学与科学合一的思维定势，他们将西方科学知识同儒家的"仁"的观念联系在一起，从而把传统宇宙论中哲学思辨与自然知识的杂糅推向了极端，加剧了传统哲学中宇宙论与本体论不分的状况。他们的思维方式也依然是传统的天人合一的思维方式，天道仍然是为论证人道服务的，没有取得一种独立的地位，仍然重视的是本体的价值意义，而不是存在意义，未能完全脱离寻求道德本体的传统思路，不利于科学的发展。

26.严复和章太炎的进化论

在进化论为代表的西方思想和自然科学知识的冲击下，中国思想家们纷纷建立起进化论，为变法提供理论依据。其中严复和章太炎可为代表。

严复注重用科学来具体解释宇宙的进化过程。他认为，宇宙万物（即"天地人禽兽昆虫草木"）都是从单一的原始物质发展而来的，整个宇宙呈现出一种从简单到复杂、从低级向高级演化的趋势。他说："通天地人禽兽昆虫草木以为言，以求其会通之理，始于一气，演成万物。"这里的"气"不是本体的"气"，而是康德和拉普拉斯所说的原始星云，他说："今夫气者。有质点、有爱拒力之物也，其重可以称，其动可以觉。"又说："大宇之内，质力相推。非质无以见力，非力无以呈质。""质"指力学上的质点，泛指物质；"力"既指质点所具有的吸引力和排斥力，又指机械运动所产生的能量，泛指运动。"质力相推"就是物质的运动，即现象世界的统一性就是物质的运动。"质"和"力"的相互作用是产生进化现象的原因。

严复又运用达尔文、斯宾塞的进化论来解释人的产生和历史的进化。他把人类社会看成是一种自然现象，认为人类社会也是服从"物竞天择"规律的，也处于天演之中，并认为"物竞天择"是推动人类社会发展的根本动力。他赞同赫胥黎的观点："欧墨物竞炎炎，天演为炉，天择为冶，所驱驱日进者，乃在政治、学术、工商、兵战之间。"这就是说，欧洲国家的"政治、学术、工商、兵战"之所以"驱驱日进"，就是因为这里的生存竞争特别激烈。严复认为，"知欧洲分治之所以兴，则知中国一统之所以弱矣"。激烈的生存竞争使欧洲国家富强，缺乏真正的竞争造成了中国的衰弱。

严复又认为，社会的进化只能是渐进性的。他说："宇宙有至大公例，曰'万化皆渐而无顿'。"因此严复否认了人类社会飞跃发展的可能性，因而中国社会和中国文化的现代化都只能走渐进性改良的道路。

严复认识到传统历史观是非科学的，不足以支撑中国的现代化运动，因而他从西方引入科学性质的天演历史观，试图为中国的现代化运动提供坚实的历史观基础，并基本上完成了对传统历史观的批判。严复的天演历史观也存在着这样或那样的错误，如他机械地用生物界的"物竞天择"原理解释人类社会的发展，并且强调人类社会发展的不可跨越性。但严复完全突破传统哲学框架，抛开今文经学的形式，而直接以西方进化论为框架，从而建立了现代意义的科学进化论。

章太炎一方面主张历史是不断进化的，建立科学进化论，另一方面又看到社会进化的负面效应，提出了颇具特色的"俱分进化"论。

（1）科学进化论

章太炎早年接受了严复宣传的近代西方进化论思想，用以观察自然和人类社会的历史演化过程，形成了科学的进化观。他说："赭石赤铜著于山，苴藻浮乎江湖，鱼浮乎薮泽，果然玃（jué）狙攀援乎大陵之麓，求明昭苏而渐为生人。人之始，皆一尺之鳞也。"在《菌说》中，他还描述了一个由无生物以至于人类的进化链，将包括人类在内的整个自然进化过程贯串起来，各环节之间并没有绝对的分界，所谓"动与植有汗漫而无畔者也"。

章太炎还依据拉马克"用进废退"和达尔文"适者生存"的学说来阐述进化的原因，认为从无机物直到人类的进化过程，并不是神的安排，肯定一切进化的原因都在于物种内在的竞争倾向。他说："物苟有志，强力以与天地竞，此古今万物之所以变。"①

章太炎还继承荀子"明分使群"的思想，强调人类群体对环境的能动作用："天无威庆而人有报施，一人则成亏前定，而合群则得丧在我"②"彼人之自保则奈何？曰：合群明分而已矣。苟能此，则无不自立"。③

（2）俱分进化论

作为一位痛恨封建专制主义的革命思想家，章太炎一方面热情讴歌资产阶级民主革命，另一方面又对欧美资本主义国家道德堕落、劳动大众"以贫病箠挞死亡，视以罢工横行死者，一岁之中，数常十倍"④的社会现实极度失望。从而提出了"俱分进化论"，认为进化并不意味着一种好事，并不意味着进步，因为随着社会进化，人类的道德（善）在进化，但同时恶也在扩张，他说："虎豹虽食人，犹不自残其同类，而人有自残其同类者。"且人类的相残随着社会经济技术和武器的改进愈演愈烈。太古草昧之世，人类为"争巢穴水草"而展开争夺攻杀，"犹以手足之能，土丸之用，相觝相射而止"，杀伤规模有限；"既而团体成矣，浸为戈矛剑戟矣，浸为火器矣，一战而伏尸百万，喋血千里，则杀伤已甚于太古"。人类不仅以"器"杀人，更以"术"杀人，"此固虎豹所无，而人所独有也"。所以善在进化，恶也在扩张。不仅善恶如此，苦乐也是如此，"乐之愈进者，其苦亦愈进""进化之实不可非，而进化之用无所取""文明之愈进者，斯

---

① 《訄书·原变》。
② 《儒术真论·菌说》。
③ 《章太炎全集·菌说》。
④ 《总同盟罢工序》。

蹂践人道亦愈甚"；^①"知识愈进，权位愈伸，则离道德愈远"^②。因此，进化并不能给人类带来幸福与快乐，而要摆脱善与恶，苦与乐的俱分进化，就应当否定进化，所以主张宁可茹毛饮血，也不要沾物质之务。进而提出建设一个"五无"（即无政府、无聚落、无人类、无众生、无世界）社会，以对治文明的弊害。这显然是不正确的。但是我们要看到的是，章太炎看到人类社会进化的多样性、复杂性。另一方面也看到了文明进步的同时所引发的问题，使人们在盲目乐观的同时，为人类敲响了警钟，使人类努力去克服这种负面影响。

27.孙中山的知难行易说

孙中山在长期的革命实践中对传统知行观做了重大发展，形成了独具特色的知难行易说，包括了以下要点：

（1）对知行内涵的新阐释。知行关系是中国古代哲学一贯探讨的问题，但在中国古代哲学家那里，知、行范畴往往局限于道德的体认和践履。孙中山对知、行范畴做了新的解释，他所谓"知"，是指运用科学或哲学的理性思维方法所形成的关于客观世界的认识，主要是指科学知识和革命理论；他所谓"行"，则指生产活动、科学实验、社会生活和革命斗争。这就突破了中国古代知行观的狭隘性，而具有近代认识论特点。

（2）对知、行关系的新探讨。从发生的意义看，是行先知后，孙中山做了大量的论述，他说："宇宙间的道理，都是先有事实然后才发生言论，并不是先有言论然后才发生事实"^③"古人之得其知也，初或费千百年之时间以行之，而后乃知之；或费千万人之苦心孤诣，经历试验而后知之"^④。这就肯定了认识从实践中来、在实践中发展的认识论原则。基于以上原则，孙中山将人类知行关系的发展分为三个阶段："世界人类之进化，当分为三时期：第一由草昧进文明，为不知而行之时期；第二由文明再进文

---

① 《论印度西婆耆王纪念会事》。

② 《革命之道德》。

③ 孙中山：《孙中山全集》第9卷，中华书局2001年版，第264页。

④ 孙中山：《孙中山全集》第6卷，中华书局1985年版，第199页。

明，为行而后知之时期；第三自科学文明而后，为知而后行之时期。"① 关于"不知而行"，即把实践经验作为一切认识的起点。关于"行而后知"，即将实践经验提高到理论认识。他说："生徒之习练也，即行其所不知以达其欲能也；科学家之试验也，即行其所不知以致其所知也；探索家之探索也，即行其所不知以求其发现也；伟人杰士之冒险也，即行其所不知以建其功业也。"② 强调实践是知的来源。关于"知而后行"，即科学昌明时代以"真知特识"指导实践。"当今科学昌明之世，凡造作事物者，必先求知而后乃敢从事于行"，强调知对行的决定作用。

孙中山把人类认识分为三个阶段，即草昧进文明阶段，文明再进文明阶段，科学发明而后阶段，在第三个阶段孙中山看到了知具有指导行的能动作用，强调"人事胜天"，荀子的"人定胜天"与之也有相通之处。他还认为一定条件下，社会化了的"人力"（包括政治力、经济力等）胜过自然力。

总之，从上述几点我们可以看出孙中山的知行观在于"行是知之始，知是行之成"，也就是一切认识都起源于行，在从行到知的过程中，人具有主观能动性。同时知对行也有反作用。不过，这种划分将不同的知行关系分别对应不同的历史时期，看不到这些关系实际上在各个历史时期同时发生作用，因而具有机械决定论的局限。

（3）知难行易说。孙中山先生思想中建国方略之心理建设，又名"知难行易学说"。为什么孙中山先生要强调"知难行易"？ 一是源于革命实践的经验，孙中山作为资产阶级革命派由于受到中国资产阶级软弱性的影响，革命不断发生失败。从最初的以一派军阀打另一派，到后来的组织自己的武装的革命实践，都以失败为终。种种社会经验使得孙中山意识到他的理论的局限性，从而认为其理论没有达到完善、科学，提出"行之非艰、知之惟艰"的"知难行易"说。 第二个原因是为了鼓励国人能够力行实践，不要空说、空想，因为人们不愿去做，就是觉得"知易行难"，即说起来容易，做起来难。所以孙中山就是想通过提倡"行易知难"说，来

---

① 孙中山：《孙中山全集》第 6 卷，中华书局 1985 年版，第 200 页。

② 孙中山：《孙中山全集》第 6 卷，中华书局 1985 年版，第 223 页。

勉励国人力行实践，重振人心，改造国人传统"知易行难"的错误心理。

孙中山认为，知和行比较，知是难的，行是容易的。他说："天下事惟患不能知耳，倘能由科学之理则，以求得其知，则行之决无所难。"[①] 他举出饮食、用钱、作文、建屋、造船、筑城、开河、电学、化学、进化等十项事例，用来证明"知难行易"的道理，例如以饮食为证：饮食之事，人人由之，天天行之。但没有学过生理学的人不能知其道，这是饮食之知难。然饮食人人皆会，这是行易——不知亦能行。又如以建屋为证：施工造屋不难，是为行易，构图设计非有高深特别知是不行，是为知难。他认为，人们在实际生活中做了许多事情，做起来并不难，但很难透彻了解其道理，如果对事物的道理知道透彻，做起来更容易。这就叫"知难行易"。孙中山认为："中国之变法，则非先知而不肯行，及其既知也，而犹畏难而不敢行，盖误于以行之较知之为尤难故也。"[②] 由此，他得出结论：革命建国之事，"非不能也，不行也；亦非不行，不知也；倘能知之，则建设事业，亦不过如反掌折枝耳"。总之，他认为只要革命党人树立起"行易知难"的新思想，就可以成功地建立起民主共和国。

孙中山关于知行难易问题的讨论，具有合理因素，有助于激励人们努力探求科学知识和革命道理，努力掌握知，有助于鼓励人们努力去行，不要畏惧行，劝诚革命党人在实践面前不要有惧怕困难的退缩思想，这在当时有一定的积极意义。但是"知难行易"说同"知易行难"说一样，在理论上是有错误的，知和行都是不容易的，有的事情可能认识起来比较容易，但做起来难，但有的事情认识起来难，做起来却要容易，不能笼统地说"知难行易"或"知易行难"。

28.中国哲学的现代转型

1840 年鸦片战争后，中国沦为半殖民地半封建社会，西方文化也伴随着血与火的方式进入中国，并且显示出绝对的优越性，使中国人不得不转变"夷夏之辨"的传统观念，转而学习、吸取西方文化，从而改变了古代

---

① 孙中山 :《孙中山选集》，人民出版社 1956 年版，第 164 页。
② 孙中山 :《孙中山全集》第 6 卷，中华书局 1985 年版，第 198 页。

中国哲学独立发展的情形，中国哲学由之发生现代转型。

（1）古代中国哲学的特征和转型参照系

古代中国哲学具有以下基本特征：第一，一体性。指哲学被包容在庞杂的"天人性命之学"和"内圣外王之道"之中，尚未成为一门独立的学科，表现为哲学与一般学术的浑然一体。第二，工具性。哲学是政治的奴婢，不少理论成为封建统治集团强化统治、愚弄民众的工具。第三，模糊性。由于中国传统哲学注重整体，忽视对个案的深入研究；主观性较强，缺乏科学基础；辩证思维发达，形式逻辑中断等，从而造成了范畴内涵外延的不确定性，观念的非逻辑性等笼统性或模糊性特征。

中国哲学现代转型，是以西方近现代哲学为方向和参照系的。西方近现代哲学的主要特征是：第一，独立化。哲学从神学和经学的网罗中挣脱出来。第二，人道化。哲学特别关注人的个性、尊严、解放等问题。第三，科学化。即对哲学的科学阐释以及哲学与科学的结盟等。第四，逻辑化。研究方法从传统综合型走向分析型，形式上趋于明晰和严整等。现代哲学的主要特征则在于科学与哲学的划界，表现于本体论上便是宇宙论和本体论的分离。

（2）中国哲学现代转型的历程

从19世纪中期的龚自珍、魏源直至19世纪末的康有为、谭嗣同，可以说是中国哲学近代形态的发生与发展时期，是中国哲学由古代形态向现代形态转换的过渡时期。这一时期的哲学家开始面向西方，主张向西方学习，但由于对西方哲学不太了解，又舍不得割裂传统，所以以将中西哲学、科学与哲学杂糅在一起，建立起"不中不西即中即西"的哲学体系。

与康、谭同时期的严复不是这样。严复不是在中国传统哲学的框架中容纳更多的西方科学知识，而是在"中西并立"的前提下抛开传统思想资源和传统形而上学直接引入西方的理性哲学，第一次把中国哲学置于近代科学的基础上和框架内，使哲学沿着科学化与实证化的方向发展，标志着中国哲学开始转入现代形态的开展。

（3）近代中国哲学和现代中国哲学的哲学贡献

近代形态的哲学家对中国哲学现代化的贡献主要体现在如下几个方面：第一，对旧学的深入批判。第二，对西学的引进。第三，对传统哲学的改造。如对元气、心、知行观等范畴的改造。

"五四"以后的现代形态哲学家继承了近代哲学家的基本思路，既"输入学理"，又"整理国故"，试图"再造文明"。他们对中国哲学现代化的贡献主要体现在以下几个方面：第一，体系的现代化（冯友兰、金岳霖、熊十力等）。第二，方法的现代化（胡适、冯友兰等）。

（4）中国哲学现代转型的特点

第一，西方哲学的转型，主要是通过自身完成的，因此其哲学转型主要是西方哲学的现代化，但是中国哲学转型是在西方文化及其哲学的影响下而开展的，却又不是完全照抄西方哲学转型的结果。因此包括两种：西方哲学的中国化和中国哲学的现代化。

第二，中国哲学开始近代转型时，西方哲学已开始了现代转型，所以中国哲学的近代转型不仅仅受到西方近代哲学的影响，同时又受到西方现代哲学的影响。

第三，中国哲学近代转型的时间短暂，发展不充分。

第四，往往与中国社会运动与政治运动密切相联系。如三民主义、中国化马克思主义和自由主义。

第五，多样化的哲学思想，这些哲学思潮之间呈现出复杂的关系：一、不同思潮之间有相互论争、相互激荡，同时又有相互影响，相互吸取。二、不同思潮之间往往呈现出一种交错关系。

|第三章|

西方哲学

1.古希腊哲学的特点

古希腊哲学开始于对"自然"的思考，不管是对宇宙的生成和自然之本原的探讨，还是对人和社会之"本性"的思索，抑或对伦理的关注，都对人类文化产生了重要影响。古希腊哲学的特点如下：

其一，爱智慧、尚思辨、重探索。在希腊人看来，求知是人的天性，而对原因和终极原因的探求则属于对智慧的热爱。"哲学"一词的原义就是"爱智"，爱智慧的哲人会不断地探索和追求。希腊人对世界充满了好奇，他们自信能通过自己的探索获得对世间万物的知识。他们首先将目光投向了丰富多彩的自然，希望能找出其本原来说明自然万物的生成和存在。他们试图在不断的探究和追问之中获得相关知识，从而获得自由，找到最好的生活方式。经过研究，各学派找到了自认为合理的万物之本原，形成了众多影响深远的理论。希腊哲学家大多潜心于形而上的探索，此种精神强烈影响了后来的哲学和哲学家。

其二，探讨的基本内容是"自然"。希腊哲学的问题基本都与自然有关，早期的自然哲学自不待说，自然哲学之后的哲学探索将重点转移到了人和社会上面，但也依旧没有改变其对"本性"（本性和"自然"乃同一个词语）的探讨，亦即对社会事物之本性进行探究。不难看出，希腊哲学家探究"自然"的时候有不同的侧重点，有的哲学家偏重"天然"和"生长"意义上的自然，有的哲学家则偏重"本质"意义上的自然。

其三，古希腊哲学是理智主义的学问。"理智"即古希腊文中的"努斯"，又被译为"心灵"。尽管希腊人的思想中包含万物有灵和灵魂不朽等观念，但"理智"的观念则是哲学特有的。阿拉克萨哥拉指出，心灵是万物运动的本原，苏格拉底对此表示赞赏，再经柏拉图和亚里士多德的提倡，理智主义突出而显著地体现了希腊哲学的理性精神。与"灵魂"观念相比，理智更纯粹。希腊哲学家认为，理智是无形的、纯粹的实体，它推动万物，弥漫于宇宙之中而能保持其自身的统一性。当理智与人的灵魂相通时，它构成了灵魂的纯粹部分，并统摄着灵魂的活动，不仅认知活动受理智支配，而且意志和欲望等也应受理智的支配。古希腊哲学中的理智主义对后世影响深远。

其四，它具有朴素直观的辩证性。古希腊哲学建立在观察和经验等的基础之上，其哲学命题的内容往往具有朴素性和直观性。同时，善思辨的古希腊哲人，在好奇于千变万化的宇宙之同时，更希望找出宇宙万象的统一性的根据。从早期自然观的有机性和整体性到智者们的"论辩术"，从苏格拉底的问答法到柏拉图的辩证法，再到亚里士多德的历史批判法和"物理学"等，都具有辩证性。综合看来，古希腊哲学具有朴素直观的辩证性。

其五，它与"神学"交织在一起。古希腊哲学的基本内容之一就是自然，早期的哲学在性质上也是自然哲学，许多哲学著作都被冠以"论自然"的名称，很多哲学家本身同时也是科学家。他们的哲学探究往往通过对自然科学的研究而表现出来。在整个古希腊哲学史中，许多哲学家在研究自然的过程中，产生了天文、物理、生物和数学知识，如欧式几何等等。同时，由于社会历史的局限，人类对世间万物的认识不太完整，哲学研究有不能圆满解释的现象，当他们经过百般探究仍然无法获得满意解释的时候，就比较容易倾向于将其归为一种最高的、唯一的东西，这就使哲学与"神学"有了一定的关联。当然，哲学家心目中的神大多是理性神。

2.泰勒斯的水本原说

泰勒斯的思想是在蒙昧的神话时代向理性时代转向的历史背景下产生的。泰勒斯关于世界本原之命题的阐释，朴素地吻合了人类哲学理性思维的基本特征，同时，这也是西方哲学起源之处，反映了人类开始由神话之思转向理性之思的努力，体现了人类理性思维的初步自觉。泰勒斯的思想可以细分为三个方面的内容：一是"万物的本原是水"，二是"世界是有生命的，万物充满了灵魂"，三是"地漂浮在水上，它是静止的"。

首先，万物的本原是水。水不生不灭，为万物产生、生长、形成提供基础和成立的最基本质料，万物的存在和维持都是依附水的存在。万物覆灭后，作为本原的水依然存在，万物也化为它。水作为构成万物本原的元素，其自身是一种实体性的存在。本原自身并不被他物构成，并且它在万物生灭中只是形态上有变化。水作为本原性的存在，是最古老的东西。亚里士多德对此有自己的看法："他（泰勒斯）所以得到这样的看法，也许是由于观察到万物都是以湿的东西为滋养，而热本身又是从湿气里产生，而靠湿气来维持的（万物从中产生的东西，也就是万物的本原）。他得到这种看法，可能是由于这个缘故，也可能是由于万物的种子都有潮湿的本性，而水则是潮湿本性的来源。"亚里士多德在这里表明他的猜测，但不管怎么说，从"水是万物的本原"这句话本身来看，泰勒斯采用了"水"这样的物质元素来解读世界的起源和开端，这就开启了人对于世界的深层的"叩问"，已经在某种程度摆脱了神学思维，并开创了一个新的领域。

其次，关于"万物充满了灵魂"的论断。万物是"活"的，这种活力的源泉是灵魂。泰勒斯认为灵魂是因水而生的。在泰勒斯之前，人们就认为海洋是神圣的化身，在荷马史诗中也能够感受到类似的观念。神学时代下的人们难以认识到万物之本原的"自然性"。虽然万物有灵的观点存在缺陷，但是这种解释的理路在当时却具有极为重要的意义。作为"养料"的水构成了世间万物，任何物体都有生机，这样就勾画出了整个世界的粗略图景。如此一来，西方哲学就从整体和系统观上来把握自然界的万物存在。

最后，大地是漂浮在水上面的。由于科学文化的局限，地和水的关系只能用直观的思维来解决。泰勒斯通过猜测大地存在的基本图式描述了他所认为的宇宙的样子。这样，他所谓的本原就是可以用来解释和描述宇宙的样式。如此一来，宇宙可以通过水来构成和描述。尽管泰勒斯哲学思想与神学观念杂糅在一起，其内部有这样那样的问题，但仍然是古希腊先贤的智慧光芒的显现。

泰勒斯被称为哲学之父，因为他的问题和思维方式体现了哲学的根本特征。首先，泰勒斯的研究对象是世界万物，因此其理论就是对世界万物的基本认识，这就进入了世界观乃至哲学的层面，体现了人类对自然认识的某种飞跃。或者说，泰勒斯的问题是"本原问题"，而这个关于世界万物之统一的问题是哲学问题。其次，他的思维方式不是神话式的。他开辟了利用自然元素解释万物本原之先河，他以经验观察和理性思维来解答问题，坚持从自然本身（而不是诉诸超自然）去说明万物的生灭变迁，不为现象的千变万化所迷惑，努力探索在现象背后的、作为基础的万物存在和生成之原因。这宣告了哲学的诞生。

3.巴门尼德存在论

巴门尼德试图在变动的、任意的、偶然的东西之后找到在道理上必然的东西。循此路径，他将其老师克塞诺芬尼所说的"唯一的、不动的、主宰一切"的"理性神"表述为一个纯粹的哲学概念——"存在"，与此相区别的一切处于运动流变之中的事物则被他称为"非存在"。"存在"是巴门尼德探讨"万物本原"时提出的核心范畴，巴门尼德在残篇中论证了"存在"的五个特征。

首先，"存在没有生成，也没有毁灭"。对于这一点，巴门尼德提出了两方面的论证。第一，从来源上看，存在无生成。假如存在是生成的，只有两种可能：或生于存在，或生于非存在。但这两种可能情况都不成立。因为如果它生于"存在"，就预先假定了另一个存在的"存在"，违反了存在唯一的规定；如果它生于"非存在"，则更加荒谬，因为存在绝不可能由"非存在"生成。第二，从时间上看，存在亦无生成。所谓存在，既不是过去曾经"存在"过，也不是在将来才会存在，而是整个地现在"存在着"。如果存在是生成的，就只可能在过去或将来生成，但这是于理不通的。因为如果它在过去或将来生成，那它现在就会不存在。所以无中不能生有，存在只能是永恒的。

其次，存在是唯一的、连续的和不可分的。存在的唯一性或单一性在于它的连续性和不可分性。按照巴门尼德的观点，"存在不可分，因为它整个完全相同。它不会这里多一些，这样便会妨碍它连结；它也不会那里少一些，存在充盈一切。存在的东西整个连续不断，因为存在只能和存在紧接在一起"。

接着,存在是不动的。"存在被局限在巨大的锁链里静止不动,它无始无终,因为生成和消灭已被真信念所逐,消失得无影无踪。它保持着自身同一,居留在同一个地方,被在它所在的地方固定,强大的必然把它禁锢在这锁链中。"存在这个"性质"是从"存在"既不生成也不消灭的命题中引申出来的。

然后,存在是完满的。存在"有如一个滚圆的球体,从中心到每一边都距离相等,它不应当在任何地方多一些或少一些。既没有什么非存在妨害存在的东西相联结,也不会在这里大一些那里小一些,它完全没有任何差别,它从所有方面到中心的距离都相等。"

最后,只有存在可以被思想、被表述,只有存在具有真实的名称。一方面,思想的对象只能是存在,不能是非存在。"作为述说、作为思想一定是存在的东西,因为存在是存在的,而非存在是不存在的",换一个角度来看,"如果没有思想表达于其中的存在的东西,你便不会找到思想"。另一方面,存在也只能由思想把握,靠感觉是无能为力的。所以,既不要屈从来自众人的经验习惯,也不要"以你茫然的眼睛、轰鸣的耳朵和舌头为准绳,而要用理智把有关的争辩判明"。

巴门尼德关于"存在"的思想具有划时代的意义,对于希腊哲学乃至整个西方哲学产生了不可估量的影响。凡一切肯定的东西,可以称为"是"的东西,都不是"非存在",而是"存在"。在某种意义上说,巴门尼德所谓的那个唯一的、永恒的、不动的、完满的、作为思想对象的"存在",是对事物最普遍的属性的概括和抽象,在普遍性、抽象性等方面乃是前人所说的水、气、火、数、神等都无法与之比拟的。巴门尼德对"存在"的思考和论证确立了哲学研究的根本对象,奠定了本体论的基础,并使哲学朝理论化体系化的方向发展。同时,巴门尼德关于"思维和存在具有同一性"的著名命题确定了思辨思维的基本形式。

4.柏拉图理念论

柏拉图是古希腊杰出的哲学家,也是整个西方文化中最杰出的哲学家和思想家之一,其丰富的哲学内容如下:

其一是理念论。"理念世界"区别于"现象世界"，理念的世界是真实的存在，永恒不变，而人类感官所接触到的这个现实的世界，只不过是理念世界的微弱的影子，它是现象的领域，每种现象因时空等因素而表现出暂时性和变动性等特征。理念具有多重含义。首先，理念是事物的共相。理念是通过对事物的抽象而形成的普遍共相，亦即事物的类概念或本质；其次，理念是事物存在的根据。个别事物是由于分有了理念而成为这一事物的，离开了理念就没有具体事物；再次，理念是事物摹仿的模型。理念是事物之完满的模型，具体事物则是理念的不完满的摹本，事物是因为摹仿了它的理念而成其为事物的；最后，理念是事物追求的目的。理念是事物的本质，事物存在的目标就是实现它的本质，从而成为完满的存在。

其二是灵魂"回忆说"。针对思想或灵魂是怎样认识理念、获得知识或真理这一问题，柏拉图提出了著名的"回忆说"。认识意味着对于理念的"回忆"，学习也就是"回忆"。知识是灵魂所固有的，但它在灵魂"投生"到肉体时，由于受到肉体的玷污而被忘记了，因此需要"回忆"。"回忆"就是重新得到原有的知识。在"回忆说"的基础上，柏拉图还提出了"知识等级说"。他认为知识可分为四个等级：想象的东西（诗歌、绘画）、信念、数学知识和哲学知识。这四个等级的知识之清晰程度是和它们的对象之真实程度相一致的。

其三是辩证法思想。柏拉图的辩证法思想是在对赫拉克利特的万物皆变的流变说，加之对苏格拉底思想的提升之基础上形成的，它是一种客观理念的辩证法。柏拉图认为，真正的知识是完全摆脱一切感性事物的，它仅仅与理念有关。这种知识不是别的，正是辩证法。辩证法主要是通过纯理论的推论，从认识个别理念上升到认识最一般的理念。辩证法的具体行程如下：只用推理而不要任何感觉以求达到"事物本身"，并且这样坚持下去，一直到通过纯粹的思想而认识到善本身的时候，也就达到了可知世界的极限，此进程就叫辩证法。在达到善的理念或"绝对第一原理"以后，又可以回过头把握那些以这个原理为根据的、从这个原理提出来的东西，最后下降到结论。

其四是神创世界的宇宙观。柏拉图的理念论及其"摹仿说"和"分有说"无法解释和说明理念如何派生出宇宙万物的问题，于是只好求救于

"神"，这就有了神创世界的宇宙生成说。柏拉图认为神以理念世界为模型，将各种理念的模型印刻于原始混沌的"物质"，从而产生了宇宙万物。宇宙万物是变动不居的。它们既存在又不存在，说它存在，是因为有理念参与其中，说它不存在，是因为它是以某种"非存在"（即原始的"物质"）做质料的。神作为造物主是至善至美的，所以，以永恒不变的理念为模型而创造出来的世界也必定是好的。宇宙万物都安排得很好，有秩序，和谐而优美，这是造物主智慧的杰作。柏拉图还认为，造物主在创造世界万物时，任何安排都是有计划有目的的，那是一个按等级依次实现目的过程。其中低层次的是工具，高层次的是目的，一级高于一级，一切都倾向于一个最高的目的，即至善。

其五是政治哲学。柏拉图的理念论和知识论贬低现实事物和感性知识，追求绝对不变的本体和理念的知识体系，他把这个理论应用于社会政治领域，从贵族立场出发，提出了理想国的方案。国家是放大了的个人，个人类似于缩小了的国家。人的灵魂有三部分：理性、意志和欲望。同这三种灵魂相对应的有三种德性：智慧、勇敢和节制。国家则由三个等级的人组成，相对应于理性来说是"统治者"等级，他们的天赋职能就是以其智慧管理国家，柏拉图认为最好的统治者应该是"哲学王"。相对应于意志的是"武士"（或军人）等级，他们的天赋职能是以其勇敢来防御敌人，保卫国家，忠实地为统治者服务。相对应于欲望的是劳动者（包括农民、手工业者、商人）等级，他们的天赋职能是生产物质财富，接受上面两个等级的统治和治理。三个等级安于本分，忠于职守，就是天经地义的。如果这三个等级各做各的事，互不干扰，就有了"正义"，一个国家就成了正义的国家，"正义"就将是整个国家和全体公民的共同德性。

5.亚里士多德形而上学

形而上学或第一哲学是亚里士多德思想的理论基础。知识是有不同等级的，唯有最高级的知识是非功利的，亦即不是为了其他事物或为达到某一特定目的而被追求的知识，它本身是自在自为的，它自身就是目的。此种最高级的知识就是形而上学。"形而上学"的主要问题可归纳为四个方面：原因论、存在论、实体论和神学。

　　其一是原因论。亚里士多德认为，以前的哲学家们所争论不休、各执一端的"本原"，可以归结为四种缺一不可而相互关联的原因：质料因，即事物构成的材料或材质；形式因，即事物"何以是"的原因；动力因，即运动自何处来的原因；目的因，即事物"何所为"的原因。一事物的发展变化，一旦获得了它自己的本质，同时也就实现了其自己的目的，所以，亚里士多德将形式因看作是和目的因同一的。不仅如此，形式因、目的因和动力因也是同一的：事物的目的便是导致事物运动变化的源泉，与此同时，事物达到自己的目的，也就意味着它获得了自己的本质和形式。这样，四种原因实际上要归结为两种原因——形式因和质料因。于是，无论有形体的质料和无形体的质料，还是柏拉图的"理念"，都在亚里士多德哲学中被结合起来了。不论是形式，还是质料，都不能单独成为事物生成和存在的条件和原因。

　　其二是存在论。亚里士多德将"存在"分为两类：一是在偶然意义上的存在，二是在本然意义上的存在。就"偶然意义上的存在"而言，它就是事物的偶性，即属于某一事物、但并不必然属于该事物的性质。本然的存在之种类正好与各种范畴所表述的一样多，范畴的种类有多少，存在的意义就有多少。亚里士多德在《范畴篇》中区分了十种范畴：实体、数量、性质、关系、地点、时间、姿势、所有、主动、被动。这样一来，本然意义上的存在就有十种，这十种范畴囊括了事物的所有实质性的存在方式。亚里士多德认为，特殊科学所研究的只是存在的某个方面，或者说存在的某个部分。而第一哲学则与任何特殊科学都不同，它研究的是存在本身，即"作为存在的存在"以及在本性上属于存在自身的属性。那么，什么是"作为存在的存在"呢？存在有多种意义，有些事物被称作存在，是因为它们是实体，有些则因为它们是实体的变化，有些因为它们是完成实体的过程，或因为是实体的消失或短缺，或因为是质，或因为是实体的制造或产生，或因为是与实体相关的事物，或因为是对这些事物的否定或对实体自身的否定而被称为存在。亚里士多德指出：所有这些"存在"都与一个中心点有关，就像一切健康的事物都与"健康"有关一样。"作为存在的存在"就是指所有存在的中心点。就十种本然的存在方式来说，作为存在的存在就是实体，即那不依存于任何其他事物，相反，其他一切事物都依存于它的本质。亚里士多德明确地指出，在"存在"的各种意义中，"是什么"是最根本的存在，而"是什么"就是事物的实体。所以，实体是最根本的存在，而其他意义的存在只是实体的属性，其他的存在只是依存于实体，才具有其实在性。"存在是什么"的问题，也就是"实体是什么"的问题。

其三是实体论。形而上学的实体乃是理性的实体，是本原，是多中之一。这种实体包括两个方面，其一是潜在的实体——纯质料，其一是现实的实体——纯形式。这两者构成宇宙间一切可感事物的根本和形而上学的基础，作为纯粹的潜能，纯质料是一个混沌的无任何规定性的理性假设，是一个等同于"无"的"有"；而纯形式呢？它是作为"完全现实性"的"隐得来希"。纯形式既是事物存在的根本本质，事物运动变化的第一动因和至善，同时又是思想自身。因此，主观和客观，思维和对象在亚里士多德哲学中达到了某种意义上的统一。

其四是神学。"神"（theos）是亚里士多德哲学中的最高范畴。神是一种最高的实体——永恒的、不动的、与感性事物分离的实体。亚里士多德对"神"的界定如下：神是有生命的、永恒的、最美好的存在，生命和连绵不绝的永恒属于神。

亚里士多德的"神"并非人格化的神，而是一种理性神，"神"的本性正是思想的本性。亚里士多德认为，"神"这种实体的根本性质是永恒不动，它与感性事物是分离的；"神"没有量度，没有部分，不可分割；神是无感觉、无变化的。所以，神就是思想本身。他说，思想自身所涉及的事物，乃是自身最美好的事物；在最充分意义上的思想所涉及之事物，便是在最充分意义上最美好的事物；而神正是这样一种最美好的事物，神时时刻刻都处于一种最美好的状态，神就是思想的对象。而且，思想由于分有了思想的对象，思想也就思维着它自身，所以，"思想和思想的对象是同一的"。因此，神就是思想。亚里士多德有时就把"神"叫作"努斯"（nous，理智），把"神"看作是"思想的思想"。在亚里士多德哲学中，思想和思想的对象，通过"神"的概念达到了高度的统一。我们只能通过形而上学的静观，才能把握到神这个永恒的最美好的实在，人只有在静观的时候才是最好的。所以亚里士多德认为，静观的活动乃是最愉悦、最好的活动。不过，人只能有时短暂地体会到最美好的东西，但神就不同了，神本身就是永恒的思想，是一种永恒的思维他自身的思想，所以，他永远处于这种最美好的状态中。

亚里士多德的"神"是根据"无限后退不可能"的原则推导出来的逻辑结论。依据"无限后退不可能"的原则，任何因果系列上，都存在着一个最后的原因，即一个自身没有原因的最初的原因，如在形式—质料系列上的纯形式，在目的系列上的至善和最后目的，在动力因系列上的第一动者，即不动的推动者。而在"实体"的等级系列上，神就是一个至高无上的存在，它是一切实体的最后根据，神自身不需要任何外在根据。神自身是自足的、自在自为的，其他一切事物都必以神为条件才能获得有限的现实性。

作为纯形式，神是思想；作为至善，神是宇宙万物所追求的最后目的；作为不动的发动者，神是一切欲望所向往的对象。自身不动而引发万物运动的就是神。这样一来，在亚里士多德的词汇里，第一哲学和"神学"几乎成为同义词，第一哲学的研究对象就是永恒不动的、与质料分离的神圣的实体。

亚里士多德的形而上学不仅是关于本原和原因的学说，而且是关于"作为存在的存在"和关于永恒不动的神圣实体的学说。

6.晚期希腊哲学

所谓"晚期希腊哲学"包括希腊化时期和罗马时期的哲学思想，由于这两个时期的哲学实际上都是希腊哲学的延续，而且表现出一脉相承的关系，所以，可把它们放在一起来讨论。晚期希腊哲学有四个流派，即伊壁鸠鲁派、斯多亚学派、怀疑派和新柏拉图主义，其特征是伦理化的倾向。

其一是伊壁鸠鲁派。在哲学上，伊壁鸠鲁建立了以"快乐"为原则的伦理学，这是其哲学的最终目的。为了实现这种目的，必须要了解自然哲学，了解自然世界，了解自然的本性，从而建立对世界的科学态度。在此基础上，建立内含快乐原则的伦理学也就有了实现的途径和手段。自然哲学、物理学在伊壁鸠鲁看来是建构伦理学的手段或途径，而伦理学则是最终的目的。伊壁鸠鲁的整个哲学也就可以分为研究真理准则问题的准则学、研究自然世界的物理学和研究人世的伦理学。

伊壁鸠鲁认为，感性高于理性，感觉才是真实的。真理的存在在于个体的感觉。在自然问题上，伊壁鸠鲁改造了原子论。在德谟克利特的原子论之中，万事万物没有自由。而伊壁鸠鲁认为，原子在虚空中降落，会偏离直线，会有碰撞，会产生偏斜运动。这样一来，就给偶然性和自由留了余地。个体性是唯一的实在性，个体的自由是可能的。个体是实在的，快乐和痛苦是我们判断善恶的标准，唯一的无条件的善是快乐，反之为恶。但伊壁鸠鲁认为，肉欲的快乐并不是真正的快乐，因为有时我们需要忍受一时的痛苦来换取快乐。

其二是斯多亚学派。斯多亚学派的发展大致可以分为三个时期：一是公元前 3 世纪以雅典为中心的成立阶段，主要讨论逻辑学、自然哲学和伦理学问题；二是公元前 2 世纪至公元前 1 世纪的中期阶段，主要是折中主义的哲学；三是罗马帝国时代的晚期斯多亚学派，主要以伦理学为研究对象，这个时期的斯多亚学派是典型的宫廷哲学。斯多亚学派的总体特征大致如下：对希腊理性主义与人文精神传统有所承袭和嬗变，强调自然、理性（逻各斯）和神的同一性，又宣扬一种人顺应自然的天命论；倡导理性神，又在现实生活中服从东西方流行的多神论的宗教；适应希腊化与罗马帝国大世界集权统治的需要，既肯定个人的自我保存、自然人性和德性的培植，更重视建立世界的社会伦理秩序，形成自然主义伦理和世界主义政治的学说。

斯多亚学派的学者认为，宇宙是一个活生生的、不断运动的整体，个体从属于这个整体。人与自然有着内在的一致性，自然有自己的运行规则，即逻各斯。这种逻各斯，他们认为是一种温暖的气息，它支配着宇宙的运转。宇宙和人有着内在的"同构性"。逻各斯支配着宇宙灵魂，也支配着个体的灵魂，所以说个体灵魂要服从于宇宙灵魂，人与自然是和谐一致的。个体最好的生活方式就是顺从自然，合乎自然的生活就是目的。由于逻各斯是理性，是自然的支配法则，因此顺从自然就是顺从理性。在他们看来，我们需要按照义务来生活，所谓义务就是合乎自然。而任何非理性的和情欲的东西，都不符合自然，也都是不能做的。

其三是怀疑派。希腊怀疑主义的奠基人是皮罗，真正使它具有理论形态的是晚期怀疑派的哲人。除此而外，以阿尔克西劳为代表的中期学园派和以卡尔内亚德为代表的新学园派也大大发展了柏拉图哲学中固有的怀疑主义因素，他们要求拖延判断，强调或然性是思想和行为的引导，并以斯多亚派为主要靶子来批判独断论。怀疑主义要从一切客观事物的实在性和认识事物的可能性的否定之中寻找自身的同一和不受干扰的境界。他们排斥斯多亚派和伊壁鸠鲁派，既不相信感觉，也不相信思维或理性，主张对一切事物保持沉默，对一切都视而不见听而不闻，不为之分心，不作判断，试图用此种"彻底放弃认识"的方式来达到灵魂上的安宁。

其四是新柏拉图主义。新柏拉图主义的创始人柏罗丁认为"太一"是超越于理念世界、超越于所有理性对象的，理念是从"太一"流溢出来的，理念在"努斯"之中、在心灵或理性之中。宇宙有四个层次：太一、努斯、灵魂和可感世界。"太一"流溢出"努斯"，流溢之后的本体并未因此而有所损失，"太一"用流溢方式的生成具有差别的"努斯"，灵魂的作用则相当于柏拉图的"造物主"。它从自身流溢出存在着的东西，形成可感世界。柏罗丁认为，当我们离开自身，静观着生命的源泉、存在的原则和一切善的原因之时，我们所有的焦躁不安都会消散，心灵就获得了安宁平静、享受到了天福，内心激起巨大的欢悦。柏罗丁认为，人生的最高境界就是离开自己的肉体而大彻大悟、回到自身，处于一切他物之外，进入内心深处，获得一种奇妙的直观和一种神圣的体验与生活。他称这种境界为所谓的"解脱"。

7.唯名论和唯实论

围绕波尔费留提出的共相和殊相之关系问题而出现了唯实论（实在论）和唯名论的争论，它成为经院哲学发展中长期存在的问题。唯实论认为共相（"种"和"属"）是真实存在的，是存在于事物之先或存在于事物之中的某种精神实体。唯名论则认为真实存在的只是单独的个别事物，一般概念只不过是称呼事物的名称，它或者只是空洞的声音，或者只是从个别事物中引申出来的抽象概念。

与之相关的是极端唯名论、极端唯实论、温和唯实论和温和唯名论。极端唯名论完全否认如下情况：从特殊中抽象出普遍概念。极端唯实论的观点如下：感官所认识的具体事物并不是真正的存在，只有精神所认识的共相才有真正的存在；共相是先于和离开个别事物而独立存在的实体，而个别的事物只是作为共相的结果才具有"存在性"。温和唯实论的观点如下：共相是普遍性，是对已有知识进行抽象的结果，故共相（在此种意义上）在后，但共相是潜存的东西，殊相由于分有了共相而存在，故共相（在此种意义上）在先；从共相存在于个体中的性质本身看，不完善的、有潜能的、较普遍的东西在时间次序上在先，但从完善或自然意向的次序来看，完善的、较不普遍的东西在先。温和唯名论的观点如下：共相只是名词，但共相与单数名词不同，共相是共名词，共相所指是"无形的事物"，即个别事物之间的某种相似性；每个实物都具有一个或若干个形式，人的理智根据知觉和想象进行抽象活动，使这些形式脱离开实物从而形成概念即共相。

8.奥古斯丁、安瑟尔谟和托马斯·阿奎那

其一，奥古斯丁的代表性思想是其历史神学。奥古斯丁的历史神学思想集中表现在他的《上帝之城》一书中。当时，罗马人和近东的异教徒把罗马的陷落归咎于以下事情：罗马人改信基督教，因而得罪了罗马旧神。奥古斯丁撰书对此予以驳斥。该书列举了罗马人的累累罪恶，指出罗马灭亡是罗马人罪有应得。然后，奥古斯丁展开了自己的历史神学原则，论述了善占统治地位的"上帝之城"和恶占统治地位的"人间之城"的起源、发展和终结。从上帝创世开始，就形成力量敌对的阵营。爱上帝、服从上帝的一方构成"上帝之城"，他们追求精神生活并向往善；爱自己、对抗上帝的一方构成"人间之城"，他们追求世俗生活，向往恶。两者的斗争就构成了人类的历史。值得注意的是，奥古斯丁把人类历史看作是直线的、按照神的意志和救世计划发展进步的过程，认为"上帝之城"必胜，"人间之城"必败。他抛弃了"天上地下终将合一，魔鬼也能获救"的思想，认为上帝预先选定的得救者与厌弃者终将永远分离。他遵照圣经关于上帝六天创造世界、第七天安息的说法把历史划分为七个时期，指出他那个时代正处在第六个时期，也就是善恶斗争的关键时刻。教会并不是"上帝之城"，但它是"上帝之城"在人间的摹本，它遵照上帝的意志，把上

帝的选民聚集起来，为"上帝之城"的降临或胜利做准备。奥古斯丁把教会与世俗国家分开、认为教会高于国家，这一思想为西方教会同世俗君主争夺统治权提供了理论根据，其神学框架中所隐含的历史进步思想对后世的历史研究，包括近代历史哲学的形成和发展产生了一定的影响。

其二，安瑟尔谟的代表性思想是关于上帝存在的本体论证明。安瑟尔谟认为，首先，有这么一个无与伦比、无限完满的概念是潜藏在每一个人心中的，包括那些不相信上帝的愚人，他们心中也一定有这么一个概念，只要告诉他的时候他就能理解这里所要表达的意思。接下来，如果声称"我承认我心中确实有这么一个概念，但这只是个概念，它不是实际存在的"，如果这样说的话，就违背了逻辑，会产生逻辑的矛盾。因为，如果这个对象是"那无法设想有比之更完满的存在者"的话，那么，它怎么仅仅只会存在于人们的理性当中？这样的话它就不是"那无法设想有比之更完满的存在者"了。因为除此之外，我还可以设想出一个既存在于观念之中、又存在于现实中的存在者。那么这个存在者肯定比仅仅存在于观念中的那个对象更完满。所以，如果要不违背自己的逻辑，那么"那无法设想有比之更完满的存在者"不仅只存在于观念系列之中，肯定也存在于现实中。上帝恰恰就是"那个无法设想有比之更完满的存在者"，所以，上帝不仅在观念中而且也在现实中存在。安瑟尔谟这种从观念、从思维推出存在的本体论证明方法实际上涉及思维与存在的区分和结合问题，因而具有哲学的意味，后世的康德对此进行了有力的回应。

其三，托马斯·阿奎那的代表性思想是关于上帝存在的证明理论。在《神学大全》中，托马斯·阿奎那给出了关于上帝存在的五种证明方法。

第一种是围绕"运动的推动者"而展开的证明。有些事物在运动，其运动可被感性知觉所确定，这是确切无疑的。在阿奎那看来，但凡是运动的事物都是由另一物推动的，这个"另一物"又被他者推动，于是有了一个运动的系列。这样下去就有一个自身不动的"第一推动者"，那就是上帝。

第二种是从动力因出发而展开的证明。在事物中，存在一个动力因的序列。但是，事物自己不能产生自己的动力因，也不可能存在"自己先于自己的事物"，事物的动力因也不可能无限地推下去。在整个有序的关系中，第一者是中间者的原因，而中间者则是"它的受动者"的原因。所以，在因果关系里，如果没有第一者，也就不会有最后者和中间者。而如果无限地递推下去，那么也就没有第一因，既不会有结果，也不会有中间的因果关系。而这显然是不对的。所以，必定要承认有一个终极的动力因，那就是上帝。简言之，任何事物都是以另一事物为动力因，这样推论下去，存在着一个最初的动力因，乃是必然的，那就是上帝。

第三种是从必然性的角度出发而进行的证明。阿奎那指出，所有事物，有些可能存在，有些也可能不存在，那么，这些不断被产生又不断消逝的事物，都不可能是恒常的，由于会消失的事物都是通过存在的事物才能开始存在，那么，如果认为"从来就不存在的东西存在，而某物却开始存在"，这是不可能的，因为，凡是必然存在的事物都是从某处获得了其必然的原因。如此下来，就不能不承认有这样的某一东西，它自身就具有自己的必然性，不但如此，它还使其他事物得到它们的必然性，那就是上帝。

第四种是围绕事物完善性的等级而展开的证明。阿奎那认为，真、善、美的差别在事物中普遍存在，而这种差别的大小则是通过不同事物与"最高等级者"的差距显现出来的。好的、真实的、高贵的标准就在于其与最好、最真实、最高贵的东西接近的程度。那个最高等级者（或最好、最真实、最高贵的东西）就是一个最完善的必然存在者，是所有存在者、善以及完满性的原因，那只能是上帝。

第五种是与目的论有关的证明。一切事物都遵循同一途径有计划地向着一定的目的迈进，之所以如此，是由于受到"某一个有知识和智慧的存在者的指挥"，这个有知识和智慧的存在者就是上帝。

可以看出，第四个证明借鉴了柏拉图和奥古斯丁的哲学，其余四个证明主要援引和改造了亚里士多德关于运动与变化、原因与结果、潜能与现实的学说以及目的论学说，基本上是根据"无限后退不可能"这一思想而得出的结论。

9.人文主义

人文主义是文艺复兴时期在科学、哲学、文学、艺术、教育等领域中表现出来的以人为中心的思想，它有如下特征：反对中世纪神学抬高神和贬低人的观点，肯定人的价值、尊严和高贵；反对中世纪神学主张的禁欲主义和来世观念，追求人生的幸福和个性的解放，肯定现世生活的意义；主张人的自然平等，反对封建等级观念，等等。

从思想内容上说，人文主义的实质就是关注人，强调人的尊严和人生价值。文艺复兴时期的人文主义者的一个突出特征就是避开上帝，把研究的重心从人神关系转移到人与动物的关系上面。这样一来，人的优越地位立刻就表现出来了。人和万物都是上帝的造物，因而人的本质不在于它与上帝的区别，而在于它与万物的区别，这种本质不是表现为"原罪"，而是表现为人类特有的理性，它是人类真正的尊严。

人文主义褒扬人的价值、现实生活、自由和平等。人文主义肯定人生的价值，也就必然肯定人的现世生活。人文主义并不否定来世的幸福，但将这看作遥远的事情。人生在世，重要的是现世的幸福。人应该是全面发展的人，应该按照自然本性生活，应该在追求精神享受的同时也追求感官的享受。人文主义者大多要求给人的自由意志留下活动的余地，人可以凭借自己的自由意志决定自己的命运，决定自己是成为兽还是成为神。人文主义者还曾为人的自然平等而大声疾呼。他们认为，人类是天生平等的，人的贵贱不是以血统的高贵与否，而是以个人的才能与品德为标准。因此，人们应该积极地发挥个人的才能，建立功业，追逐名利，实现自我。

人文主义者的活动在人们面前展示了一个广大的、被人遗忘了的精神世界，动摇了基督教思想的一家独尊局面。对人本身、对理性、对现世生活的肯定使人们不再甘心屈服于教会，这就促进了人的自我意识的觉醒，对后世影响深远。

10.经验论和唯理论

经验论（empiricism）和唯理论（rationalism）是 16 世纪末到 18 世纪上半期在西欧各国发展起来的相互对立的两种哲学流派。这两个流派的发展有个显著的时代特征，即伴随着西欧资本主义社会的发展以及近代科学的飞速发展。从渊源上看，大体上可以认为，经验论和唯理论是中世纪唯名论和实在论（或唯实论）这两种对立思潮的延续。从地域上看，经验论主要在英国，英国的唯名论传统根深蒂固，比较重视个别的和感性经验的东西；唯理论主要在法国等欧洲国家，法国思想与实在论关系密切，比较重视普遍的、一般的、理性的东西。就代表人物而言，经验论的主要代表有培根、霍布斯、洛克、贝克莱和休谟等等；唯理论的代表人物笛卡尔、斯宾诺莎和莱布尼茨等等。就争论的问题而言，主要在于人类知识的本源问题、哪种知识是真理以及获得普遍必然知识的途径和方法问题。经验论通常会认为人类知识起源于感觉经验，真理性的知识是经验的知识，获得知识的方法是经验归纳法；唯理论通常会认为人类知识是先天的观念，真理性的知识是理性的知识，获得知识的方法是理性演绎法。当然，不能因为两个学派的对立问题，而忽略了各个哲学家各自哲学的重大贡献，也不能以认识论或者方法论全面取代各个哲学家各自的形而上学体系。这个哲学时代有时候也被称为理性时代、科学时代、启蒙时代等等，这就同时反映了哲学家们所关注的不仅仅是认识论问题。不能因为经验论者认为知识起源于感性经验，就忽略他们对于理性的重视；不能因为唯理论认为知识是先天的，就认为他们不重视科学，唯理论哲学家们对数学的贡献是非常重大的。他们的政治伦理思想对现代西方文明影响很大，很多理论都诞生于这个时代。由于这两个学派各自的哲学家们并不像一个严格学派（如柏拉图主义、斯多亚学派等等），而是观点有部分类似，我们通常称其为一个学派。故而，我们可以简单概述其主要观点。另外，对于个别哲学家的突出的其他方面的（如政治伦理、神学、形而上学等等）思想也会予以概括。

第一，关于知识的起源问题。一般而言，经验论者认为知识起源于感觉经验，而唯理论者则认为知识来源于理性。培根认为，知识是存在的影像，科学的任务就是发现事物的规律或者"形式"，"形式"决定着事物的性质。它是按照宇宙的普遍过程而形成的简单性质的组合。一切自然的知识都应当求之于感官。霍布斯也同样认为知识或者观念起源于感觉，感觉是一切知识的最终来源，感觉不是别的东西，而是事物原始的幻影。洛克在《人类理智论》中反驳了天赋观念论，提出了著名的"白板说"，认为知识归根到底都起源于经验。他进一步指出，经验有两种即外部经验和内部经验，外部经验是外界事物刺激感官引起的感觉，而内部经验是心灵反省自身内部活动时的各种观念即反省观念等等。这两种经验是我们全部知识的源泉。但是，经验论自贝克莱开始向唯心主义和怀疑论转向。贝克莱虽然也认为观念即感觉经验是认识的源泉，但是他认为"存在就是被感知"，事物是心灵所感知的一系列的观念而已，没有对事物的观念和感知，就根本没有事物的存在。此外，这些感觉观念并不与事物原型绝对符合，从而走向主观主义和相对主义。休谟则在此基础上完全走向怀疑主义，根本不承认自然界的因果规律，认为它只不过是人们习惯性的联想而已。与经验论不同，唯理论一般会认为知识的起源是先天的。比如笛卡尔，他被认为是近代哲学的开创者，他认为只有心灵所产生的天赋观念才能真实地认识一切事物。

第二，关于知识的真理性问题。经验论者一般认为，检验认识正确与否的真理性标准就是经验，唯理论者则认为检验认识正确与否的标准是理性自身。培根指出知识可以分为神学和哲学两大类，哲学和理性在于认识自然，而信仰在于显现上帝，哲学和神学共同存在。在真理问题上，洛克把知识划分为三个等级，直觉的知识、推论的知识和感觉的知识，其中直觉知识是最明白、最确定的知识，它是一切知识的确定性和明白性的基础。所谓真理在他看来是观念与事物相符合。唯理论哲学家笛卡尔认为理性有两种即直观和演绎，直观得出的清楚明白的知识作为出发点，由此演绎出结论或者各种不同的知识。他提出著名的"我思故我在"，其意思是，我们可以怀疑一切东西，包括一切旧哲学、旧思想、旧观念，但是我们不能怀疑"我思"本身，由"我思"可以演绎出"我在"，并由此推出上帝的存在，上帝保障理性观念和客观对象相符合。由此，笛卡尔的哲学陷入一种二元论之中，后来的斯宾诺莎则在自然实体一元论的基础上进一步发挥理性主义。

第三，关于方法论问题。经验论者们一般都会重视归纳总结的方法以及科学实验的方法，他们认为从经验中归纳总结的知识就是真理的知识。唯理论者则重视演绎法。培根认为尽管一切知识都起源于感官，但是仅仅依靠感官还不能完全揭示自然，还需要借助于科学实验。为此，需要为认识提供新的认识工具即归纳法。在方法论方面，笛卡尔为代表的唯理论者们更加重视理性的作用，强调演绎的方法。笛卡尔的方法首先就是怀疑，怀疑的方法是他的一个认识的工具，在普遍怀疑的基础上探寻清楚、明白的知识，并以此作为演绎的出发点，而这是通过理性直观所获得的，在通过演绎即从直观的事实和公理出发得出进一步的知识或者原理的推理方法。

经验论和唯理论的哲学家们尽管争论的问题主要集中于知识论和方法论，但是他们的思考路径确实是形而上学的、体系性的，其中对现代社会影响比较大的还有政治哲学和道德哲学方面的思想，比如自然法学说、有限政府理论、社会契约论等等。

11. 18世纪法国唯物主义哲学

18世纪法国哲学是启蒙哲学的时代，诞生了一批启蒙主义者、唯物主义者等等。启蒙主义者从自然权利出发批判封建制度，重点关注社会的、政治的和伦理的思想，倡导理性、开启民智。其中代表人物有伏尔泰、孟德斯鸠和卢梭等人。孟德斯鸠提出天赋平等和自由观念来批判专制制度，倡导遵从自然法即人类社会的一般规律和法则，并认为人为法要保障人的自由平等。为了实现自由平等，他特地提出了分权学说，以使得立法、行政、司法的权力相互制约、保持平衡，以便建立真正的法治国家。与此同时，在反封建的革命斗争中，法国也诞生了一批唯物主义者，比如拉美特利、孔狄亚克、爱尔维修、狄德罗和霍尔巴赫等等哲学家。这些唯物主义的哲学思想大体上来源于笛卡尔的物理学和洛克的感觉主义。总体上而言，这些思想大致有如下的主要内容和特点。

第一，坚持无神论思想。在18世纪的法国启蒙哲学的运动中，拉美特利明确主张自己的哲学主题是阐明心灵对肉体的依赖，他的哲学是关于"人"的哲学，而神学家们把问题引向了宗教的狂热。爱尔维修著名的《论精神》被罗马教皇说成是亵渎神灵的唯物主义邪说。他声称哲学的对象是人的幸福。百科全书派哲学家狄德罗则认为神只不过是一个没有意义的、不可理解的"文字"而已，他是一位坚定的无神论者。霍尔巴赫也留下了大量的神学批判的著作，终生与神学宗教做斗争，坚持驱散惑人心智的神学云雾，打破禁锢人们思想的神学枷锁，"神"只不过是人的无知、恐惧和想象所创造出来的。

第二，反唯心主义思想。拉美特利认为存在着两种对立的哲学体系，其一是唯物论体系，其二是唯心论体系，传统的神学、形而上学和经院哲学都是唯心论哲学，都像脆弱的芦苇，它们是不对的。孔狄亚克也对17世纪的唯心主义进行了猛烈的批判，反对天赋观念论，认为我们的一切观念都来自感觉、经验。

第三，坚持唯物主义的世界观。拉美特利在《人是机器》中阐明了他的机械唯物主义的思想，指明物质或自然是唯一真实的客观实在，他用力学的观点机械性地解释物质的属性即广延和运动力，并且也把物质世界的机械运动用来解释人自身以及人类社会的运动。把人的机体和心灵的一切活动都归结为机械运动，人和动物都是机器。爱尔维修也认为认识的对象是自然，自然就是一切事物的总和，他用机械唯物主义的观点解释物质和运动。狄德罗认为，自然或物质是唯一的客观实在，世界的统一性在于它的物质性，物质的基本性质就是感受性，而运动和物质是不可分的，运动是物质固有的属性。

第四，坚持唯物主义的认识论。在认识论上，拉美特利是一位经验论者，也是一位唯物论者。他认为经验是唯一的知识来源，感觉经验是客观事物的反映。没有感觉器官，就没有通过感官而来的感觉，就没有观念，也就没有知识。认识的过程是这样的：各种感觉器官受到对象的刺激，感觉器官的神经受到震动，并传到大脑达到感觉中枢，由此开始产生感觉、记忆、想象、判断和推理等活动。孔狄亚克在洛克感觉论的基础上，主张认识的唯一来源是感觉。外在对象刺激我们的感官，于是形成印象，产生观念，理性观念归根到底也是感觉观念。爱尔维修的认识论也是以洛克的唯物主义经验论为出发点的，他认为认识的对象是客观存在的对象，同时要考虑主体接受对象作用的能力。人有两种能力，即"肉体感受性"和"记忆"。狄德罗在认识论上坚持唯物主义的反映论，提出了观察、思考和实践相结合的唯物主义方法论。他认为感官是我们一切认识的来源，知识起源于经验，当然也要借助理性的帮助。他提出了三种主要的方法，即对自然进行观察、思考和实验。观察收集事实，思考则把这些事实组合起来，实验是为了证实组合的结果。

总而言之，18世纪的唯物主义基本上是在反对神学和反对唯心主义基础上建立起来的唯物主义，它一般坚持物质第一性、意识或者精神第二性的原则，它坚持唯物主义的认识论即感觉论，认为知识最终都起源于感觉。正因为如此，十八世纪的唯物主义表现出了认识论上的狭隘性和片面性，并且表现了一种机械论的观点，甚至把人、动物甚至是精神都当作像机器一样，从而具有机械唯物主义的狭隘性。

12.德国古典哲学的特征

德国古典哲学是18世纪中期到19世纪40年代左右这段时期的德国哲学，有时候这段时期哲学也被称为德国唯心主义或者德国观念论。至于"古典"这个词，是恩格斯明确提出来的，有"经典"的意思在内，他是用来指从康德到黑格尔这场哲学运动的过程。恩格斯的概括非常恰当，这个时期的德国哲学的确代表了哲学的最高成就，其代表人物主要有康德、费希特、谢林和黑格尔。至于费尔巴哈，我们在这里不认为他是德国古典哲学的代表人物，因为他的思想与这些哲学家的思想之间没有传承性，可以说，他的哲学是德国古典哲学的"终结"或者"出路"等等，但是他与德国古典哲学的主要思想有很大的差异。故而，我们这里总结的德国古典哲学的特征大致是针对康德、费希特、谢林和黑格尔这四位哲学家而言的。大体而言，德国古典哲学有如下一些主要特征。

第一，德国古典哲学是德国的启蒙运动。欧洲的启蒙运动发展在不同的国家先后不一，先是荷兰、英国，而后是法国的启蒙运动，德国的启蒙运动则比较晚。当然，德国哲学作为德国启蒙运动的总结，不同于法国大革命的启蒙运动，也不同于稍早时期的文学启蒙运动。尽管两种思潮都深刻影响了德国古典哲学的启蒙思想，为其提供了丰富的思想资源。德国古典哲学启蒙大体上对这两种启蒙进行了深刻的反思，它的启蒙更多地表现出了理性和精神的特质。比如说，对法国大革命的暴力进行了深刻反省，对暴力大体都比较审慎。康德比较明显地指出了启蒙需要摆脱野蛮状态，黑格尔的启蒙甚至可以被认为是"反启蒙运动"的启蒙。

第二，德国古典哲学的核心概念是理性和精神。狄尔泰曾经总结过，18世纪的哲学概念是理性，19世纪的哲学概念是精神，这个总结恰如其分。这两个核心概念的实质是自由。德国古典哲学的时代实际上就是理性的时代，自由的时代。这个时期的理性与以往的理性，特别是近代经验论和唯理论的理性具有很大的不同。德国古典哲学的理性普遍具有两个内涵，一是理论理性，一是实践理性。这两个"理性"也塑造了德国古典哲学的两大领域即道德哲学和自然哲学，也就是理论和实践两大领域。在这两大领域之中，理性都贯穿始终。至于精神概念，它是黑格尔特别提出来的，是灵魂或者心灵的种子经过意识的发展，进而实现自身为精神的历程，它是比理性概念要更广泛的概念，它有实践精神和理论精神之分。

第三，德国古典哲学家普遍比较重视体系性和实践性。体系性体现出来的是要求哲学家的哲学建构是系统性的，是科学的，必须把所有的哲学分支都建立在统一的最高原则之上的一种考量。德国古典哲学可以被认为是从康德二元论走向同一哲学的道路，也可以被认为是从主观的唯心主义走向客观的唯心主义的道路，这些都是体系性要求的表现。至于实践性，马克思也曾经指出，德国古典的唯心主义的伟大成就在于它的"实践性"，这甚至要比旧唯物主义的贡献更大。实践性是哲学家对时代的关注，对政治、道德、伦理、宗教和历史等等的实践哲学的关注。康德哲学甚至可以在本质上被视为道德学。实践性是德国古典哲学的重要特征。

第四，德国古典哲学家大多反对独断论和怀疑论。德国古典哲学家们建构自身的体系哲学时，大体上都是在反独断论和怀疑论的基础上建立起来的。康德最早表明自己哲学的任务就是反对独断论和怀疑主义。但康德哲学有时被贴上二元论和形式主义的标签，这容易让人产生康德哲学本身就是怀疑主义的误会。黑格尔哲学也常常被误认为具有独断论的倾向。其实，反对独断论和怀疑论恰恰是德国古典哲学家的共同任务，这具体体现在德国古典哲学家们对经验论和唯理论、对同一性与多样性、对君主制与民主制、对道德法则和自由意志等等对立问题的化解之上。最终这些问题都表现为决定论与自由意志的对立。德国古典哲学通过化解这些对立从而克服存在是"一"还是"多"的问题，克服独断论和怀疑论。

第五，德国古典哲学普遍注重建立统一性的哲学体系。德国古典哲学有时候被认为是从二元论走向一元论，从分裂、二分走向同一的过程。这与人们对于康德哲学的判定有关。人们认为康德哲学是二元论的学说，是异质性的哲学，毕竟在康德哲学中，现象与物自体、理论与实践之间存在着深深的鸿沟。但是，我们不能就此认为康德建构同一哲学的努力是不成功的。康德的确为此进行了周密的思考。德国古典哲学家其实都在不同的视角上建立自己的"同一哲学"。比如康德的合目的性的同一哲学，费希特的自我的知识学体系，谢林无差别的绝对同一哲学，以及黑格尔的具体普遍的同一哲学。

总而言之，德国古典哲学在反独断论和怀疑论的基础上，建立起了以理性概念为核心的同一哲学的体系。这个同一的哲学体系集中讨论了理论和实践两大领域，涉及的主题有形而上学、认识论、逻辑学、意识、自我、主客体的同一等等诸多问题，关涉自由、平等、法权、德性等实践哲学主题。

13.康德哲学

康德哲学包含认识论、道德哲学以及美学思想与目的论思想等等。

康德的认识论是先验的认识论。康德认为，一种认识是否具有客观的普遍必然性，不在于认识是否符合对象，而在于我们关于对象的认识是否遵循主体在直观形式以及范畴中所具有的内在法则。这就导向了一个著名的结论："人为自然立法。"康德所谓的"自然"其实是现象之总和，知性的范畴就是对于一切现象总和（自然）实施规定的形式，这里所说的"认识的对象"不是物自身，而是现象。作为现象的对象必须完全统一于先验自我意识，而先验自我意识在认识中正是借助于范畴才使表象的杂多具有先天的法则，所以，人为自然立法，实质上就是人以知性的范畴作为形式去规定作为现象总和的自然，即人的知性形式为现象立法。简言之，康德的认识论是这样的：认识主体通过想象力而把范畴和质料的杂多呈现于时间之中，使那尚未被确定内容的现象归摄于知性概念，以接受综合规则的整规，从而沟通了范畴与现象，我们就构造了主客融贯的知识。

康德认为理性作为我们的天然禀赋而存在，这是不容置疑的，因而形而上学是人的自然倾向，而传统形而上学的错误仅在于理性被误用了。人们必须正确地使用理性，理性在自然科学中的正确使用是"建构的运用"，而不是"超验的使用"。理性在道德实践领域的正确使用则是"纯粹的使用"，而非夹杂经验的"不纯粹的使用"，即在道德实践中必须摆脱感性经验和质料性的东西，以便建立"道德哲学"。

康德的道德哲学有丰富的内容，而道德哲学中的道德自由就是真正的形而上学之出路。

与"自然有其法则"相对应的是，自由意志有其法则，那就是道德律。相对于必然的自然因果律而言，存在着一种"自由的因果律"，亦即不受感性经验限制而单凭理性自身的原因来产生出结果的因果关系。变动不居的经验不能提供任何实践的法则，建立在经验基础上的实践原则只是人见人殊的个人的幸福原则，也就没有普遍必然性。所以，一个有理性的存在者必须把他的准则思考为不是根据"经验性质料"而是根据形式来决定其意志的原理，否则，人们永远也达不到道德律的高度。

这样一个完全以理性自身的纯粹形式作为自己法则的意志是一个自由意志，因为它意味着理性所遵守的是自己为自己确立的法则。那个法则是实践理性对意志下的"命令"，命令被表述为"你应当……"但命令分为有条件的假言命令和无条件的定言命令。前者只是为了达到一时的目的而发出的命令，比如"为了得到一个较好的考核成绩，你应当认真学习"等等，尽管这里面也运用到了实践理性，但却有一个感性的条件（即得到一个较好的考核成绩），因此这里的实践理性之运用是片断性的，其中的所谓"法则"并不具有绝对的普遍必然性。若要达到绝对的普遍必然性，那就一定要摒弃一切外在条件，故而是实践理性的绝对命令。此绝对命令具有法则之绝对性，也有高于准则（即个人行为的准则）的普遍必然性，还和一切有理性者的意志相关，并且和理性的实践运用的一贯性有关，还跟以自身为目的之合理要求有关，于是乎，这个绝对命令被表述为："要只按照你同时能够愿意它成为一个普遍法则的那个准则去行动。"这是不同寻常的道德律，是被包含在一切道德行为之中的道德律。此外，"人是目的"以及"自律"也是道德法则。

理论理性的运用和实践理性的运用是两种运用，两者的统一性是一个问题，康德的《判断力批判》即是用来沟通两者的。这就涉及康德的美学思想与目的论思想等。

与美学思想相关的能力是反思的判断力，而与目的论思想相关的能力则是"目的论的判断力"。反思的判断力不是为了获取客观性的知识，它涉及一种主观性形式的原理，它能够引起主体诸能力的自由的协调，可以获得愉快的情感，于是我们所要寻求的是主观形式的合目的性，这在康德那儿就是合目的性的美学表象。这种经过反思达至愉快情感、寻求主观形式之合目的性的判断力被叫作"审美判断力"。审美判断力的原理确立之后，就可以被"调节性地"用于自然界的质料上面，以便补充自然科学的某些不足之处，比如使我们将自然看作一个无限多样的、种类相互递属的、从低到高渐次进展的"目的系统"，等等，这涉及"目的论的判断力"。

康德的美学思想涉及"美"和"崇高"等问题。美是无计较的，它源自人人共有的"共同感觉力"，它具有"无客观内容之目的性"的、单纯形式的合目的性。"崇高"则标志着想象力和理性的某种协调。面对着大自然中的崇高景象时，尽管知性不能对之有所把握，但是我们的想象力会被激发起来而朝着"无限"进行冲刺，从而调动了理性对于无条件者的把握，于是获得超越性的愉快感。崇高在康德这儿被划分为两类："数学的崇高"和"力学的崇高"。"数学的崇高"主要是因为时间无限性和空间无限性而导致的无限，在此情境下，人好像是一粒微尘或一棵芦苇，然而，人的理性能够意识到宇宙的无限，这一点恰恰是自然界本身所达不到的。所以，人的理性是一种超越无限时空的无限。由此就产生了关乎崇高的愉快。"力学的崇高"主要由力量的无限性所引起，它们以不可抗拒的狂暴力量威胁着人类，然而人的理性意识到，再强大的物质力量也不可能摧毁道德力量，由此带来一种愉悦。

康德的目的论是内在目的论，它考虑的是事物以自身为目的而组织起来的关系。内在目的意味着原因与结果诸因素的并存、交互作用和相互依赖。在这个系统中，一个事物的各个部分与整体之间保持着有机联系，它们按照一个目的而联系起来。结果是，事物就在一个目的概念或观念之下成为有组织的或者自行组织的整体性现象，在其中，没有哪一部分是完全无用的。同时，一切自然物在从低到高的目的系列中趋向于文化，而人的文化则趋向于道德的人，这就实现了由现象的人向作为本体的人的过渡。

14.费希特哲学

费希特哲学的主要内容有知识学、伦理学和历史哲学等，他的哲学是充满激情和使命感的哲学。

　　费希特继承了康德哲学的精神，同时他抛弃了康德哲学中作为感觉之原因的、不可被认识的"物自身"。伴随着这一变动，费希特创立了自己的"知识学"。

　　知识学的基本原理有三条，它们构成了一个"正题—反题—合题"模式的命题系统。第一条原理是：自我设定自身。这是一个无条件的、自明的原理，它的不证自明性就像逻辑同一律"A=A"那样。等式中有某种自身同一的东西，此种自身同一的东西归根到底就是"自我"。费希特的"自我"既是行动者也是行动的产物，它不需要任何不同于自身的他者作为依据，它是"最原始的"东西，是早于个别经验的先验的东西。"自我设定自身"表明自我恰恰以自行设定的方式"现身"，这是自我之行动的第一个步骤。第二条原理是：自我设定非我。这是自我之行动的第二个步骤。这条原理对应于逻辑中的矛盾律"非 A 不等于 A"：$\neg\, A \neq A$（或—$A \neq A$）。"自我设定非我"这个原理在形式上是无条件的，而在内容上则是以"自我"为条件的。这条原理的实质是想突破作为内在对象的自我而推演外部世界。第三条原理是："自我在自我之中对设一个可分割的非我以与可分割的自我相对立。"简言之，这条原理就是"自我与非我相统一"，它是自我之行动的第三个步骤。它说的是自我与非我的对立统一：既相对立同时又统一于本原行动。叙述中的三个步骤在逻辑上也可以看作是具有三个维度的一个连贯的行动，三个步骤之间是连续的而非间断的，人们只是在反思中把它们分开了。"自我设定自身"点明了自我的根本性质是自由的行动，"自我设定非我"则说明自我活动之中展示了内容，而"自我和非我的统一"则说明了自我活动的方向。本原行动的性质、内容和方向构成了一个严密的系统，可以为知识奠定牢靠的根基。

　　费希特的伦理学涉及实践领域中的义务、道德的自由、道德法则等概念，三者有内在关联，即义务的无条件的履行是道德法则的要求，与此同时，若不履行义务也就谈不上有什么道德的自由。

　　当"自我设定自身"的时候，它不仅设定了一种自发性的认知，而且设定了自身的自由，人能自己规定自己，这里有无条件的纯粹自由。而当"自我设定非我"的时候，被设定的也有人际关系和义务，人应当有自觉的约束，以便使自己的有限自由符合周围人的"自由"，人对他人、社会和国家是有义务的。而当"自我和非我相统一"的时候，无条件的自由与有限自由就统一起来了，自我努力地超越非我之限制而迈向绝对自由。人的自由的能力不单单是自然冲动，也不仅仅是纯粹的精神冲动，人应该把这两种冲动结合起来。只强调自然冲动就可能与兽类无别，只强调纯粹的精神冲动就会导致自我的不断否定，康德的道德形而上学就有后一种嫌疑。费希特指出，把自然冲动和纯粹的精神冲动统一起来，把低级欲求能力和高级欲求能力结合起来，才能得到真正实在的伦理学。

值得一提的是，费希特把康德所说的"人是目的"转换为"人既是手段也是目的"，理由在于，个体之自我不仅有理智也有躯体，而且理智和躯体都以道德目的为最高的目的，而想实现终极目的必须要有手段才行，这儿的手段恰恰就是人，除了人，我们找不到符合条件的其他手段。"人是目的"这句话绝非抽象的断言，它应当在人与人的现实关系以及个人与社会的协调一致中表现出来。

费希特的历史哲学引人思考。人心中有经验性的事实，即自我要超越非我的一切限制而达到自由，人类的历史就是运用自己的能力去认识理性从而实现理想目标和展示神圣存在的历程，历史也是从经验自我所包含的自由独立倾向之中发展出绝对自我的意识并克服对象世界的阻碍，从而让经验的人上升为创造世界的"自由人"的历程。很清楚，人应当遵循理性给他指引的方向不断前进，自己决定自己，而不应当让某种异己的东西来决定自身。这一过程之中不可避免地会有重重障碍，这在"法权"问题上涉及一个自由者和另一个自由者之间的关系，当人们的自由处于经验层面的时候，他们常常彼此冲突；只有当人们同时也承认他人的主体性地位，并拥有真正的自我意识和自由意识，从而以此为根据建立契约和法律的时候，人的自由才可实现。

人类生活的未来就是自由地、合乎理性地建立自己的一切关系，这是费希特历史哲学的一个基本要点。以此为线索，人类历史可分为五个时期：（1）非反思的时期。在这一时期，理性仅仅通过自然规律发挥作用，人类在自发的理性的安排下生活。（2）外在权威强制作用的时期。在这一阶段，少数人编造各种观念形态，建立外在的强制机关，要人们盲目地、无理性地服从。（3）权威与约束遭到反抗的时期。在这一时期，人们从自身出发，摆脱外在束缚，藐视权威，公然反抗各种约束。（4）接受理性方针的时期。人们的处事方式中出现说理的方式，而且，理性精神得到了传播。（5）说理完善的时期。届时，人类的一切关系都是以理性为准则的，人类以自由合理的行动建立起一个理想的社会。人类的文明史是从盲目地运用理性到自觉地运用理性的历程。

15.谢林哲学

谢林哲学的主要内容有同一哲学、自由观和宗教观等，其思想包含两个对比鲜明的因素：理性主义和神秘主义。

谢林的同一哲学是关于自然（或关于客体）的学问与关于自我（或关于主体）的学问这两者的统一。

在自然的运动之中普遍存在着两种彼此对立的趋向，个别的自然现象也好，整体的自然界也好，都被理解为存在于同一体和对峙之中的诸种力量的对立。谢林对于"自然"的理解大致如下：从基本的引力和斥力的"极化性"出发，然后进展到无机界的磁、电和化学过程，随后再进展到有机界，有机界以人为目的和终点。自然的所谓"合目的性原则"是无意识的东西，是无形的精神之展示。谢林的关于自我（或关于主体）的学问即是他的"先验哲学"。谢林的先验哲学研讨自我意识的发展史，探究自我意识从自身中创造出客观性或客观知识的历史过程，它以主观的东西为出发点而引出客观的东西，把从主观出发而得到解释的"实在"归于观念。

从实在去解释观念的自然哲学和从观念去解释实在的先验哲学是统一的，两者在根基上统一于——融观念和实在于一炉的——"绝对同一性"。两者的统一是"从下而上"的路径与直接把握的路径之统一。自然和自我、客体和主体有同样的实在性，我们既不能从主体出发又不能从客体出发，也不能从主体和客体的简单相加出发。出发点只能是绝对同一性，亦即综合了主观维度和客观维度的那个绝对同一性，它实质上是指主体与客体尚未分离的本源，是摒弃了一切差别的同一性，是绝对的理性或精神，观念和实在不可分割地结合在此种绝对理性之中。

绝对同一的本原因其自身的不自觉的冲动而产生了原始对立，于是它就一分为二,其间的无意识的活动构成了自然,而有意识的活动则构成了人类的历史。既然自然和历史都是由"绝对同一性"所分化出来的,那么,每一个阶段上的具体事物都包含有主观性的因素和客观性的因素,只是程度有别而已。在自然界中是客观性为主,同时潜藏着主观性的萌芽,随着自然界之层次的"升高",主观性的因素越来越强,终于抵达了临界点:人和自我意识,到了这里,客观性占优势也就让位于主观性占优势了,直到在艺术活动中,在全神贯注于"绝对"的美感直观之中,主观性包容客观性于自身之中,于是又回复到了主客的绝对无差别性状态之中了。

谢林的自由观有其深刻的内容。人是自由的,做善事或者做恶事皆有其源泉,都是人自己的抉择。自由不是想当然地用偶然性来加以规定,因为偶然性违背理性。自由和理智紧密关联,理智作为概念的绝对同一性是先行者,所以,自由的行动产生于理智性的东西,自由的行动是超越偶然的确定行动。不难看出,自由与必然的同一性就源于行动本身。

自由把我们移入存在的全程,但不能得出结论说,行善抑或作恶都是先天规定的,因为这一存在的全程不是盲目的,人要在自身的光明力量和黑暗原则的相互斗争中历史性地面对命运并承担之。我们必须与我们之内和之外的恶进行斗争,否则我们便是没有精神的躯壳了。

人的道德存在的根源就是理智,激情是理智的他者,它是人之存在的自然基础,激情本身并不是恶,也不是恶的来源。因为人有理智,所以精神才没有误入歧途,生活才没有颠三倒四,因此,在恶存在的情况之下,人仍然有向善的可能性。蛊惑人离开上帝的私意与"上帝的启示"是对立的,那么,认知上帝就是实实在在的行动而非空想。上帝的启示就是以善排除恶,使这个否定性的东西成为完全的非实在性,人们应该揭露恶,提高道德意识,让每个人对自己的行为负责,这样,哲学也就有了向善的道德定向。

谢林的宗教观是其晚期思想的基调。宗教中存在着主观能动性与客观事实的和谐,此种和谐是作为幸福和启示而出现的。一开始就处于反思之中的哲学因其与"绝对同一性"在一起而不会脱离和谐,所以,在促成和谐或同一性的维度上,宗教和哲学可能结为联盟。

为了很好地将宗教与哲学结合在一起,谢林认为,可以讨论普遍有效的东西，并以此去认识信仰和真理。宗教是对绝对观念的认识，所以，它处在概念之前，语言对于它而言是苍白无力的。心灵最初囿于有限的必然性而像自然一样蒙昧不清，只有认识了上帝那里的绝对同一性，才能升华到自由与必然相统一的和谐状态，才能认识宗教。所以，我们应该从相对的状态逐步上升到绝对同一的状态。谢林觉得消弭主客对立的哲学所表达的就是宗教的真理，因为同一哲学中的无差别的"绝对"在宗教中被等同于上帝的本质。恶的根源不是上帝，因为在上帝那儿，各种原则都未分化出来。人有行善或者作恶的能力，这归属于人的自由意志，一旦有了人，一旦理性开始起作用，那就有了分化，人身上的两极分化所达到的正是善恶对立的程度。上帝所启示的"道"在"人"这个等级之下的存在者身上全都是黑暗的，但在人的精神中却迥然不同。人的本性就是要限制私意而让上帝的爱显示出来，而上帝的爱正是对所有一切都一视同仁并不受任何东西支配的普遍统一状态，是不受束缚而浸透一切的"至善"。

16.黑格尔哲学

黑格尔哲学将古典哲学的基本思路发挥到了极致，其主要内容有逻辑学、自然哲学和精神哲学等。

黑格尔的逻辑学是其哲学的基础。逻辑学涉及的是纯范畴的推演，它是探讨事物之"灵魂"的学问。逻辑学由"存在论""本质论"和"概念论"三部分组成。第一部分是关于思想的自在或潜在的概念之学说，第二部分是关于思想的反思性的概念之学说，第三部分是关于思想返回自身和"思想发展了的自身持存"的学说。《逻辑学》中的概念依其辩证的本性而处在不孤立的运动和发展之中：节节相依、环环相扣、层层超越。从"没有规定性的存在"开始，到绝对理念，从作为直接存在的存在（纯存在）到作为"真理之存在"的存在（理念），"存在"——在经历了艰难的类似于冒险的远航式的历程后——回到了自身。"存在"成为充实了的存在，它实现了自身，成为绝对理念。绝对理念是理论理念和实践理念的统一，是主观理念和客观理念的统一。这种统一乃是"绝对和全部的真理"。绝对理念是逻辑学体系的灵魂，它是客观对象本身的运动方式，同时也是我们认识"绝对"或"绝对"自己认知自己的方式。可见，概念论即是真正的"本体论",历史上的各种本体论都被扬弃了,都被降低为概念论的环节了。同样,"概念论"也是认识论,是"概念本体"经过存在论和本质论在自己那儿达到了"自我意识"层面上的认识论。最后,在概念论这里,范畴表现为具体概念的自身发展,或"否定之否定"的三一式的辩证运动,所以,概念都具有相互贯通的"透明性",真正形成了辩证的"逻辑"。总之,在概念论这里,本体论、认识论和"逻辑学"是统一的。

黑格尔自然哲学中的"自然"乃是逻辑理念的外化。绝对理念虽然穷尽了纯范畴,但并未终结发展本身,它会在纯范畴的领域之外继续发展。绝对理念是达到了自身统一性的直接性的理念,它具有自由,它自由地转化为"他在的形式",它将其自身作为"它自己的反映",自由地外化为"自然"。这里的向"自然"的过渡不是物理时间中的过渡,而是逻辑上的进展:思维先澄清、认识了自身,然后向外看,它不会对自然界视而不见。绝对精神把自己外在化,它"观察"自己,把自己分成观察者和被观察者,并把被观察者看成是外在的东西。这种外在化的绝对精神不是别的,恰恰就是"我们"眼前所看到的世界,作为被观察者的绝对精神就是自然,它是绝对精神的外化,所以,观察者在观察它自己。

自然哲学在极为多样化的自然现象中寻求统一性,认识统一性,它由低到高地分为相互联系的力学、物理学和有机学三个部分。绝对理念在外化领域中从最初的直接性开始,经过反思的间接性,达到二者的统一即"有机生命"这一具体的总体,从而返回精神自身。精神是自然的本质,自然是精神的异化或表现。自然只是类似于精神之外壳一样的东西,它遮蔽了精神,但后者因其能动性而不停地左冲右突,终究会突破藩篱,从而实现自我更新。

这样一来,我们就"抵达"了自然的真理性和最终目的——精神。精神在逻辑学中是潜在的,在自然哲学中是异的,它在精神哲学中则是现实的。把自己外化的那个精神和作为外化之结果的精神本来就是统一的,绝对精神知道自己就是作为真理和纯思想的精神。精神扬弃了异在形式,它的特点是自由,自由意味着"对于它物的不依赖性或者自己与自己本身相联系",即能够在否定中肯定地保持自己,而且能够自为是同一的。精神取得自由是一个发展过程,当精神通过认识自身而自由的时候,它是作为个体精神的主观精神；当它通过自我创造而自由的时候，它是作为普遍精神的客观精神；当它在自在自为的存在和自我创造的统一性中实现自由的时候，它是达到了无限性境界的绝对精神。绝对精神是主观精神和客观精神的真理，它是无限的、神圣的、完全自由的精神。

17.费尔巴哈哲学

费尔巴哈哲学的主要内容有：对黑格尔哲学的批判、人本学思想和宗教学说等。

费尔巴哈哲学是在批判宗教和批判黑格尔哲学的过程中发展起来的，他认为宗教批判和黑格尔哲学批判这二者之间有内在联系。上帝被黑格尔视为由绝对精神来担保的一个历史过程，于是，要摒弃充满错误的神学就得摒弃黑格尔哲学。黑格尔哲学是神学的避难所和支柱，神学与"以事物本性为基础、以理性和科学为原则的"真正的哲学大不相同，真正的哲学会把神学和黑格尔哲学放在一起进行清算。与之相关的是，费尔巴哈批判了黑格尔哲学的出发点——抽象的存在，而他本人的出发点是反对思辨游戏和兜圈于概念的做法，他主张完全诉诸感性、自然和直观，使得经验和直观先于概念和思想。费尔巴哈从一种类似于发生学的立场上指出，自然是在先的，它对于精神或思维而言是第一性的，这与黑格尔所说的相反。

费尔巴哈的人本学思想把人作为感性实体或感性对象来理解。

人与自然是统一的，自然和人在时间和地位上分别是第一性的实体和第二性的实体，前者是后者的基础和起源，二者是统一的。

人至少涉及以下三个方面：其一，人是现实存在的感性实体。人不是抽象的精神性的实体或自我意识，它是活生生的、最为现实的、真实的、有血有肉的实体。人作为感性实体就是"物质的东西和精神的东西的真实的、非臆造的、现实存在的统一"的实体。其二，人是灵与肉的统一体。人有其形体，这指的是肉体；同时，人有灵魂，即非形体的思维、理性、意志等，它表现为非物质的生命活动。灵魂依赖于肉体，它和肉体不可分离地联系在一起。假如设想灵魂可以同肉体分离，那也只是形式上的臆想，在实践上是绝对不可能的。其三，理性、意志和情感构成人的本质。假如缺少理性、意志和情感之中的任何一项，人都是无法想象的，它们彰显了人不同于其他存在者的本质性的方面，正是理性、意志和情感建立了人的本质性的元素。有理性、意志和情感的人才是真实的、完善的、真正的人，而理性、意志和情感在人中间构成了"类"。

费尔巴哈的宗教学说是以其人本学为基础的。他尖锐地批评基督教，认为它为满足信众的愿望而编造出跟神迹有关的教义，以这种"超自然主义的愿望"开始，并以神迹为终结，此种对于神迹的信仰相对于无神论者而言乃是一个不可接受的"奇迹"。费尔巴哈指出，所有超自然的宗教都与经验相冲突，若是诉诸经验，则它们无处藏身。宗教的基础乃是人的依赖感，这是宗教得以产生的心理根源，这里的依赖感包括恐惧和崇拜。在大自然的威力面前，无计可施的人们产生了恐惧感，而人们所恐惧的对象往往也是他们所崇拜的对象，依赖感的两个方面可以会合为一。人的依赖感起因于人的生存和对于生命的爱，这被费尔巴哈看作是"利己主义"。这就是说，没有利己主义也就没有依赖感，宗教也就失去其心理之源。于是，在心理的层面上可以直接用利己主义来接替宗教和其功用。最初的宗教把非人的本质当作神的本质来膜拜，这背离了完善的人或真实的人的生活。神学不是高贵的、实践的灵修理论，也不是智慧的、思辨的宗教哲学，它更像是"精神病理学"，它是一门有治疗目的和实践目的的"人学"，它是纠正那个幻影般的"超自然本质"并还其本来面貌的学问。神学的秘密即是人学。宗教对象作为精神的对象、作为与外在感性对象不同的内在于人的对象，它就是人的显示出来的本质。人把其意识的无限本质对象化，然后反过来在这个对象上意识到自身。理性、意志和情感的统一作为人的本质被对象化为一个实体，这个实体即是所谓的"上帝"。

另一方面，费尔巴哈也提出了他自认为合适的宗教，亦即人本学语境下的宗教或者人本学的"爱的宗教"。上帝是被放到了人以外的、对象化了的人的本质，那就可以顺理成章地看出："上帝的本质"其实就是人的本质，不是上帝造人，而是人的特殊的对象化的活动造了上帝，当然是按人的本质来造的。基督教的不妥之处在于它本末颠倒地试图把人间的一切献给上帝，这是不懂上帝之本质并将其与人的本质予以分离所造成的。既然基督教是本末倒置的，那么把它再颠倒过来就可获得真理。宣布"人是第一性的存在者"的宗教即是人本学的宗教，它以"人的无限本质"为崇拜对象，让人对人的爱成为实践的最高原则。推行此种宗教，则以往的宗教必将由于所有人对于自身的爱而最后扩展到爱一切人（类似于"兼爱"），于是上升至"爱的宗教"，而整个历史的发展其实就是"爱的宗教"的发展史。

费尔巴哈的唯物主义对于机械唯物主义来说是一种进步，他的唯物主义以对"时间上的在先之物"的强调去对抗唯心主义对于"逻辑上的在先之物"的强调，他的自然—人本主义的唯物论谱写了哲学史上不可或缺的一页。费尔巴哈强调人与自然的统一，他的自然观提示人们要深入思考人与自然的关系，他的宗教理论也是今天人们进行宗教研究的切入点之一。

18.生命哲学

生命哲学是 19 世纪末至 20 世纪上半期在德、法等国流行的一种具有非理性主义特征的哲学思潮。它把揭示人的生命的性质和意义作为全部哲学研究的出发点，进而推及人的存在及其全部认识和实践，特别是人的情感意志等心理活动，再由人的生命和存在推及人的历史和文化，以至人与周围世界（社会和自然）的关系。换言之，它由对生命的揭示而推及对整个世界的揭示。

生命哲学家都不把生命看作是物质或精神、感性或理性的实体，而看作是主体对自己存在的体验、领悟，也就是心灵的内在冲动、活动和过程。他们都强调生命的变异性和创造性以及作为人的生命之体现的心灵世界的独特性，并由此强调人文科学和自然科学之间的差异性。他们都强调生命和激情对理性和一般经验的超越，从而具有非理性主义倾向。生命哲学与以叔本华和尼采为代表的意志主义有很大的共性。事实上，叔本华和尼采的生存意志和强力意志在某种意义上都属于生命意志，所以他们往往与生命哲学家有内在的关联。另外，生命哲学所谓的"生命"也可以理解为与死亡相对立的生存，因而生命哲学在一定意义上可以引向当代的存在主义。

对生命现象从哲学上进行研究和阐释在西方由来已久、古代和近代哲学家对心物关系的探讨在一定意义上也是对生命的研究。但这些哲学家都是把对生命现象的研究当作自己哲学构架中的一个环节，此环节本身并不构成一种哲学思潮。19世纪末，西方科学和文化开始出现一系列重要变更。近代生物科学的产生促使人们对生命现象有了新的认识。以歌德、赫尔德、施莱格尔等人为代表的浪漫主义文艺运动发扬并突出了西方思想中强调生命和激情的传统，超越了囿于形而上学的近代理性主义的视界。这促使人们从哲学上重新研究生命现象，并促使这种研究发展成为一种重要的哲学思潮。

在生命哲学家看来，哲学的意义不在于静观（关注世界的本体、本质），不在于获得知识或真理，而在于通过对生命的思考满足人对自身生活的意义和价值的渴望。生命哲学要告诉人们的是，作为生命整体的世界是什么，个人生命应该是什么，在他们看来，生命是无穷无尽的意志、欲望、创造，是实践生活，而不是沉思、认识、服从神圣的秩序等等。生命哲学主要有生物学倾向和历史—文化倾向两种类型。前者试图用运动变化和整体联系的观点说明生命现象，柏格森是其主要代表。后者主要从人的生命的历史和文化意义的角度来进行哲学思考，生命在此大体上是指人的生活经验。生命不是作为一种外在地给予的对象，而是人的存在的直接和内在的呈现过程，是人内在地体验和领悟到的生命。生命的形态往往是合目的性的，即追求有待实现和达到的价值，狄尔泰是这类生命哲学的主要代表。

19.现象学

现象学是德国哲学家埃德蒙德·胡塞尔（Edmund Husserl，1859—1938）开创的一种广泛的哲学思潮。这一思潮对整个当代西方哲学尤其是19世纪初德国哲学以及19世纪中期法国哲学均产生过重大影响。胡塞尔是现象学的集大成者，其一生著述颇丰，国内出版的《胡塞尔文集》（已出版至13卷）。在广泛意义上，海德格尔的《存在与时间》（1927）、马克斯·舍勒的《伦理学中的形式主义和实质性价值伦理学》、萨特的《存在与虚无》（1943）、梅洛庞蒂的《知觉现象学》（1945）都属于现象学研究著作，因而他们的哲学也可以归于现象学范围。不过它们另有特色，通常还被归属于"存在主义""哲学人类学"等哲学领域。

现象学没有统一的学说，而是一场"浪推浪"衔接式的哲学运动；通常是老哲学家们提出见解或意见被新的哲学家重视，新哲学家们试图另辟蹊径解决；又或者老哲学家们的方法被挪用在新的领域，这一哲学方法在新领域中被重新发扬。胡塞尔本人的哲学也是持续变化的，他自称为哲学中一个"永远的探索者"和"漫游者"。整个现象学运动持续不断，因此要概括其基本特征是艰难的；与实证主义和分析哲学相比，现象学对经验主义一般持否定态度，与欧洲大陆思辨哲学传统关系比较密切。实证主义排斥形而上学，现象学对存在与意识这一对形而上学的基本问题则比较重视。分析哲学重视语言分析和形式化的研究，人的意识和实际的生活是比包括逻辑形式在内的语言形式有更深的层次则是现象学的观点，因此他们更重视意识分析和对"生活世界"的研究，实证主义和分析哲学通常重视的是科学研究的方式、过程，讲究"分析和证明"过程，而不是人生的意义和价值，以及人类历史的目的问题，而现象学家依然将这些列为哲学的永恒课题。

现象学方法是为解决现象学问题的。胡塞尔认为现象学问题主要有本体论和形而上学两类，与之对应的，现象学方法主要也有两种：本质还原方法和先验还原方法。在胡塞尔那里，本体论指先天观念的整个系统，分别包括实质的本体论和形式的本体论等。实质的本体论研究作用已有的分类（从最上层的存在的区域，如自然、人、历史到最下层的事物的种属和类型）及其范畴（如物性空间性、因果性等）在胡塞尔那里，观念（idee）、本相（eidos）、本质（wesen）通常是一个意思。形式的本体论是研究形式的范畴和规律（如形式逻辑和纯数学的范畴和规律）。范畴（kategorie）、种属（species）、类型（gattung）、规律、结构等是本质的相关概念，所以，本体论也可定义为是一种研究本质、本质的规律和结构的科学。现象学的本质还原方法目的就是发现本质、本质的规律和结构。

第一，现象学的中止判断。"中止判断"（epoche）是古希腊怀疑论哲学家的术语，意指对一切给予的东西打上可疑的标记。胡塞尔借用来表示对给予的东西是否存在暂不表态，叫"悬搁"，其功用主要有两点：（1）帮助寻找可靠的开端。中止判断的目的是把一切间接知识置于一边，从而起到筛选作用，如此一来剩下来的即可为直接知识。（2）防止转移论题，防止在反省问题过程中重新运用间接知识，规避循环论证。正如人们在思考问题的过程中，会喜欢把某些看法当作不言自明，并用作依据。

第二，本质还原的方法。本质还原即本质直觉，是胡塞尔在研究逻辑基础的过程中发展起来的一种方法，本质直觉方法的根本原则是"面向事物本身"。此事物不是指物理事物，而是指"直接给予的"或"纯粹现象"。为了保证"面向事物本身"这一"一切原则的原则"，获得直接的给予，一定要遵循一定的程序。其中包括两个步骤：一是上述提及的中止判断；二是对个别东西在直观的基础上使其共相清楚地呈现在我们意识面前。

第三，先验还原的方法。胡塞尔从笛卡尔的"我在怀疑"推出"我在思想"以及作为"在思想的我"的存在出发，他认为这是认识论的可靠开端，这是经由笛卡尔式的"怀疑途径"，达到先验自我和先验意识的方式。其先验还原的思想脉络是首先肯定意识活动、意象性结构、作为意识活动执行者的自我的自明性，最后找出意识活动如何构成意识活动的对象。例如：我们在某一时段思考，之后通过反思，我们便可以清楚地知道那时思考的行为的存在。

20.哲学解释学

哲学解释学是近三四十年来西方哲学界日益关注的一种新的哲学思潮，也叫哲学释义学。它研究的主要目标是：对意义的理解和解释；涵盖了当代西方哲学诸多重大问题，由于它对语言的研究和重视，在某种巧合上为现象学和分析哲学的交叉汇合提供了基础；因此，有人认为它或许会是西方哲学迷途的出路所在，这一哲学流派契合了英美哲学与大陆哲学共同的方向。

哲学解释学肇始于德国，20世纪20年代，法国哲学家利科开始提出他的哲学解释学思想。在他的引领下，哲学解释学成为欧洲大陆引人注目的哲学流派。70年代后，伽达默尔和利科等著名哲学解释学代表人物赴北美定期讲学，自此，部分英美哲学家开始对解释学产生兴趣，同时期海德格尔、伽达默尔和利科等人的著作被大量译成英文，加速了哲学解释学在英美的传播。在此背景下，20世纪末期的一二十年里，西方哲学界举行了许多次关于哲学解释学的学术会议，并有不少哲学解释学的论文和著作出刊。东欧、日本也纷纷有学者涉猎哲学解释学。我国于20世纪80年代引入哲学解释学，从那时开始，人们对它的兴趣持续上升。

从哲学解释学产生的背景、发展的情况和研究问题的方式来看，哲学解释学既属于哲学，在某种意义上又属于一门新的边缘学科和一种跨学科的研究方法，它为人文科学各学科的研究开辟了新的途径和天地。

哲学解释学主要有三个代表人物，三个代表人物代表哲学解释学的三种观点。

（1）海德格尔的哲学解释学

海德格尔（Martin Heidegger，1889—1976）的哲学解释学也被称为解释学的现象学，海德格尔把现象学作为追寻存在意义的根本方法。由于存在者之存在在一定意义上，总是隐蔽的或者被歪曲或者被遗忘，解释学的现象学目的是使存在的意义彰显出来。海德格尔认为，"本体论只是作为现象学才有可能。现象学的作为自我显示的现象概念，意思是存在者之存在——它的意义，变形和派生物"。"现象学是存在者之存在的科学——本体论。"（海德格尔：《存在与时间》，伦敦 1962 年，第 60、61 页）

（2）伽达默尔的哲学解释学

海德格尔的解释学思想是哲学解释学的理论基础，然而哲学解释学这一名词是因其学生伽达默尔（Hans-Georg Gadamer，1900—2002）而成名的，伽达默尔 1960 年出版的代表作《真理与方法》标志着哲学解释学正式成为一个独立的哲学流派。

伽达默尔从 19 世纪德国古典解释学最突出的问题着手——理解的历史性。他的观点是理解的历史性是必须克服的主观的偶然因素，解释学的目的就是要克服因历史时间造成的主观成见和误解，达到客观真实。对于伽达默尔来说，理解就是从被理解的东西，艺术品、文本、传统等接受有价值的东西，然后将他们"译解"成我们理解世界的方式，解释学现象的普遍性即在于此。

"译解"的桥梁或中介是语言，文本和解释者、过去和现在，都只是一个正在进行的语言过程的要素。"理解的语言性，是效果历史意识的具体化。"[①]语言规定了解释学的对象。

---

① ［德］伽达默尔：《真理与方法》，洪汉鼎译，北京：商务印书馆 2007 年版，第 338 页。

伽达默尔晚年转向与从实践哲学的角度来理解释义学，他在《作为实践学的解释学》一文谈到"解释学是哲学，作为哲学它是实践哲学"，也就是说，实践哲学是解释学的最终定位。

（3）利科的哲学解释学

受导师马赛尔影响，利科（Paul Ricoeur，1913—2005）最初单纯将解释学看作是解释象征语言的一种纯粹方法论，之后逐渐不再把解释学只看作是发现象征语言的隐藏意义，把解释学等同书面语言，同文本等更一般的问题联系起来，遂把兴趣从意志的结构问题转移到了语言本身的问题上。

利科借用了伽达默尔的"属于"概念。人不仅是我们属于的外化，也是我们远化的外化，通过语言的远化构成了属于。远化会造成人与其本身之间的鸿沟，以及对自身的遗忘，所以需要通过解释的方法来建造语言桥梁实现沟通，而文本正起这样的作用。

21.存在主义

存在主义是一个从揭示人的本真存在的意义出发来揭示存在的意义和方法，从而揭示个人与他人及世界的关系的哲学流派，它在一定程度上可以说是在胡塞尔现象学推动下对 19 世纪中期以来出现的批判传统形而上学，特别是理性派形而上学的哲学思潮的进一步发展，西方哲学界通常把它当作广义的现象学运动。

存在主义哲学家的基本哲学主张同早期非理性主义哲学家克尔凯郭尔、尼采等人一脉相承，在否定以主客二分为特征的传统形而上学的大前提下，他们既反对存在于意识的二元等体系哲学，也批判在保留主客二分的框架下拒斥形而上学的实证主义思潮的各派哲学，他们并不反对对本体论问题的研究，但认为这不能从作为实体存在的物质或精神出发，而且不能从感性经验或理性思维中所给予的存在出发，而应当从先于和超越于主客、心物等二分的人的存在本身出发；本体论既不能是何形式的实体论，而应是关于存在者如何存在的存在论。在此意义上，叔本华、柏格森等人的非理性情感、意志或生命力的本源性存在也非存在主义者的观点。存在主义哲学家们认为人的本真的、始原性的存在先于主客二分，是先验的，不能把它看作是认识的对象并通过认知的方式达到，只可揭示、澄明，而揭示、澄明就是对人的一系列存在方式的描绘、解释（释义）。故而，他们的现象学方法也是一种解释学的方法。

作为产生于一战后 20 世纪西方各国影响力最广泛的哲学流派，存在主义的流行与资本主义社会的矛盾与危机息息相关。事实上，描述和揭露在充满矛盾和危机的现代社会中人的个性的丧失、人的自由的被剥夺、人之受物及一切异己力量的支配，探讨个体如何获得真正的自由，摆脱被工具异化，恢复人的个性和尊严，一直是存在主义哲学的核心问题。存在主义也正因此受到各个阶层者的同情与支持，毋宁说是存在主义发现了社会个体的异化感而产生共鸣。

存在主义的典型代表人物有海德格尔、雅斯贝尔斯，法国的萨特、马赛尔、加缪、梅洛－庞蒂等人。

（1）海德格尔的存在哲学

马丁·海德格尔（Martin Heidegger，1889—1976）是德国哲学家，20世纪存在主义哲学的创始人和主要代表之一。对"存在"本身的研究为核心的本体论问题是海德格尔哲学的关键，他既反对柏拉图以来的西方传统形而上学本体论，也不同意现代实证主义倾向，全盘排斥本体论，他认为哲学所应探索的必须是存在，因此真正的哲学一定是存在哲学。他的主要目标是批判和超越传统形而上学，特别是其本体论，用现象学方法建立新的存在哲学。他在著作中阐释了此在的基本结构（在世）、在世的存在状态（烦）、此在的基本情绪（畏），分析了人的存在与意义。

（2）雅斯贝尔斯的生存哲学

卡尔·雅斯贝尔斯（Karl Jasper，1883—1969）认为哲学本质上首先应该是形而上学，也就是对存在的追求。"我们所称为存在的既不单单是主体，也不单单是对象，而毋宁说是居于分离的主客二者之上的东西，即大全（Das Umgreifende）、无所不包者。"[1] 揭示真正的存在，主要就是揭示大全。揭示大全的方法是借助经验、思维、逻辑、范畴。

（3）萨特的存在主义

让·保罗·萨特（Jean Paul Sartre，1905—1980）是法国著名作家、社

---

[1]　雅斯贝尔斯：《哲学的远见》，1950 年英文版，第 14 页。

会活动家、存在主义的最大代表。萨特的存在主义主要包括现象学本体论
和对存在主义的人道主义理解。现象学本体论是萨特早期著作《存在与虚
无》用来取代传统哲学主客二元论的概念。他认为从现象的观点出发，既
可以消除内在和外在、本质和现象、潜力和行动的二元论，也可进而消除
客观与主观存在于意识等等的二元论。

萨特认为的存在主义是一种人道主义，是指人类的宇宙是主观性的宇
宙，没有其他宇宙。在客观性和超越性上存在主义和人道主义是同义的，
存在主义既作为一种探索存在的本性的本体论学说，也作为一种探索人的
存在的价值和意义的伦理学说。

22.分析哲学

分析哲学（analytic philosophy）是 20 世纪西方哲学发展中的重要思潮
之一，发端于 20 世纪初的英国剑桥，20 世纪 50 年代以后在美国等西方国
家流传，在英语国家哲学界长期居主导地位，并在 50 年代开始走向衰落。
分析哲学的形成是 20 世纪初西方哲学家以反叛绝对唯心论为目标的重要
结果，英国的摩尔和罗素是这场运动的主要倡导者。他们各以不同的分析
方法重新规定了哲学的性质和基本方法。摩尔的分析方法侧重于日常语言
表达式中的意义分析；他认为概念是独立于使用者的心灵的，概念的意义
只存在于概念的表达时，而与概念使用者的心理活动并无关联，哲学家的
责任是把复杂概念分析为简单概念，然后阐明简单概念，这种分析方法后
来被称作"日常语言分析"或"概念分析"。它对后来的牛津日常语言哲
学产生了直接影响。罗素的分析方法则主要从 19 世纪的数学和逻辑学角
度出发。他提出，哲学问题通过分析都是语言问题，归根结底是逻辑问
题，只要通过对语言的逻辑分析就可以解决一切通常所谓哲学问题。罗素
的方法通常被称作"逻辑的分析"。

这一哲学思潮大致经历了三个阶段。产生了逻辑经验主义学派、牛津
日常语言学派等主要分支。

第一个阶段是在 20 世纪初 10 年，这是分析哲学的成型期，以弗雷格
的逻辑思想、摩尔与罗素等人反叛绝对唯心论和提出哲学的分析方法为标
志；第二个阶段发生在 20—40 年代，这也是分析哲学走向全面发展的巅

峰时期，这一阶段以维特根斯坦的《逻辑哲学论》出版和维也纳学派的形成为标志；第三个阶段是在50年代之后，这之后分析哲学从欧洲大陆转移至美国发展，这是分析哲学从鼎盛走向衰退的阶段；主要以蒯因的逻辑实用主义为标志。

（1）逻辑经验主义学派（维也纳学派）

分析哲学中的逻辑经验主义学派，即逻辑实证主义或新实证主义，它形成于20世纪20年代的奥地利，其核心是M.石里克，因位于维也纳故而也叫维也纳学派，主要成员有卡尔纳普、O.纽拉特、H.汉恩等。此外，以H.赖兴巴赫为首的德国经验哲学协会，以波兰的A.塔尔斯基等逻辑学家组成的华沙学派，以及英国的A.J.艾耶尔、北欧的凯拉等人的观点和理论都属于逻辑经验主义的范围。从20年代中叶到30年代中叶，是逻辑经验主义在欧洲流传的全盛时期。逻辑经验主义学派观的基本观点大致可以概括如下：

①哲学的任务就是为对知识进行逻辑分析，特别是对科学语言进行逻辑分析。

②坚持分析命题和综合命题的区分，强调形而上学的命题既不是分析命题，也不能是综合命题，而是毫无认识意义的伪命题，并提出"通过对语言的逻辑分析以消灭形而上学"的口号。40年代以后，这种反形而上学的倾向逐渐减弱。

③经验是一切综合命题的基础，强调"可证实性原则"，认为综合命题只有在原则上可能被经验所证实或证伪的情况下，才具有认识意义。因这一原则受到批判，后代之以比较缓和的"可检验性原则"或"可确认性原则"。

④科学的普遍语言应是物理语言，并且由此提出以物理语言为基础，把一切经验科学还原为物理科学，实现"科学的统一"。

（2）日常语言学派

分析哲学中的日常语言学派形成于20世纪三四十年代的英国。它包括以J.T.D.威斯顿为代表的剑桥学派和其后以G.赖尔、J.奥斯汀、P.F.斯特劳森等人为代表的牛津学派。日常语言学派的基本观点是：

①日常语言本身是完善的，哲学混乱的产生，是因为哲学家们背离了

日常语言的正确用法，通过研究日常语言的用法，就能澄清或"医治"哲学中的混乱，因此没有必要建立人工语言系统。

②认为形而上学命题虽荒谬，但带有启发性，哲学家的任务是通过研究荒谬的形而上学命题了解概念系统的结构。

③强调对日常语言进行语义学分析，主张研究日常语言本身及用法，仔细分析与认识有关的某些具体词汇。

需要注意的是维特根斯坦（Ludwig Wittgenstein，1889—1951），作为分析哲学的创始人之一，其哲学思想跨度极大，既是逻辑分析主义者，主张用逻辑方法澄清命题的意义，以《逻辑哲学论》（1921）为代表；后期阶段他强调语言用法，代表作是《哲学研究》（1953）。对于转向的维特根斯坦，西方哲学家们认为他既是分析哲学语言转向的第一人，也是终结者。

23.西方马克思主义哲学

通常而言，西方马克思主义哲学，因其提出了许多不同于传统马克思主义哲学的理解，也称为"新马克思主义"，就时间上而言，西方马克思主义哲学指的是 20 世纪 20 年代发端的西方马克思主义思潮。

西方马克思主义哲学流派众多，主要有以卢卡奇（Gyorgy Lukacs，1885—1971）、科尔施（Karl Korsch，1886—1961）、葛兰西（Antonio Gramsci，1891—1937）和布洛赫（Ernst Bloch，1885—1977）等人为代表的始于 20 世纪 30 年代的非正统马克思主义；发轫于 30 年代，鼎盛于 60 年代，以霍克海默（Max Horkheimer，1893—1973）、阿多诺（Theodor Adorno，1903—1969）、马尔库塞（Herbert Marcuse，1898—1979）、弗洛姆（Erich Fromm，1900—1980）、哈贝马斯（Jurgen Habermas，1929 年生）等人为核心的法兰克福学派；还有萨特（Jean-Paul Sartre，1905—1980）为代表的存在主义马克思主义；以及诸如实证主义马克思主义；科学主义马克思主义；结构主义马克思主义和日常生活批判理论等流派。

西方马克思主义哲学按照其内容和发展脉络大致可以分为三个阶段：

（1）20 世纪二三十年代，属于西方马克思主义初步形成时期。卢卡奇、科尔施等人在寻找革命失败原因、探索革命道路的过程中，形成了黑格尔主义马克思主义——认为马克思哲学是对黑格尔哲学的延续。这时，西方马克思主义只是国际共运内部的一种非正统马克思主义观点，尚未成为独立的社会思潮。其中，卢卡奇的经典著作《历史和阶级意识》被后来的西方马克思主义者奉为西马的"圣经"。

（2）20世纪30至60年代末，是西方马克思主义鼎盛发展时期。这个时期出现了法兰克福学派、存在主义马克思主义、弗洛伊德主义马克思主义、结构主义马克思主义、新实证主义马克思主义等流派。他们重点寻找《1844年经济学——哲学手稿》中"哲学家的马克思"；分析法西斯主义兴起的心理根源；反思启蒙精神、工具理性、科学技术、大众文化，致力于发达工业文明批判；构筑批判理论的哲学基础，并用各种西方社会思潮解释、补充、重建马克思主义。这时，西方马克思主义从国际共运内部的非正统马克思主义观点，逐步演化成为具有国际性影响的非正统马克思主义与非马克思主义结合的社会思潮。

（3）20世纪70年代以后，西方马克思主义进入了转向时期。这时，西方马克思主义向多元化发展，法兰克福学派、存在主义马克思主义、弗洛伊德主义马克思主义、结构主义马克思主义出现了分化，并出现了分析马克思主义、生态学马克思主义、后现代马克思主义等。他们重点探讨科学技术的社会效应、生态危机等问题。在研究过程中，由非正统马克思主义转向了非马克思主义。

西方马克思主义哲学的特点：

尽管西方马克思主义哲学流派纷呈，比如人道主义马克思主义和科学主义马克思主义甚至是对立的；但是各流派之间仍然有共同的趋向。

（1）他们都坚持马克思哲学的彻底的批判扬弃精神，并努力实现马克思批判精神在发达资本主义社会中的重要性；无论是法兰克福学派还是存在主义马克思主义，他们都坚持批判的精神，用深刻的批判作为武器，探索发达资本主义社会的病理，并提出药方。

（2）他们对发达资本主义的批判范围都很广泛；例如意识形态批判（卢卡奇）、工具理性批判（马尔库塞）、性格结构批判（弗洛姆）、大众文化批判、现代国家体制批判等。

（3）从方法论上说，他们都是实践哲学的范畴，其目的是寻找现代西方社会的弊病，提出解决的方案。

24.科学哲学

科学哲学通常有两重涵义：一是指 Scientific Philosophy，即科学的哲学，意指这种哲学是科学化了的哲学，而不是非科学或伪科学的哲学，哲学变成自然科学研究模式；二是指 Philosophy of Science，即关于科学的哲学，意指这种哲学是以科学为研究对象的哲学。当代西方科学哲学主要是指称关于科学的哲学。

肇始于 19 世纪 30 年代的法国实证主义是哲学史上第一个提出"科学哲学"涵义的哲学流派，实证主义提倡改造哲学，他们认为传统的哲学都是"形而上学"的，而不是科学的，哲学应该是总结各门学科知识的一门学问。哲学只有这样才能够建立在一种确实、可靠、精确和有用的知识的基础上，才能使传统的处于"抽象阶段"的哲学和"形而上学"变成为一种真正科学的实证哲学。孔德的实证主义之后，西方先后兴起的马赫主义、逻辑原子主义、实用主义、逻辑实证主义或者逻辑经验主义、过程哲学、操作主义、逻辑实用主义以及继波普尔的批判理性主义之后的科学实在论、历史主义和反科学实在论都是科学哲学的分支；学术界通常把波普尔哲学之前的众多科学哲学流派称作逻辑主义，将其后的众流派称作历史主义。

（1）波普尔的朴素否证论

卡尔·波普尔（Karl Popper，1902—1994）生于维也纳，30 年代他受爱因斯坦相对论的影响，对可证实性原则作了公开批评，认为检验真正理论的方法不在于证实，而在于否证。后来由此逐渐形成否证性概念。他的中心思想是：一个理论的科学，标准就在于其可否证性，不能为任何想象的事件所否证的理论是非科学的。

可否证性概念居于波普尔否证论的核心地位，在他的哲学中起着十分广泛的作用。在界限上，这一概念被用来解决科学划界问题。波普尔认为只要是科学的理论，原则上都可以反驳和否证，只要不具有可否证性的陈述或体系都是科学界限之外的。在实践上，这一概念用来解决归纳问题。波普尔认为对归纳问题的解决要以对划界问题的解决为前提，而科学划界的标准就是可否证性，否证的方法不必以任何归纳推理为前提，因此从可否证性出发就可以解决休谟的"归纳问题"。

（2）托马斯·库恩的历史主义"范式理论"

托马斯·库恩（Thomas Sammal Kuhn，1922—1997）是当代美国最著名的科学哲学家和科学史家之一，是历史主义学派的主要代表人物。毕业于哈佛大学，并获得物理学、哲学博士。在美国科学史学会任过主席和当选过美国科学院院士。主要著作有《科学革命的结构》（1962），《必要的张力》（1977）等。

"范式"理论是库恩区别于其他哲学的本质内容，因此是库恩哲学的核心。库恩说："'范式'一词无论实际上还是逻辑上，都很接近于'科学共同体'这个词，一种范式是也仅仅是一个科学共同体成员共有的东西。反过来说，也正由于他们掌握了共有的范式才组成了这个科学共同体，尽管这些成员在其他方面并无任何共同之处。"①

范式通常具有韧性和相对稳定的特征，通常情况下，单个事实不能证实或推翻一种范式。只有当出现新的更好的范式替代，同时满足被科学共同体所接受时，才会出现新旧范式交替的局面。

实质上科学革命就是指范式转化和更替。不过，新旧范式有本质的区别，尽管他们结构相同——各层次间的耦合方式相同；然而基本成分——科学的理论、定律和基本观念已经完全变化。库恩尝试把"范式"与"科学共同体"结合，并且把科学社会学、科学史、科学心理学结合起来，将科学的内外史结合起来，对科学发展规律作综合考察，在哲学意义上，这显然是有意义的探索。

历史主义学派的代表人物还有美国的费耶阿本德和劳丹，费氏的多元方法论和相对主义是其哲学的核心，重在批判传统科学哲学，打破教条。劳丹的"研究传统"重在克服"范式"的僵死性，建立灵活的具体理论准则。

（3）塞拉斯、普特南、夏皮尔和本格等人的科学实在论

科学实在论主要是围绕科学、实在和真理三个主要概念展开探讨的，通过三个基本概念分析了科学观、本体论和认识论等方面的问题。

---

① 库恩：《必要的张力》，福州：福建人民出版社1981年版，第291页。

客观存在是科学实在论者普遍认为科学研究的对象。科学研究的证据、理论、说明等一类元科学概念以及前提条件、方法、推理规则，是无法预先假设的，也非一成不变的。科学研究中单一、普遍适用的方法和规则是不存在的，在科学实践过程中，科学创新无时无刻不在影响渗透、扩展着科学方法推理规则以及科学概念、元科学概念。

在本体论立场上，科学实在论者，基本持唯物主义，反对唯心主义和各种主观主义。尽管各个哲学家对本体论问题的观点不尽相同，但是物理特性是不变的。"科学是万物的尺度，是制定一切事物存在与非存在的准绳。"[①] 在认识论问题上，威尔弗雷德·塞拉斯（Wilfredd Sellars）认为知识或认识是外部世界的映像。他将知识分为科学印象和常识印象，从方法论的层面上看，常识印象优于科学印象。从本体论的角度看，常识印象又次于科学印象。最近几十年的科学哲学已经形成一个共识：由于科学研究者自身的知识背景、成长环境等无形地影响了科学的研究过程，因此，科学不再具有客观性了。克服这个困难的方法，达德利·夏皮尔（Dudley Shapere）认为可以通过宣布科学客观性是幻想、神话或把客观性和理性的预先假设前提的背景知识一致起来克服。

25.政治哲学

20世纪以来分析哲学一直是英美哲学的主流，但是，20世纪70年代以来，科学哲学和政治哲学异军突起，与分析哲学并驾齐驱，成为哲学发展的主要趋势。当代英美政治哲学的主流是自由主义。自由主义之外，也产生了批判自由主义的社群主义，与之对立。主要代表人物有麦金泰尔（德性伦理）、泰勒（现代性之隐忧）、桑德斯（自由主义局限）等，这里主要介绍自由主义。

自由主义的定义较为复杂，大致说来，主张选举平等、男女性别平等、反对种族歧视和民族迫害、维护自由市场经济和个人自由权等都属于自由主义的范畴。这一哲学思想可以追溯到洛克、卢梭、潘恩等人的"天赋自由论"，认为自由是天赋人权。英美哲学的自由主义代表人物主要有

---

① ［美］W. 塞拉斯：《科学、知觉与实在》，1963年英文版，第173页。

罗尔斯和诺齐克。

（1）罗尔斯的正义论

约翰·罗尔斯（John Rawls，1921—2002），1950 年普林斯顿大学哲学博士毕业后，1962 年起任哈佛大学教授。他的代表作有《正义论》（1970）、《政治自由主义》（1993）《万民法》（1998）《作为公平的正义——正义新论》（2001）等。

罗尔斯放弃分析哲学的方法，重新拾起"社会契约论"当作他反对功利主义的理论武器。他说："我试图作的就是要进一步概括洛克、卢梭和康德所代表的传统的社会契约理论，使之上升到一个更高的抽象水平。"[①]

罗尔斯的正义是指社会权益分配的正义，他把社会成员承担的责任、义务和应享有的权利和利益统称为基本利益，包括权利和自由、权力和机会、收入和财富。人们组成社会，是因为个体无法实现自己的利益，社会的组成是为了实现个体利益。然而，社会成为的利益既有一致性，也有冲突。社会分配的不公导致顾虑，因此分配原则的公平正义直接决定社会的正义，社会正义首先就是分配公正，政治哲学的第一任务则是保证社会分配原则的公正，即"公平即正义"。

（2）诺齐克的资格正义论

罗伯特·诺齐克（Robert Notzick，1938—2002），哈佛大学哲学教授。主要哲学作品《无政府状态、国家与乌托邦》（1974）和《哲学说明》（1981），诺齐克建立了一套与罗尔斯并驾齐驱分庭抗礼的正义理论。

将权利问题列为政治哲学的首要问题这一点他与罗尔斯一致，但二人的基点不同。罗尔斯关注社会权利的分配并用正义来作为社会权利分配公正性的原则。诺齐克则主张任何权利属于个人，个人权利不是对社会权利的分割，而是个人在与生俱存的过程中获得的。国家重在保障个人已获得的权利，但是无权再分配个人权利。所以，他主张"最小政府"——最大的个人利益和最小政府。

诺齐克将罗尔斯的分配理论称为模式化理论，把自己的理论称为财产

---

① ［美］罗尔斯：《正义论》（修订版），何怀宏、何包钢、廖申白译，中国社会科学出版社 2009 年版，"出版序言"第 1 页。

权的资格理论，两者理论的对立是即时原则与历史原则的对立。诺齐克认为："分配正义的权利理论是历史的，分配是否正义依赖于它是如何演变过来的。与此形成对照的是，正义的即时原则认为，一种分配的正义取决于事物现在是如何分配的。"①

于此，诺齐克关于分配的核心就落在了历史资格上去了。他认为，分配必须按照"公平的状态"与"公平的步骤"实现个人的权利，这一历史过程中更充分地实现了自身利益，那么其获得的利益资格就更大。

26.结构主义

结构主义是 20 世纪 50—60 年代流行在法国的哲学思潮，并不是一个统一的哲学流派，而是具有不同哲学倾向的学者在不同意义上将本来主要应用在语言学中的结构主义方法延伸至其他领域研究的一种思潮。结构主义哲学观点没有形成传统哲学中的理论形态，大都通过对语言学、历史学、心理学、社会学或文学理论等学科的研究而体现，其中索绪尔的语言学包含了结构主义的基本概念和区分。

结构主义学者中大部分人不是哲学家，而是其他社会科学领域的专家。结构主义经历了两个阶段，第一个阶段以列维 – 斯特劳斯等人的结构主义对萨特为代表的存在主义的批判为主要内容，他们从语言结构观点批判了萨特等人的主体形而上学，以列维 – 斯特劳斯的结构主义人类学、拉康的下意识结构理论、阿尔都塞结构主义的马克思主义、福柯的结构主义思想史五位哲学家的理论为代表。

第二阶段是结构主义内部的分化。1968 年，"巴黎五月风暴"之后，列维 – 斯特劳斯等人的结构主义与当代反形而上学产生冲突，以福柯、德里达、德勒兹等为主要代表的人物发展出"后结构主义"哲学，后结构主义既是延续结构主义，又是否定结构主义。

结构主义的产生和语言学研究密切相关，把结构主义的语言学模式转变为哲学模式是这一思潮的主要研究方式。经过索绪尔、乔姆斯基、列

---

① 诺齐克：《无政府状态、国家与乌托邦》，何怀宏等译，中国社会科学出版社 1991 年版，第 159 页。

维－斯特劳斯、拉康、德里达、福柯等人对语言学的研究模式改造，结构主义得以在法国或欧陆中流行。

结构主义没有统一的流派，不同时期、不同国家、不同哲学主张的从事结构主义研究的专家有不同的观点，他们之间甚至有争执。不过，他们对研究对象的思维模式、研究现象的结构分析、对概念的解读等是一致的，这表现在四个方面：

（1）他们都认为结构是按照一定的规则、秩序、模式并包含许多成分而组成的，结构之间的变化是联通的，任何一成分的变化都会引起其他成分的变化。而系统的、整体的结构则表明了哲学成分之间的关联，研究的目的就是揭示和阐发他们的关联，以便理解相关领域的现象和本质。就其中的整体和部分的关系，整体处于主导地位。任一社会形态或文化形态，必须从整体的观点出发，方能理解各个部分的意义。

（2）他们都将结构分为表层、深层等不同层次。其中，深层结构是主要的，深层结构没有受到外界影响，因此，可以体现现象之间的内部关联的无意识结构，即无意识地存在于人的心灵之中，属于先验的。表层结构则仅仅是事物的外在联系，人们通过事物的现象即可捕捉其中关联。结构主义强调的是深层结构，而非表层。

（3）他们都试图超越传统形而上学和心理主义理论来阐释结构，结构既非个人自由选择也非个人意识。就是说，结构是无人格的，是超越个人主体的理智和观念的存在。在此意义上，他们反对传统的人类中心论。

（4）他们大都认为结构具有永恒性，是超越时间的存在，不具有历史性。人类认识事物的目的不是为了观察现象或者考察事物发展变化的历史过程，而是剥离出现象背后的本质结构，这一结构是非时间性非历史性的。

总的来说，结构主义的结构概念、理论和整个思潮都在不停地更新和改造过程中。只有具体地针对各个结构主义者才能准确把握变更的区别。

27.后现代主义哲学

后现代主义哲学这一概念是模糊的，要讨论后现代主义哲学，必须先清楚"后现代主义"这一概念。"后现代主义"（postmodernism）本来是建筑学中以脱离普遍性、背离和批判现代主义的设计风格的理念，后来被挪用于文学、艺术、哲学、社会学、政治学等领域的思潮，与上一词条结构主义从语言学领域向哲学社会科学领域的延伸是相似的。后现代主义哲学大多是指 20 世纪 60 年代以来在西方出现的反西方近现代体系哲学的思潮。

近现代以来，西方哲学家纷纷扛起反对康德、黑格尔等人建立的体系哲学。"后现代主义"的"后"是指现代之后，"后现代主义哲学"即是现代主义之后的哲学时代，事实上仍然是现代主义的延续或异变。西方通常将福柯、伽达默尔、德里达、蒯因、罗蒂等人归结为后现代主义哲学家。如前所述，由于上述哲学家的思想理论差异巨大，因此不同的哲学流派、不同的哲学思潮之下，有些哲学家涉猎多个流派，因此，用比较法的角度寻找他们的共同之处不失为考察的良策。他们都反对传统形而上学的体系哲学、心物二元论、理性主义、本质主义、基础主义、人类中心论、一元论和决定论等理论。

除了福柯、德里达等上述代表人物之外，还有利奥塔和罗蒂两位扛着"后现代"旗帜的哲学家需要加以注意。

（1）利奥塔的"重写现代性"

让－佛朗索瓦·利奥塔（Jean-Francios Lyotard，1924—1998）因经历 30 年代资本主义萧条时期和二战德国对法国占领时期的暴行，使得他对资本主义持批判态度。他的后现代主义观点是他对资本主义现实不满和理想破灭的产物。

利奥塔认为，在后现代状态下，科学、哲学或其他领域，与现代性联系在一起的对普遍性、同一性、一元性等追求已经被否定，取而代之的是对特殊性、多元性、差异性等的肯定与推崇。在认识论上，利奥塔主张以后者取代前者，这一主张是对传统形而上学的否定。

（2）罗蒂的新实用主义与后现代文化

理查德·麦凯·罗蒂（Richard Mckay Rorty，1931—2007）是当代美国影响力最大的哲学家之一。主要著作是《实用主义的后果》（1982）。他的主要哲学思想被认为是继美国实用主义之后的新实用主义，他批判基础主义、反本质主义、反表象主义。其哲学思想可以概括为几个方面。

①继续与各哲学流派和思潮对立，并超越他们。以詹姆士为代表的老实用主义者主张调和各对立的哲学理论而著称，罗蒂认为，实用主义并

不仅仅是各对立学说的调和通道，而是应指出实用主义和各学派之间的差别；并且从根本上超越了传统各种形式的形而上学。

②取消传统意义上的哲学，否定哲学的中心地位。他认为，小写的哲学已经不是文化之王。后现代主义之下的学科声音，不同的学科有不同的声音，哲学只是其中一种。

③崇尚不确定性、相对性、描述性。

④教化哲学替代体系哲学。哲学的目的是教会个人从不同角度对不同生活方式加以描述，从这个意义上说，哲学与其他学科如画家、心理学家、小说家对生活方式的描述具有同样的价值，哲学与其他学科一样，是等同的功用，而不是核心价值。

尽管后现代主义思潮之下，各个哲学家和哲学流派思想不同，但他们在以下几个方面是一致的。

第一，他们对传统形而上学的批判仍然是同样的思维模式，并没有超过传统，只是运用了不同领域的知识结构。

第二，他们宣扬超越的新哲学仍然是对传统哲学的继承与发展。

第三，他们主张超越近代哲学的理性主义，同时主张超越现代哲学的非理性主义。

第四，他们以语言游戏说和结构法的方式发挥了现代西方哲学家的主观主义和相对主义。

第五，他们把对传统和现代西哲的超越发展成为对哲学自身的超越，并消解了哲学的自身含义，使哲学在一定意义上变得非哲学。

28.现代西方哲学的主要流派

现代西方哲学的主要流派如下：意志主义、实证主义、生命哲学、新康德主义、新黑格尔主义、实用主义、分析哲学、现象学、存在主义、科学哲学、结构主义、哲学释义学、法兰克福学派和后现代主义等。

意志主义强调人的情感意志、本能冲动等非理性的活动在整个精神和物质存在中的决定性作用，批判传统理性主义对人的个性、创造性和生命本能的扼杀和压抑及其造成的人的异化。它把人的情感、意志或人的精神活动中的其他非理性因素置于人的理性之上，并由之出发来解释人的全部认识活动以至全部精神和物质活动，体现了一种在整体上与传统理性主义哲学迥然相异的哲学思维。

实证主义是西方哲学史上明确提出要以自然科学的实证精神来改造和超越传统形而上学的流派。它是在西方近代哲学陷入危机以及随之在西方哲学界兴起的对近代哲学的批判浪潮中形成的，其主要代表有孔德、穆勒和斯宾塞。就其基本思想路线说，实证主义可以说是对传统形而上学提出怀疑的休谟经验主义哲学在新的历史条件下的继续，但又根据新的形势作了修改和补充。他们仍然把经验当作全部哲学的基础，否定认识现象以外的实在（物质或精神）的可能性，明确提出要抛弃对世界的基础、本质等本体论问题的研究。他们要求超越心物、主客等二元对立，强调人类知识的力量，强调运用实证科学改造自然和社会。在方法论上，他们接受 19 世纪以来的科学方法。在社会政治问题上，他们提倡科学、进步和改革。

生命哲学产生于 19 世纪末 20 世纪上半期，它吸取近代生物科学的成果并受浪漫主义的直接影响，既具有非理性主义和直觉主义的特征，又具有一定的现代科学色彩。它对内在于并激荡着整个世界的生命（即作为主体对自己存在的经历、体验和领悟的心灵的内在冲动、活动和过程）进行探索，并以其代替传统哲学对世界的物质或精神本原的探究，从对生命的意义的揭示出发来探讨精神生活、文化、历史和价值问题。

新康德主义是 19 世纪 70 年代以后广泛流行的、具有超越传统形而上学倾向的哲学流派或思潮，其特点是企图通过复兴和重新解释康德的有关理论来建立自己的理论体系。这种思潮既反对把康德的自在之物融化于绝对精神之中，也反对对康德的"自在之物"作出唯物主义的解释。其根本立场是进一步发挥康德对传统形而上学的批判及康德的"哥白尼革命"所体现的对主体之创造作用的强调。新康德主义提出"回到康德"的含义是多层面的，就其深层意义而言，它超越了以二元分立和理性独断为特征的近代哲学，这与当代哲学对近代哲学的超越大体一致。

新黑格尔主义产生于 19 世纪末，它既继承了黑格尔主义传统，又吸取了非理性主义以及同时代其他西方哲学流派的思想要素。它对传统形而上学采取批判态度，但往往又不要求取消或超越传统形而上学所研究的关于世界的基础、本质和本原等所谓本体论问题。它把黑格尔的绝对观念改造成某种具有非理性和经验特征的精神性存在，强调生活和行动（实践）在哲学中的决定意义，将黑格尔的理性思辨的辩证法改造成具有非理性色彩的辩证法。它既继承了黑格尔哲学体系中保守性最强的社会政治学说的基本精神，特别是国家至上和民族至上的观点，又企图将其与"对个人自由和民主权利的强调之理论"调和起来。总的说来，新黑格尔主义在某些方面已有较明显的现代哲学特色，但其基本哲学思维方式尚未摆脱近代哲学的理论框架。

实用主义于19世纪70年代产生于美国，它继承了近代经验主义传统的一些因素，广泛吸取其他各派的哲学观点，反对二元分立的近代形而上学，认为哲学的主要任务是制定科学的认识论和方法论，把哲学和科学研究的对象限定于人的现实生活和经验所及的范围，强调行动、过程和效果，注重非理性的情感、意志以及本能和直觉。它强有力地影响了美国人的思想和行动。实用主义被认为是美国民族精神和生活方式的象征，它兼容了很多其他哲学派别的观点，强调哲学应立足于现实生活，主张把"确定信念"作为出发点，把采取行动当作主要手段，把获得效果当作最高目的。

分析哲学产生于20世纪初，它在某种意义上继承了实证主义传统，运用现代数理逻辑和语言分析来进行哲学研究。它关心如何把复合的东西分解为它们的组成部分，并阐明简单概念之间的关系。它把逻辑从心理学和认识论中分离开来，反对心理主义，抛弃形而上学，反对先天综合真理的可理解性，否认纯理智能获得关于实在的知识。对语言表达式进行描述和解释，这是分析哲学的首要任务，也是它的重要标志。

现象学是德国哲学家胡塞尔所开创的哲学思潮，它与欧洲大陆思辨哲学传统的关系比较密切，它对一般的经验主义大体上持否定态度，对"形而上学"的基本问题比较关心，认为人的意识、实际生活或"存在"是比包括逻辑形式在内的符号形式更深的层次，重视意识领域、"生活世界"或"存在本身"，认为人生的意义和价值以及人类历史的"目的"等问题是哲学探讨的永恒主题。

存在主义是这样一个哲学流派：从揭示人本真存在的意义出发来揭示存在的意义和方式，进而揭示个人与他人及世界的关系。存在主义哲学家的基本倾向同早期非理性主义哲学家克尔凯郭尔和尼采等人一脉相承。他们否定和批驳所有主客二分的哲学，他们不排斥对本体论问题的研究，但认为这应当从先于和超越主客、心物等二分的人的存在本身出发，而且本体论不应被当作任何形式的实体论，应该被当作关于存在者如何存在的"存在论"。他们认为人的本真的、始原性的存在是先于主客二分的。本真的存在只能被揭示，而揭示就是对人的存在方式的描绘和解释（释义）。存在主义哲学家往往把对烦恼、畏惧以及对死亡的忧虑等非理性的心理体验当作人的本真存在的方式，认为只有揭示它们才能揭示人的真正存在。他们还强调超越性，认为人的存在就是不断超出自己的界限。人的存在作为人的超越和创造活动，它意味着人的生活、行动与实践，而这些意味着自由。

科学哲学主要是指以科学为研究对象的哲学。波普尔之后兴起了历史主义学派和科学实在论，它们关注历史考察的方法，着重于科学本身的探究，注重把哲学建立在科学知识和科学方法的基础之上，它们主要探讨科学理论的真理性标准、"科学理论"的选择问题以及科学发展的模式等问题，试图解释科学活动并为其提供方法论指导。

结构主义源于语言学研究，它把语言学中的结构主义方法当作学术研究的普遍方法，以具有客观结构的语言取代主体存在的人，将其作为哲学的出发点，力图超越传统的主体形而上学和心理主义的理论框架，它们或致力于寻求固定的结构，或强调结构的流动变化，或把结构主义理论用于社会、历史、文化的研究。各派结构主义的共同特征是从既定的语言结构（系统或模式）及与之相应的思维结构出发来解释其所研究的领域之现象。他们对结构概念的解释在如下几个方面有一致之处：认为结构作为一个系统（整体）是按照一定的模式（规则和秩序）由许多成分（要素或单元）组成，其中任何一个成分的变化都在不同程度上引起其他成分的变化，而作为系统、整体的结构正体现了这些成分之间的关系，通过揭示和阐释这些关系，就可理解所涉领域的各种现象；结构被划分为深层与表层等不同层次；结构作为理智和观念的存在，它具有超越"个人存在"的意义，也就是说它们是无人格的；结构是不具有历史性的，等等。

释义学以研究意义的理解和解释为主要目标，它对语言的重视和研究为大陆哲学的现象学传统与英美分析哲学传统在某种程度上的会合提供了较为可靠的基础。哲学释义学是随着伽达默尔一起走上西方哲学舞台的。伽达默尔把释义学作为哲学本身来对待，把释义学现象看作是人类的世界经验，通过强调理解的普遍性，确立了释义学作为一种以理解为核心的哲学的独立地位。他的哲学释义学关心人生在世、人与世界最基本的状态和关系。他认为理解的现象遍及人和世界的一切关系，"理解的过程"发生在人类生活的一切方面。理解活动是人存在的最基本的模式，而非主体认识客体的主观意识活动。哲学释义学就是要发现理解模式中的共同的东西，而不是要提供一种普遍的解释理论和对于解释方法的不同的说明。哲学释义学研究和分析理解的种种条件与特点，以此来论述人在传统、历史和世界中的经验以及人的语言本性，最后达到对于世界、历史和人生意义的理解和解释。

法兰克福学派继承马克思主义哲学的批判精神，广泛吸取许多著名的现代西方哲学家的思想观点并秉承了浪漫主义传统，其社会批判理论的宏旨是让人类摆脱当下受剥削和受奴役的"异化"状态。法兰克福学派主要是在马克思主义的旗帜下进行理论活动的，它的理论构建首先同马克思的著作，尤其是马克思的早期著作有密切联系。该派与黑格尔哲学也有密切联系，它继承了黑格尔关于真理的学说和辩证法理论，还吸取了黑格尔的理性原则。该派重视个体性，这种个体主义立场与康德哲学有一定联系，但更重要的是吸取了狄尔泰、柏格森、叔本华和尼采等现代西方哲学家的相关理论。该派成员关注个人的命运和处境，追求个人的自主性、创造性、自由和解放。

后现代主义本来是指一种背离和批判现代主义、抛弃普遍性设计风格的建筑学倾向，后来被移用于指称文学、艺术、美学、哲学、社会学等诸多领域中的具有类似倾向的思潮。它主要是这样的一种思潮：反对唯一性、确定性和绝对性的思想，强烈反对（否定、超越）传统形而上学的体系性、心物二元论、基础主义、本质主义、理性主义、道德理想主义、主体主义、人类中心主义、一元论和决定论等理论倾向。后现代主义是对于传统哲学的批判之"集成"。

|第四章|

伦理学

1.中国传统伦理思想的主要特征

中国传统伦理思想以儒家伦理思想为主要内容，与西方伦理思想相比较，表现出以下基本特点：

第一，从道德形而上学看，中国传统伦理以追求天人合一为道德价值之终极目的。中国传统哲学以天人合一为主要思维模式、价值模式。在此模式中，一方面，人在宇宙万物中处于主体地位，人是"天""地""人"三才之一，人是"天地之心"，万物的灵长，宇宙的精华。《礼记·礼云》说："人者，天地之心也。"另一方面，人与天地万物并不是独立的两极，而是存在论上的合一，二者不可分离而独立存在，"天人合一""天人合德"。《周易》云："夫大人者，与天地合其德，与日月合其明，与四时合其序。"汉代的董仲舒言："天人之际，合而为一。"[①] 北宋二程说："仁者以天地万物为一体。"[②] "天人合一""天人合德"，是中国传统伦理所追求的最高价值境界，完全不同于西方伦理所表现的天人对立、天人各自有别的价值诉求。

第二，从伦理与政治的关系看，中国传统伦理重视道德与政治的融合，主张"为政以德"的德治主义政治伦理。儒家主张"为政以德"的仁政思想，强调政治与伦理的融合，主张修身、齐家、治国、平天下的内圣外王的道德理想主义的伦理政治模式。修齐治平、内圣外王的思想集中体

---

① 《春秋繁露·深察名号》。
② 《程氏遗书》卷二上。

现在《大学》"三纲"（明明德、亲民、止于至善）、"八目"（格物、致知、诚意、正心、修身、齐家、治国、平天下）中。修身在于仁，齐家在于孝，治国在于诚，构成儒家政治的伦理要求。内圣外王是很理想的政治伦理模式，在历史实践中从未真正实现过。

　　第三，从道德与血缘关系看，中国传统伦理更加注重宗法血缘关系，属于宗法伦理。宗法伦理有三个特点：（1）仁爱伦理原则建立在宗法血缘关系的基础上。孔子说："仁者人也，亲亲为大。"①孟子说："亲亲，仁也"②"仁之实，事亲是也"。③（2）突出家族本位，重视个人对家族、国家的责任，遵守整体主义的价值原则，忽视个人的价值和独立性。（3）家族主义伦理在伦理规范表现上，往往重视的是孝、忠伦理规范，重视的是"三纲""五常"的伦理要求。孔子说："夫孝，始于事亲，中于事君，终于立身。"④君为臣纲，即专制主义；父为子纲，即权威主义；夫为妻纲，即男性中心主义，这都是与现代社会价值格格不入的。中国传统伦理属于家族本位，突出的是公义、是责任，西方伦理属于个人本位，突出个人权利。从积极意义上讲，宗法性家族伦理给中华民族留下了正己正人、尊老爱幼、中庸和谐、家国稳定的民族特征；从消极意义上说，宗法伦理最大的弊病是忽视人的独立性、个人的基本人权。

　　第四，在道德价值取向上，中国传统伦理表现出重义轻利、贵义贱利的价值倾向。孔子主张"君子义以为上"。"义"指遵循的道德原则，"利"指个人的私利，"放于利而行，多怨。"墨子主张"义，利也""仁人之所以为事者，必兴天下之利，除去天下之害"。⑤墨子主张"义"就是"利"（公共利益），和儒家一样反对个人私利，但是主张仁义之道德原则就是公共利益，儒家认为道德原则不仅包括公共利益而且高于公共利益，表现出儒家道德理想主义的价值原则，而不同于墨子的功利主义价值原则。"利"，既可以指个人私利，也可以指物质利益。儒家主张重义轻利，强调的是道

---

① 《中庸》引孔子言。

② 《孟子·尽心上》。

③ 《孟子·离娄上》。

④ 《孝经·开宗明义章》引孔子言。

⑤ 《墨子·兼爱》。

德精神价值（道德理想）高于物质利益、社会公共利益高于个人利益，儒家更加凸显的是道德价值、道德理想对于人生的价值和意义，故有"杀身成仁""舍生取义"之说。

2.中国传统伦理思想的主要派别

中国哲学以儒家学派为主流，同时兼有道家（道教）、墨家、法家、佛教（两汉之际从印度传入中国）等众多不同学派（宗派），呈现出多元一体、兼容并包的思想特色。不同学派在伦理思想上，呈现出各自的特色。以孔孟为代表的儒家伦理思想，坚持性善论，提倡仁、义、礼、智、信，在中国伦理思想史上影响最大，成为中国传统伦理思想的主要派别之一。与儒家伦理精神旨趣相反，以老庄为代表的道家伦理思想，提倡"绝仁弃义""绝圣弃智"。道家立足于"无为""自然"的天道观，批评和否定儒家的宗法伦理思想。老子说："故失道而后德，失德而后仁，失仁而后义，失义而后礼。夫礼者，忠信之薄，而乱之首。"①在老子看来，仁义礼等宗法伦理，是在"大道"丧失后的产物，仁义礼等宗法伦理严重违背了"道法自然"的原则，严重束缚人性的自由发展，异化为压抑人、束缚人的工具，所以老子主张"绝仁弃义""绝圣弃智"，反对儒家式的仁义圣智，使人回归到自然本真状态即"复归于婴儿"，质朴、真实、自然。道家反对、批评儒家宗法伦理，并不表明道家否弃伦理，道家提倡属于自己的伦理精神和伦理规范。道家提倡"圣人常无心，以百姓心为心"②"利而不害""为而不争"③。具体而言，道家提倡的伦理规范有"慈""俭""不争""知足""贵柔"等，作为道家式人生价值的指导原则。道家的伦理精神更多地立足于个人本位，而儒家的伦理精神更多地立足于社会本位。

墨家提倡"兼爱""非攻"伦理思想，不同于儒家的"仁爱"伦理思想。所谓"兼爱"，就是视人若己、爱人若爱己。墨子说："视人之国，若

---

① 《老子》第 38 章。
② 《老子》第 49 章。
③ 《老子》第 81 章。

视其国；视人之家，若视其家；视人之身，若视其身。是故诸侯相爱，则不野战；家主相爱，则不相篡；人与人相爱，则不相贼；君臣相爱，则惠臣；父子相爱，则孝慈；兄弟相爱，则和调。"① 墨子的"兼爱"伦理思想，主张爱无差等，更加注重功利效果，是功利主义原则。墨子从"利"的角度界定"义"，提倡"义利合一""义可以利人，故曰：义，天下之良宝也。"②

以韩非子为代表的法家将法与道德对立，强化法律的地位而否定道德的地位，"不务德而务法"。韩非子说："夫圣人之治国，不恃人之为吾善也，而用其不得为非也。恃人之为吾善也，境内不什数；用人不得为非，一国可使齐。为治者用众而舍寡，故不务德而务法。夫必恃自直之箭，百世无矢；恃自圜之木，千世无轮矣。"③ 在这里，韩非子完全否定了以自律精神为基础的道德，强调以他律精神为基础的法律。仁义道德无用，不能用来治国安邦，"不恃赏罚而恃自善之民，明主弗贵也。"④ 法家对仁义道德的否定，根源于对人之本性是自私自利的判断。人与人之间的关系，哪怕是建立在血缘基础上的父子关系，均是一种利害关系，都以计算之心相待。人的思想、行为背后的动机、目的和内容只是自己的"私利"，这就是普遍的"人情"。鉴于好利恶害的"人情"，法家认为不可能用道德去调节人与人之间的关系，而只能诉诸法律上的赏罚。道德上的教化是软弱无力的，行之有效的手段就是刑罚。韩非子说："夫严家无悍虏，而慈母有败子，吾以此知威势之可以禁暴，而德厚之不足以止乱也"。⑤ 法家"以法为教"，"以吏为师"，表现出一种非道德主义的特点。法家这种非道德主义的伦理思想，可以用"无教化，去仁爱，专任刑法"⑥ 去概括。

佛教伦理属于宗教伦理范畴，以戒律为基本内容，在不少方面与世俗伦理规范相接近。佛教戒律体系由"五戒""十善""四摄"和"六度"等

---

① 《墨子·兼爱中》。
② 《墨子·耕柱》。
③ 《韩非子·显学》。
④ 《韩非子·显学》。
⑤ 《韩非子·显学》。
⑥ 《汉书·艺文志》。

基本戒规构成。"五戒"是佛教各种戒规的基础，包括：不杀生、不偷盗、不邪淫、不妄语、不饮酒。"十善"是五戒的扩展，包括不杀生、不偷盗、不邪淫、不妄语、不两舌（即不搬弄是非、不挑拨离间）、不恶口（不说粗言秽语、不冷嘲热讽等）、不绮语（不花言巧语、不说淫秽话等）、不贪欲、不嗔恚、不邪见。可以说，"十善"是普遍的社会公德。"四摄"包括：布施、爱语、利行、同事。"六度"包括：布施、持戒、忍辱、精进、禅定、智慧。中国佛教伦理受到儒家文化和封建专制主义的影响、限制，特别注重孝、忠伦理规范，这是中国佛教有别于印度佛教的一个重要特色，也是佛教中国化的一个主要表现。佛教伦理规范，很多方面与世俗伦理规范相似、相通，但是其理论基础不一样，佛教伦理的理论基础是业报轮回、缘起性空等。

3.伦理学的主要研究方法

伦理学作为科学意义上的一门学科，固然要遵守科学的普遍方法论，从广泛的道德事实、道德现象出发，探寻道德本质和道德规律。但是伦理学，和自然科学不一样，它具有一定的意识形态色彩，具有一定的阶级性。在伦理学研究上，我们要坚持以科学的马克思主义为指导，尤其要坚持历史唯物主义这一根本方法论来分析、研究历史上和当今现实中的道德现象。伦理学作为一门特殊学科，在历史上形成了一些相对属于自己的学科研究方法，这些研究方法值得我们重视、参考和借鉴。

在伦理学史上，主要有三种方法研究人的行为的正当性。（1）利己主义方法（利己的快乐主义）：个人把自己的最大幸福（快乐）当作其行为的终极目的。这种伦理学方法是建立在对快乐的经验——反思的基础上，或建立在对客观的幸福源泉的知识的基础上。利己的快乐主义方法最终依赖于对事实的经验观察。这种方法很大程度上成为从关于苦乐计算的科学知识中进行演绎推理的方法。（2）直觉主义方法：人们直接判断某一行为自身是否正当，并不考虑行为的动机和行为导致的后果。直觉主义方法强调的是无须通过逻辑推理或论证，直接把"符合于某些义务无条件地规定的规则或命令视作道德行为的实践上的终极目的。"（西季威克语）人们凭借直觉能力作出道德判断，道德判断的标准主要是常识的普遍的道德准则。常识的道德准则，通常情况下为我们的行为提供可行的实践指导，但是缺乏科学公理的普遍性和有效性。（3）功利主义方法（普遍快乐主义）：在特定环境下，客观正当的行为是能产生最大整体幸福的行为。与寻求个人的最大幸福（快乐）的利己主义方法不一样，功利主义方法是寻求最大多数人的最大幸福。功利主义方法的困难在于，首先该方法要求进行严格的苦乐计算，然而这种计算在事实上是不精准的、困难的；其次，"最大幸福"存在一个分配问题，是最大的整体的幸福还是平均的幸福，功利主义难以在不同分配方法之间进行取舍。西季威克认为上述三种伦理学方法并不是绝对对立的，在多数情况下可以相互结合在一起。

20世纪初以来，西方伦理学界流行一种新的伦理学方法——元伦理学方法。元伦理学是相对于实践伦理学（规范伦理学、应用伦理学）而言，它是以实践伦理学自身为研究对象，对实践伦理学未加以证明的前提和假设提出理性的反思。元伦理学注重的是逻辑分析方法，尤其是语言逻辑分析方法。比如，规范伦理学预先假定了道德的合理性和优先性，但是并没有加以充分证明，这恰恰是元伦理学所要研究的。现代西方元伦理学讨论的问题很多，比如：道德命题是否有真假？道德事实是否存在？道德知识何以可能？举例而言：道德判断是否有真假？这是道德语义学讨论的问题。道德判断是一个命题还是一个表达愿望、要求的祈使句？按照现代逻辑，只有命题才可能有真假，祈使句没有真假可言。我们日常生活中的道德语句，如"不可撒谎""不可杀人"，看起来像个祈使句，从语言形式上看，不像个命题（判断），可以说无所谓真假。但是从另一个方面看，"不可撒谎"等道德要求也可以表达为："说谎是错误的"，从语言形式上看，这种句子也表达了对事实的某种判断，似乎显得也有真假，道德判断究竟是否真的表达了可以有真假的命题？如果是，那么这样的道德判断究竟何以可能？这就是元伦理学讨论的问题，有不同的回答。认识主义者认为，道德判断表达了一种信念，信念可以有真假，道德判断自然有真假；但是非认识主义者认为，道德判断表达的是某种非认识的心理状态，如情感、欲望等，而情感、欲望自身无所谓真假，所以道德判断并无真假。由此看来，元伦理学研究问题的思路和方法，明显不同于规范伦理学的方法。

4.伦理与道德的概念及其关系

人们大都把道德和伦理视为一个概念，其实，两者并非完全一致。在中国，"伦理"一词，最早见于《礼记·乐记》："乐者，通伦理者也。"《说文解字》中解释说："伦，从人，辈也，明道也；理，从玉，治玉也。"伦理，即调整人伦关系的条理、道理、原则。古人把道德之"德"解释为"德者，得也"。把认识了"道"而"内得于己，外得于人"，称之为"德"。"道"包含着某种客观性，主要是指做人的规则、规范、原则等外在要求，即所谓"据道""贯道"；"德"则偏重主观的方面，主要是指人的内心思想情操和精神境界。"道"与"德"的连用，始于《荀子·劝学篇》中："故学止乎礼而止矣，夫是之谓道德之极。""道"和"德"联系在一起的意思是："道者，人之所共由；德者，人之所得也。"① 所谓"道德"，是由一定的社会经济关系决定的，依靠社会舆论、传统习俗和人们的内心信念来维系的，表现为善恶对立的心理意识、原则规范和行为活动的总和。②

在西方，"伦理"或"伦理学"（ethics）一词源于古希腊的伊索斯。该词在荷马时期表示驻地或公共场所，在早期古希腊哲学家中，这个词表示某种现象的实质或稳定的场所。后来专指一个民族特有的生活惯例，相当于汉语的"风俗""品质""品格""德性"等意思。"道德"（morality）一词源于风俗（mores），而 mores 则是拉丁文 mos（即习俗、性格）的复数，后来古罗马思想家西塞罗根据希腊道德生活的经验，从 mores 一词创造了一个形容词（moralis），指国家生活的道德风俗和人们的道德个性。英文的 morality 就沿袭了这一含义。可见，在西方道德和伦理的辞源涵义相同：都是指外在的风俗、习惯以及内在的品性、品德。

在西方思想史上，黑格尔明确区分"道德"与"伦理"。黑格尔"道德"概念的核心是个体自由意志及其反思性批判精神，其要旨是主观、主体；"伦理"概念的核心是实体性关系秩序，其要旨是客观、关系、秩序。

---

① 《四书集注·论语注》。

② 唐凯麟编著：《伦理学》，高等教育出版社 2001 年版，第 3 页。

在黑格尔思辨体系中，由"抽象法权"至"道德"再至"伦理"，"道德"最终统一于"伦理"，在"伦理"中实现了"概念的调和"。黑格尔将"道德"统一于"伦理"是要引进社会历史性，克服道德的纯粹主观性，使个体自由意志在社会历史中得到现实实现。

不管是中国还是西方，"道德"一词包含社会的道德原则和个人的道德品质两方面的内容。道德和伦理都是行为"应该"如何的规范，"应该"是道德和伦理的重要属性。"伦理"是指人们处理相互关系时所应该遵循的行为准则。伦理与道德具有大体相同的意义，两者均突出了行为准则在人们行为中的重要性。稍有不同的是，伦理并未突出人们个体的心理、品质。故黑格尔把伦理称为客观的法，指谓社会道德；把道德称之为主观的法，指谓个人道德。

5.伦理学的基本问题

20 世纪 80 年代以来，我国伦理学界围绕伦理学的基本问题展开了激烈争鸣，形成了多种不同的观点。其中较有影响的是下述三种观点，而影响最大、获得较为广泛认同的是第一种观点。

第一种观点认为，伦理学的基本问题是利益与道德的关系问题。利益是道德的基础，不仅决定道德的本质，影响道德发展的进程，同时构成道德原则和规范的本质内涵，制约着道德评价和道德选择的根本标准。道德与利益的关系问题是人们道德生活的基本矛盾，是人们必须面对并予以解决的最普遍最基本的伦理学问题。它包含两方面的内容：第一，经济利益与道德的关系问题，即是经济关系决定道德，还是道德决定经济关系，以及道德对经济关系有无反作用的问题。对这些问题的回答，是区分唯物主义伦理学与其他伦理学流派的基础。第二，个人利益与社会整体利益的关系问题，即是个人利益服从社会整体利益，还是社会整体利益从属于个人利益的问题。对这些问题的回答，决定着各种道德体系的价值取向和伦理原则。把利益与道德的关系问题作为伦理学的基本问题来理解，理由主要有两个：首先，物质利益是道德的基础。任何道德都是一定经济关系的产物，是一定社会物质生活条件的反映，这是道德的本质。对于物质利益与道德的关系的不同回答，形成了各种不同的伦理学说。其次，如何调整个人利益与社会整体利益的关系，构成了阶级社会或有阶级斗争存在的社会道德的基本内容。对这个问题的不同回答，决定着各种道德体系的性质、道德原则和内容，也决定着道德行为选择、道德评价、道德品质形成的途径和方法的差别和对立。

第二种观点认为，伦理学的基本问题是道德与社会历史条件的关系问题。所谓社会历史条件，主要是指社会生产方式。道德与社会历史条件的关系有两个方面：一方面，社会历史条件是道德的根源并决定道德，一定的社会历史条件决定一定的道德；另一方面，道德对社会历史条件又具有反作用，这种反作用表现为或者起积极的促进作用或者起消极的破坏作用。把道德与社会历史条件的关系问题作为伦理学基本问题的主要理由是：其一，这一问题是哲学基本问题在伦理学中的集中表现。其二，对于这一问题的不同回答，是区分伦理学中唯物主义和唯心主义两种不同观点、两条不同路线的主要依据。其三，对这一问题的回答是解决伦理学其他一系列问题的基础和前提，决定着如何认识道德的形成、实质、社会作用和发展规律等一系列问题。其四，如何解决这一问题，制约着道德评价标准的制定。

第三种观点认为，善恶问题是伦理学的基本问题。伦理学就是善恶之学，是关于善与恶的性质、起源及其发展规律的科学。把善恶问题作为伦理学基本问题的主要理由是：第一，善与恶是道德中的特有矛盾，是道德之为道德的根本原因，而道德又是伦理学的研究对象。伦理学研究对象的这种根本特征，就决定了善与恶的问题是伦理学的基本问题。第二，善与恶的问题是古今中外一切伦理学家和伦理派别普遍关注和研究的重大课题。第三，善与恶的矛盾是道德发展的动力，人类社会的道德发展史就是善与恶的斗争史。第四，善与恶的矛盾贯穿于人类道德活动的一切领域，并且贯穿道德活动的始终。第五，善与恶是伦理学的核心范畴。

6.西方传统伦理思想的发展阶段

西方传统伦理思想的发展线索，按社会的变迁，可分为古希腊罗马、中世纪和近代三个阶段：

（1）古希腊罗马伦理思想。公元前 6 世纪以后，随着古代科学的兴起和希腊社会各阶级之间的斗争，尤其是奴隶主阶级内部民主派和贵族派之间斗争的深化，不少思想家的眼光逐渐从自然界转向人自身。智者普罗泰戈拉的名言"人是万物的尺度"，反映了当时人们对自身的地位和价值的认识。苏格拉底和他的学生柏拉图，从唯心主义的理念论出发，探讨了"至善"问题，建立了理念论的道德理论体系。亚里士多德综合了前人的伦理思想成果，正式使用了"伦理学"这一名称，并把它作为一门学科。他继承和发展德谟克利特等人的伦理思想，建立了一个以城邦整体利益为原则的比较完整的幸福论伦理思想体系。在希腊化时期，出现了具有自然主义倾向的伊壁鸠鲁学派和带有理性主义倾向的斯多阿学派的伦理思想，前者把快乐和幸福作为人生追求的目的，后者要求人们遵循自然法则而过一种合乎理性的禁欲主义的生活。二者斗争十分尖锐。

（2）中世纪神学伦理思想。由于封建专制主义和教会神权的统治，超自然主义的基督教伦理学在整个欧洲中世纪占绝对的统治地位。A·奥古斯丁首先为神学伦理思想奠定了理论基础。后来由意大利经院哲学家托马斯·阿奎那改造了古希腊亚里士多德的伦理思想，中世纪神学伦理思想得以系统化、理论化。

（3）西方近代伦理思想。随着欧洲资本主义的兴起，伦理思想逐渐从神学的禁锢下解放出来。资产阶级的思想家们，从发展资本主义的要求出发，在伦理思想上，强调满足个人的需要和利益，深入地探讨了人的价值、人的尊严和自由、善的本质、道德评价的根据等问题，并以不同的方式提出了调解个人和他人，个人和社会利益关系的道德原则。这一时期所出现的各种反映资产阶级利益和要求的伦理学说，如18世纪法国唯物主义者的利己主义道德理论，19世纪英国的J.边沁、J.S.密尔的功利主义思想，I.康德从先验理性出发的自律伦理学，G.W.F.黑格尔的整体利益原则，L.费尔巴哈的幸福论等，在西方伦理思想中都有着重要的理论价值和影响。

7.西方传统伦理思想的主要特征

西方伦理思想作为西方精神文明的一个侧面，不仅受着各个历史时代经济、政治发展状况的制约，而且受到西方文化传统和民族习俗的熏陶，虽然同样体现着以奴隶主阶级、封建主阶级和资产阶级为主的伦理思想类型，但与东方伦理思想的历史类型相比，仍有它自身的特点：

（1）西方伦理思想发源于古希腊奴隶制城邦的环境中。它适应当时分散、自由、独立的城邦生活方式，比较注重个人德性的完善和追求幸福的价值观，一贯坚持个人主义和自由主义倾向。在个人对社会的关系上，它强调个性自由、个人独立、人格尊严、自我实现等道德观念和伦理原则。在其发展的不同时期和不同社会集团中，虽然也出现过具有世界主义、整体主义倾向的伦理学说，但它们只是在一定范围和一定时期内发生作用，并没有成为西方伦理思想的主流。至于中世纪的基督教伦理思想，尽管形式上标榜仁爱，实际上只是在爱上帝的口号掩护下，完全脱离爱他人和社会责任而对自私灵魂的拯救。现代伦理学中的各种流派，特别是存在主义，更突出地表现出个人主义、自由主义的倾向。

（2）西方伦理学作为西方哲学的组成部分，主要不是规定和解释统一的伦理原则和行为规范，而是为个人主义、自由主义的道德生活提供理论的论证。无论是古代、中世纪或近现代的伦理学说，主要注意力都是放在道德理论的探讨和体系的建立方面，试图使伦理学与心理学、生物学、政治学、社会学相结合，并力求上升为道德哲学。从历史发展来看，与东方伦理学之重视严格的、稳定的、大规模的规范体系不同，西方伦理学在理论论证方面见长，在规范体系方面比较薄弱。即使形成某种规范体系，除中世纪外，一般没有较长的稳定性和普遍的约束力。因此，几乎所有寻求和论证普遍道德规律和统一行为法则的努力，都成为徒劳之举。

（3）西方伦理思想在2000多年的发展过程中，出现过的学说和流派难以准确计算。随着社会历史、哲学世界观和道德价值观的变化，各种伦理学说和流派不但名目繁多，而且演变很快。中世纪基督教伦理思想保持了较长时间的相对稳定，近代伦理思想和学说则是异常多变。现代西方伦理思想更是五花八门、竞相角逐、多变短命，整个社会没有一种稳定的、有权威的并为大多数人所遵循的伦理原则和道德规范。

在漫长的西方伦理思想发展过程中，尽管出现过名目繁多的学说和流派，但是，总的来说还是呈现出一种迂回演变的发展趋势。一般认为，古代伦理学说强调个人利益、个人价值、现世幸福、理性自律；中世纪强调上帝意志、仁爱、禁欲和神学他律；近代则转向寻求个人利益与社会利益的协调即合理利己，注意理性与情感、自律与他律的统一；现代西方伦理思想趋向于摆脱社会和他人，否认客观法则和道德他律，追求个人自由、享乐，同时也伴随着悲观、怀疑和反道德倾向。20世纪60年代以后，又出现了转向规范伦理学和实用伦理学的倾向，强调价值和事实的联系，试图建立能够指导人们生活的新道德观和新伦理学。资本主义文明的轴心是财富、权力和享乐，西方伦理思想和社会道德的未来趋向，必将受到它的制约，并最终为资本主义制度的根本变革所决定。

8.现代西方伦理思想的主要派别

19世纪中后期，特别是20世纪以来，出现了西方资本主义的高度发展和它所带来的种种复杂的社会问题、新的科学技术革命以及两次世界大战，使西方伦理思想在探讨的对象和理论方面都出现了许多变化。现代西方伦理学派庞杂，观点多变，大体上可以归纳为三种主要思潮：一种是受实证科学影响较大的元伦理学或分析伦理学流派，包括直觉主义伦理学、情感主义、语言分析伦理学派等，主要流行于英、美国家。它撇开现实的道德问题，侧重研究道德语言的意义、功能及有关道德判断和规范理论的逻辑证明问题，带有形式主义的特征。另一种是主要流行于欧洲大陆国家的受人文科学影响较大的、常被分析伦理学家斥为形而上学的流派，如存在主义等等。它以人为主体，着重讨论人的境况、命运和出路，排斥人的理性，而诉诸感情或直觉，其主要特征表现为非理性主义，并常常堕入悲观主义。还有一种是沿袭基督教神学伦理思想传统的思潮，包括新托马斯主义、新正统派伦理学等。它们有的虽然也打着"尊重科学"和"关心人"的旗帜，但实际上仍然是把善的本质、道德的起源以及道德评价的最高标准最终归之于上帝，鼓吹人只有通过信仰上帝，才能得到彻底的拯救。

自20世纪50年代起，很多哲学家开始表达他们对现代西方主流伦理学的不满。他们开始重新思考道德的核心问题，提倡对现代伦理学进行反思和批判，形成了三种既相互独立、又相互联系的当代伦理学派：共同体主义（社群主义）、美德伦理和女性伦理，即现代西方伦理学中的非主流学派。[①]

共同体主义是以批判罗尔斯旨在维护个人自由和权利的新自由主义而提出的。共同体主义认为，由于对个人权利的过分强调，罗尔斯对自我的理解是片面的。权利的观念是与"我有什么东西"或者"什么东西是我的"观念联系在一起的，因此罗尔斯的自我概念是一种占有性的自我——"我有什么"，而不是个人的身份——"我是什么"。简言之，就是把我所拥有的东西等同于"自我"本身。罗尔斯的新自由主义缺少对作为道德主体的个人培养道德责任的深刻洞察，忽视了心理、情感和内在品德因素对于培养道德责任的意义。共同体主义还认为，罗尔斯的自由主义仅仅关心"社会的基本结构"，即合理制度的安排对于保护个人权利的重要性，而忽视了对个人的权利和行为进行限制，忽视了个人对于实现社会共同体的共同善的重大责任。这就导致自由主义者热衷于建立完善道德规则的机制，而不去探索道德主体的内在品德，因此不可避免地走向了个人主义。

美德伦理也是针对现代西方主流伦理学强调规则的普遍性的特点而提出的，被公认为当代西方社会最富影响力、最有前景的伦理学说，也被认为是可以与罗尔斯的正义论抗衡的理论，代表人物是美国哲学家麦金泰尔。美德伦理吸引人之处在于它提供了对道德动机自然而有吸引力的说明。作为一种以主体而不是以行为为中心的伦理学，它不仅关注发生了的行为，而且进一步推及伴随在行为中的动机、愿望和情感等问题，因而高扬了人作为道德主体的自主自愿的主体精神。同时，对"非人格性"理想的质疑也是美德伦理的重要特点。"非人格性"是一种认为所有人在道德上都是平等的观念，坚持人们在道德行为选择的过程中，应当平等地对待每一个人的利益。作为母亲，对自己子女的爱自然要比对其他孩子的爱多一些，这是无可厚非的。所有强调"非人格性"的道德学说都很难解释这一点，而美德伦理在处理这个问题时得心应手：一些美德是有偏爱的，而另一些美德则不是。爱与友谊包含对所爱的人及朋友的偏爱，对一般人都讲的仁慈也是一种美德，但却是一种不同类别的美德。

美德伦理对"非人格性"的质疑在女性主义伦理学家那里得到了强

---

① 刘余莉：现代西方伦理学的主要流派，《河南日报》2020年8月28日，第09版。

化，并进一步提出了关怀伦理学。1982 年，卡罗尔·吉利根出版了著作《一种不同的声音——心理学理论与女性发展》。她提出，妇女对道德问题的推理和解决方式与男性不同，但不应据此认为，女子在道德推理能力上存在不足。相反，妇女具有独特的、不同于男性的道德发展路线，即对道德理解有"不同的声音"。她把这种道德思维概括为关怀—责任伦理学。1984 年，内尔·诺定斯在《关怀：伦理学和道德教育的女性视角》中进一步指出，建立在原则以及诸如合理性、正义、公平等观念上的道德本身是不充分的，因为它没有抓住妇女道德思考独特而典型的方面。女性道德思维具有两个最重要的特点：强调人际关系与责任，而不是原则与权利的重要性；在处理道德两难问题中，诉诸特殊的境遇，而不是诉诸普遍的原则。吉利根清楚地揭示出存在一种不同的视角来评价道德发展的程度、处理道德两难的问题；在道德生活的某些领域，存在比普遍性的原则更有价值的东西。这些东西被现代西方主流伦理思想长期忽视，却为女性伦理、共同体主义和美德伦理所揭示。这些道德学说从不同的侧面挑战了现代西方主流伦理思想，并具有一些与女性伦理共同的特征。从这个意义上讲，女性伦理提出的"不同的声音"，不仅是一种不同于男性的女性的声音，也是一种不同于现代西方主流伦理思想的声音，而且后者对现代主流道德思想而言，更值得反思。

9.马克思主义伦理思想

马克思主义伦理学是马克思主义理论体系的重要组成部分，它是随着马克思主义的形成而形成的。19 世纪初，随着资本主义经济的发展，无产阶级反对资产阶级的经济斗争和政治斗争日益尖锐。

无产阶级为了清除剥削阶级旧道德和各种非无产阶级思想对工人阶级道德面貌的腐蚀，培养大批无产阶级新人，迫切需要新的道德理论。马克思和恩格斯适应这种需要，从辩证唯物主义和历史唯物主义的基本理论出发，创立了马克思主义伦理学。

马克思主义伦理学是在批判各种非无产阶级的道德理论中形成和发展起来的。19 世纪中期，资产阶级思想家 B. 鲍威尔、M. 施蒂纳等人宣扬了许多错误的道德观点，对工人运动产生了极坏的影响。同时工人运动中的机会主义者如 H. 克利盖（1820—1850）、E. 杜林等人，也拼命地鼓吹资产阶级人性论，宣扬抽象的平等，否认道德的阶级性。

为此，马克思和恩格斯在《神圣家族》《德意志意识形态》《1844 年经济学哲学手稿》《道德化的批判和批判化的道德》《反对克利盖的通告》《反杜林论》等著作中，对马克思主义伦理思想的一系列重大问题作了明确的阐述。之后，马克思主义伦理学随着无产阶级革命实践和马克思主义理论的发展而不断发展，列宁、毛泽东等人从不同的方面进一步丰富和完善了马克思主义伦理学的理论。

马克思主义伦理学的产生，在伦理学领域中，产生了前所未有的革命变革。这主要表现在：

（1）与以往的一切旧的伦理学不同，马克思主义伦理学不是建立在上帝、理性和抽象的人性的基础上，而是建立在历史唯物主义的基础上。马克思在《关于费尔巴哈的提纲》中，针对那种把人的本质看作是抽象的人的本性的理论，明确地指出："人的本质，并不是单个人所固有的抽象物。在其现实性上，它是一切社会关系的总和。"[①] 从历史唯物主义的观点看，道德不再是凌驾于整个社会之上的东西，而是由经济基础所决定的上层建筑和意识形态的一部分。历史上的各种道德的发展和更替，归根结底都是依据经济基础的变化而变化的，因而道德本身也是一种有规律的社会现象，从此，以道德为对象的伦理学最终从唯心主义的历史观的羁绊中解放了出来，成为一门真正的科学。

（2）马克思主义伦理学克服了以往一切伦理思想的局限，强调在阶级社会中道德有阶级性。旧伦理学有一个共同特点，就是用各种不同方法或手段，宣传道德的超阶级性和全人类性。因而，他们的道德理论最终都必然成为与现实相脱离的不真实的理论。马克思主义伦理学强调，任何道德都不是抽象的、超时代的，而是历史的、具体的，一切阶级道德都是为一定的阶级利益服务的。在阶级社会中，当然也存在某些人类共同的道德因素，如社会公共生活的一般规则，但从总体上说，最终都不可避免地打上了阶级的烙印。只有到了共产主义社会，即在阶级完全消灭以后，全人类

---

① 中共中央编译局：《马克思恩格斯选集》，人民出版社 1995 年版，第 56 页。

共同的道德才有可能产生。

（3）马克思主义伦理学特别强调人类生活的道德实践在伦理学理论中的意义。马克思主义以前的伦理思想家们，往往否认道德实践的重要性，或者把道德实践仅仅理解为个人的道德活动。他们并不理解，全部道德理论都不可能从人们的头脑中突然产生，它只能从人们的道德实践活动中、从人和人之间的现实关系中概括和总结出来，同时还须由实践检验，并随着人类社会实践的发展而发展。

因此，马克思主义伦理学强调道德原则和规范转化对人的品质的重要意义，强调伦理学不仅传授道德知识，更重要的是使人们身体力行。

10.毛泽东的伦理思想

毛泽东伦理思想是毛泽东思想的重要组成部分。毛泽东在领导中国革命和建设的长期实践中，始终把马克思主义伦理思想的基本原理与中国革命和社会主义建设的具体道德生活实际相结合，继承发扬我国古代优良的伦理文化传统，集中全党全国人民的道德实践智慧，创立了20世纪中华民族伦理文化发展史上的伟大理论成果——毛泽东伦理思想。毛泽东伦理思想具有丰富的内涵，其主要内容如下：

（1）道德的阶级性与道德文化的批判继承性

毛泽东坚持历史唯物主义的基本立场，认为道德是人类社会生活的产物，"是人们经济生活与其他社会生活的要求的反映"。在阶级社会里，"不同的阶级有不同的道德观"。毛泽东从道德的阶级性出发，阐释了无产阶级的道德使命在于实现全人类的彻底解放；而且明确提出无产阶级的"具体的"人性论——他说，人性这种东西是有的，"但是只有具体的人性，没有抽象的人性。在阶级社会就是只有带着阶级性的人性，而没有什么超阶级的人性"。无产阶级的人性就是要为人民大众的解放和幸福而奋斗；造就人的全面自由而和谐的发展，是无产阶级人性的要求和主要内容。这种具体的人性论，是毛泽东伦理思想的道德基石。

毛泽东指出，道德文化具有一定的历史继承性。毛泽东始终将变革道德视为思想文化战线乃至中国社会革命的重要任务，他认为，政治经济的变革是道德变革的根据和基础，而道德文化的发展有其自身历史的继承性。"关于孔子的道德论，应给以唯物论的观察，加以更多的批判，以便与国民党的道德观（国民党在这方面最喜引孔子）有原则的区别。"毛泽东认为，中国伦理文化是世界伦理文化的一部分，对于古今中外的伦理道德文化，应采取古为今用、洋为中用的批判继承方针，应自始至终着眼于新道德文化的建设。

（2）为人民服务与无产阶级革命功利主义

毛泽东在领导中国人民进行反帝反封建的革命斗争中，从革命的性质和目的出发，创造性地提出"为人民服务"的道德范畴，并使全心全意为人民服务成为共产党人的宗旨和共产主义道德的核心。

1944年9月8日，毛泽东在中央警备团追悼张思德烈士的会上作了题为《为人民服务》的讲演，用"为人民服务"总结概括了在中国共产党领导下的革命队伍中那些为革命事业不怕牺牲、勇于献身的崇高品质，把它作为无产阶级道德的核心，代表了人民军队和中华民族的道德发展的方向。

毛泽东指出，为人民服务就是要使我们的一切言论行动"必须合乎最广大人民群众的最大利益，为最广大人民群众所拥护为最高标准"；就是要密切联系群众，"一刻也不脱离群众；一切从人民的利益出发，而不是从个人或小集团的利益出发"；就是要以革命利益为第一生命，把人民利益、民族利益放在高于一切的位置，敢于为了人民的利益而献身。为人民服务应当成为共产党人和一切革命战士的行为准则和人生座右铭。

毛泽东批判超阶级的功利主义，提出并阐发了无产阶级的革命的功利主义。他说："世界上没有什么超功利主义，在阶级社会里，不是这一阶级的功利主义，就是那一阶级的功利主义。"[①]唯物主义者并不是一般地反对功利主义，而是"反对封建阶级的、资产阶级的、小资产阶级的功利主义，反对那种口头上的反对功利主义、实际上抱着最自私最短视的功利主义的伪善者"[②]，无产阶级秉行革命的功利主义。这种功利主义"是以占全人口百分之九十以上的最广大群众的目前利益和长远利益的统一为出发点的""是以最广和最远为目标的革命的功利主义者，而不是只看到局部和

---

① 毛泽东：《毛泽东选集》（第三卷），人民出版社1991年版，第90页。

② 毛泽东：《毛泽东选集》（第三卷），人民出版社1991年版，第857页。

目前的狭隘的功利主义者"①。无产阶级的革命的功利主义基于无产阶级解放全人类的历史使命，主张把群众的当前利益和将来利益统一起来，既考虑群众的眼前利益，又不损害群众的长远利益，使人民群众获得真实的最大利益。

1956 年 4 月，毛泽东明确提出要处理好国家、集体与个人的利益关系，"为此，就不能只顾一头，必须兼顾国家、集体和个人三个方面，也就是我们过去常说的'军民兼顾''公私兼顾'"。②社会主义革命和建设的目的，决定国家、集体和个人三者之间的关系不是对立的，而是相互统一的。"三兼顾"原则中，长远利益高于眼前利益，整体利益高于局部利益，集体利益高于个人利益。

（3）动机效果统一论与共产主义道德品质的培养

在进行道德评价时，毛泽东从辩证唯物主义观点出发，论述动机与效果之间的辩证关系。他说："唯心论者是强调动机否认效果的，机械唯物论者是强调效果否认动机的，我们和这两者相反，我们是辩证唯物主义的动机和效果的统一论者。"毛泽东批判了动机论与效果论的偏颇与错误，主张动机和效果的辩证统一，坚持在道德评价上既要看动机又要看效果，要联系效果看动机，结合动机看效果，认为二者统一于为人民谋利益这一基础之上，必须使为人民的动机与被人民欢迎的效果统一起来。

伟大的实践，造就伟大的人格。联系民主革命的伟大实践，毛泽东对共产党人的品质进行了概括和总结，认为共产党人"无论何时何地都不应以个人利益放在第一位，而应以个人利益服从于民族的和人民群众的利益。因此，自私自利，消极怠工，贪污腐化，风头主义等等，是最可鄙的；而大公无私，积极努力，克己奉公，埋头苦干的精神，才是可尊敬的"。③

共产党人为共产主义事业奋斗终身，需要培养与共产主义事业相适应的道德品质，包括"以革命利益为第一生命，以个人利益服从革命利益"的大公无私、克己奉公的品质，奋不顾身投入党的事业、全心全意为共产

---

① 毛泽东：《毛泽东选集》（第三卷），人民出版社 1991 年版，第 886 页。
② 毛泽东：《毛泽东文集》（第七卷），人民出版社 1999 年版，第 28 页。
③ 于俊道编著.毛泽东 周恩来 刘少奇 朱德 邓小平 陈云 格言，中央文献出版社 1997 年版，第 61 页。

主义事业积极努力、埋头苦干的品质，以及谦虚谨慎、戒骄戒躁、诚实守信、团结合作等品质。

11.中国特色社会主义伦理思想

中国特色社会主义伦理思想概括起来，主要有如下几个方面：

（1）关于中国特色社会主义基本价值追求的思想

中国特色社会主义伦理思想源于对社会主义本质的深刻认识与科学把握。社会主义的本质是解放生产力，发展生产力，消灭剥削，消除两极分化，最终实现共同富裕。社会主义本质体现着中国特色社会主义的基本价值追求，是中国特色社会主义伦理思想的价值基点。中国特色社会主义强调，贫穷不是社会主义，两极分化也不是社会主义。社会主义如果长期贫穷，那它就没有优越性；如果两极分化，那它就有悖初衷——中国特色社会主义要帮助广大人民群众摆脱贫穷，最终实现共同富裕。允许一部分人、一部分地区先富起来，通过先富带后富，最终实现共同富裕。

（2）关于社会主义荣辱观的思想

以"八荣八耻"为主要内容的社会主义荣辱观，体现了社会主义道德的根本要求。坚持以"八荣八耻"为主要内容的社会主义荣辱观，就是要坚持以热爱祖国为荣、以危害祖国为耻，以服务人民为荣、以背离人民为耻，以崇尚科学为荣、以愚昧无知为耻，以辛勤劳动为荣、以好逸恶劳为耻，以团结互助为荣、以损人利己为耻，以诚实守信为荣、以见利忘义为耻，以遵纪守法为荣、以违法乱纪为耻，以艰苦奋斗为荣、以骄奢淫逸为耻。这一社会主义荣辱观既继承了中华民族的传统美德，也体现了时代特点与实践要求，是对社会主义国家公民应当遵守的道德规范的高度概括；既有先进性的导向，又有广泛性的要求。贯穿于社会生活的多个领域，覆盖各个利益群体，涵盖人生态度、社会风尚的方方面面，为全体社会成员判断行为得失、作出道德选择、确定价值取向提供了基本的价值准则和行为规范。

（3）关于社会主义义利观的思想

义利关系是道德生活的重要内容。社会主义物质利益原则要兼顾全国人民的物质利益，着眼于绝大多数人的最大幸福。在社会主义制度下，个人利益和集体利益本质上是统一的，但又充满差异与矛盾，为此必须协调好各方面的利益关系，形成把国家、人民利益放在首位而又充分尊重公民个人合法利益的社会主义义利观。社会主义义利观，既注重利益协调与利益整合，又讲义利统一、义利并重，还讲先公后私的义利观。它要求"把个人利益与集体利益、局部利益与整体利益、当前利益与长远利益正确地统一和结合起来"，实现好、维护好、发展好最广大人民的根本利益。实行尊重个人合法权益与承担社会责任相统一，注重效率与维护社会公平相协调，处理好竞争与合作、自主与监督、先富与后富、经济效益与社会效益等关系，反对见利忘义、唯利是图的极端个人主义和利己主义。

（4）关于加强社会主义公民道德建设的思想

中国特色社会主义现代化建设事业要求培养一批又一批"有理想、有道德、有文化、有纪律"的社会主义"四有"公民，加强公民道德建设实乃中国特色社会主义伦理思想的根本任务。公民道德建设的主要内容有：在全民族牢固树立建设中国特色社会主义的共同理想和正确的世界观、人生观和价值观，以为人民服务为核心，以集体主义为原则，以爱祖国、爱人民、爱劳动、爱科学、爱社会主义（简称"五爱"）为基本要求，在全社会大力倡导"爱国守法、明礼诚信、团结友善、勤俭自强、敬业奉献"的基本道德规范，以增强诚信意识为重点，加强社会公德、职业道德、家庭美德、个人品德建设，发挥道德模范的榜样带头作用，引导人们自觉履行法定义务、社会责任和家庭责任，引导人们在遵守基本行为准则的基础上，追求更高的思想道德目标。公民道德建设的基本原则主要是，坚持社会主义道德建设与社会主义市场经济相适应，坚持继承优良传统与弘扬时代精神相结合，坚持尊重合法权益与承担社会责任相统一，坚持注重效率与维护社会公平相协调，坚持把先进性要求与广泛性要求结合起来，坚持道德教育与社会管理相配合。

（5）关于执政党伦理建设的思想

中国共产党是中国特色社会主义事业的核心力量，党的思想道德建设和执政伦理建设是中国特色社会主义伦理思想的重要组成部分。"全心全意为人民服务，立党为公，执政为民，是我们党同一切剥削阶级政党的根本区别。"中国共产党始终以最广大人民的根本利益为本，为人民利益而奋斗。"立党为公，执政为民"集中体现了为人民服务的价值要求，它将为人民服务的道德践履与人民伦理的价值取向有机整合起来，为党的执政伦理建设筑基固本——"权为民所用、情为民所系、利为民所谋"，乃执政党伦理建设的应有之义，明确指出执政党的道义职责，凸显其非凡价值——它事关党的生死存亡、事关中国特色社会主义事业的兴衰成败。

12.道德起源论

在马克思主义唯物史观的视野中，"物质生活的生产方式制约着整个社会生活、政治生活和精神生活的过程"。[①] 因此，道德的起源只能从人们的生产方式和生活方式以及人们在其中形成的社会关系中去思考和把握。

（1）劳动是人类道德起源的首要前提

道德是人和人类社会的特有现象，动物的本能行为中不存在真正的道德。劳动将人与动物区分开来，创造了人、社会和社会关系，也创造了人类社会的道德。

第一，劳动创造了道德主体。劳动创造了人本身，人是社会存在的前提，也是道德的主体。道德是在劳动过程中，伴随着人的社会生活产生的。随着劳动的进一步发展和劳动关系的逐步明确，作为劳动和道德主体的人，其主体意识和人际关系、社会关系意识日渐清晰，包含人的自由、人的责任等内容的道德在更为完整完善的意义上逐步得到确认。

第二，劳动分工与协作促使道德不断成熟与发展。生产力的变化发展，以及生产关系的变化发展，改变着劳动的分工与协作，也促使包括伦理道德在内的人际关系的不断成熟与发展。劳动分工不仅使劳动主体进一步明确自身的任务与责任，而且使劳动者从中意识到人与人之间的利益关系及其合理调节与平等协作的必要性和重要性。由此，劳动分工及在此基础上的协作客观上促进了人和人类自身在理性意义上的生产与再生产，从而促进了人类道德的不断发展和完善。

（2）道德是适应社会关系调节需要的产物

社会关系的形成和发展产生了调节的需要，道德即是适应社会关系调

---

① 乌杰主编著：《马克思主义的系统思想》，浙江学刊编辑部 1991 年版，第 161 页。

节的需要而产生的。

第一，道德是人的道德，人需要道德。人是"单个的社会存在物"和"社会的自为的主体存在"的统一体。人是不是合道德意义上的"单个社会存在物"，直接关系到"社会的自为的主体存在"的合理性问题。因而，人的存在客观上应该是一个道德性的存在。在马克思主义思想体系中，这个"道德性存在"意指人的自由而全面的发展。另一方面，在日常活动中，个人要想获得更好的生活，更好地实现发展目标，也必须崇尚道德。

第二，道德是社会关系的道德，社会交往需要道德。人类的活动从来都是直接或间接的集体活动，在活动中必然要发生各种各样的人际交往，要处理各种各样的社会关系，尤其是利益关系。随着社会分工的不断发展，个人利益、他人利益和社会利益的界限逐步明晰，要求以道德规范来制约或调节各种利益关系，维护社会的稳定与健康发展，也促进道德的不断进步和向前发展。说到底，道德是社会的道德，是人类社会生活的需要。

（3）道德是人类自觉意识的结晶

作为意识形式的道德只能起源于人的社会意识。动物没有意识，所以，动物"社会"中不可能有道德。有意识的生命活动把人同动物的没意识的生命活动直接区别开来。意识是人和人类的特有现象，道德起源于人和人类特有的意识。

意识是道德发生的思想认识前提。这是因为，首先，人们只有在社会实践中充分意识到自我与他人的存在，才能逐步明晰自我在社会中的角色与地位，明确自身生存追求的目标和原则，也才能逐步接受和认同自我与他人的关系及相处规则。其次，人从自然界、动物界分离出来后，开始支配自己的活动，开始形成以人为主的主体意识和发展自己的强烈愿望。这种强烈愿望包含着对老者的尊敬、对图腾的崇拜、对同类的互助、对生活目标的追求、对恶行的憎恶等。最后，在人类社会初期，由于社会生产力低下，人们在自然灾害面前无能为力，甚至常感觉到有一种超人的力量在影响或控制着人类的生存与活动。人们在产生恐惧的同时，总试图以善良的言行来规避灾害，以避恶的心态和举动来约束自己的社会活动。

劳动、社会关系和自觉意识三者的有机统一，是马克思主义理解道德起源问题的基本视角。道德起源于劳动，劳动形成的同时也产生了社会关系与人的意识。反之，离开社会生活与社会关系，没有自觉的意识，就没有人的劳动，因而也就没有道德的起源。将道德的起源单纯归因于其中任何一个因素，都将失之偏颇，道德是在劳动、社会关系与自觉意识等因素的交互融合与相互作用中产生的。

13.道德发展的规律性

马克思主义认为，道德发展具有一定的规律性。道德发展的规律性表现在以下三个方面：

（1）道德随社会历史条件的变化而变化

道德是人的道德、人类社会的道德，它必然在一定的社会历史条件下存在并随着社会历史条件的变化而变化。可以说，有什么样的社会就有什么样的道德。

第一，道德受一定社会经济发展水平和经济制度的制约。马克思主义认为，任何一种道德都要受一定的社会经济发展水平和经济制度的制约。道德的产生、内容及作用的范围，由社会的经济关系和作为经济关系表现的利益及利益关系决定。因此，必须从经济关系特别是利益关系的变动中，研究和把握道德变化发展的内在规律。人类社会的五种社会类型更替的基本依据是经济关系的变化，也相应地形成了各个社会类型的道德。

第二，在阶级社会中道德始终是阶级的道德。在阶级社会中，社会关系、经济关系、利益关系必然表现为阶级关系，道德关系也必然或多或少地打上阶级关系的烙印。道德总是历史地发生、变化和发挥作用的，没有超越历史和阶级的永恒的善、恶、理想、人性、正义等。简言之，没有一成不变的永恒道德。道德的进步与退步，不是用永恒不变的道德原则来衡量，而是要以历史为坐标，在历史发展的进程中来判断。道德发展又有继承性，后一种形态的道德总是在继承前一种形态道德的基础上发展起来的。

第三，经济和利益关系与道德之间的相互作用——经济和利益关系决定道德，而不是道德决定经济和利益关系。同时，道德有自身的发展趋势，它具有相对独立性，并以一种特殊的方式对经济和利益关系产生反作用。这种反作用表现在：道德可能以其先进性推进经济的发展，成为经济发展不可或缺的支持因素乃至动力，也可能以其落后性抑制经济的发展，成为经济发展的阻碍因素甚至桎梏。

（2）道德在善恶矛盾的辩证运动中发展

道德自形成起就存在着善恶矛盾，不同所有制条件下存在不同性质的善恶矛盾。道德在善恶矛盾的辩证运动中不断向前发展，总趋势是进步的，但这种进步体现为在曲折中上升和前进。

第一，辩证理解恶在道德进步中的作用。所谓的恶或道德上的恶，一是指在阶级对立社会的矛盾运动中，被压迫阶级的反抗以及他们对自己正当利益的追求，虽然被统治阶级视之为道德上的恶，但却具有推动社会进步的历史作用，是一种历史的善，是真正人类社会的善；二是人的特定的情欲和贪欲在一定意义上激发了人们的竞争心，客观上成就了阶级利益目标的实现，推进了社会事业的进步，带动了社会道德在整体意义上的进步；三是恶的存在必然引起善与恶的斗争，人类社会道德正是在善与恶的不断斗争中推动社会道德的进步。因此，可以说，恶在一定意义上也能推动道德的发展和进步。

第二，善恶观念的碰撞与澄清推动道德观念的更新——善恶矛盾归根结底是善恶观念的矛盾。善恶观念因其历史性、阶级性、民族性而存在着对立和冲突。正是在这种对立冲突中，人们逐步确立正确的道德观。在不同的善恶观念激烈碰撞的过程中，道德观念逐步被澄清，正确的道德观念不断地被认识和接受，这是道德观念发展的基本规律。

第三，扬善抑恶的评价和行为推动道德行为的进步——善恶观念的矛盾体现在人们的道德行为之中，道德行为的善恶矛盾在社会生活中表现得更为明显和激烈，对道德走向和发展的影响更为直接和具体。善恶道德行为会因立场观点的不同而产生不同的评价。人们会对明显有利于人类生存与发展的善的行为产生普遍认同，对腐蚀的或破坏社会的恶的行为加以贬斥，并由此形成扬善抑恶的举动。道德正是在人们不断地崇善贬恶的行为中得到张扬和发展。

（3）道德在批判继承中发展

道德是一个包含道德理念、道德规范、道德行为和道德学说的综合概念。人类道德的发展既受到社会物质生活条件的制约，又有独特的规律。

第一，批判继承是道德发展的基本规律。社会生产方式和生活方式的延续性，使得反映经济关系的道德具有继承性。每个民族、每个时代的道德都不是凭空构造的，而必然要从历史传统的道德思想中汲取营养。试图与传统决裂的道德，最终只能成为空泛的概念构架或空洞的道德说教。人类道德的产生和发展具有历史性和阶级性。阶级社会中的道德必然会继承道德传统中适应该社会经济关系并有利于巩固其阶级统治的部分，而摒弃不适应该社会经济关系甚至危害其阶级统治的部分。这就说明，批判继承是道德发展的一条基本规律。没有继承，就没有道德的承接，道德的历史就会中断；没有批判，就没有道德的创新，道德就会失去发展而止步不前。

第二，人类社会道德的发展史是批判继承规律的生动显现。道德是人类社会的独立文化形态，它总是以特有的形式不断延续和发展自身。在人类社会五种社会类型——原始社会、奴隶社会、封建社会、资本主义社会、社会主义社会——从低级到高级发展过程中，高一级社会的道德，总是在批判继承的基础上形成的。可以说，人类社会道德是在批判中创制、在继承中发展。道德的批判继承有着明显的阶级烙印。处在不同时代的劳动者，尽管其道德的时代内容和特征不同，但是相同的历史命运和相似的生活经历，使他们前后相承，形成了同剥削阶级道德根本对立的道德传统。历代剥削阶级相同的社会经济政治地位，也使其必然在传承中形成与被剥削阶级本质不同的道德。因此，在阶级社会中，人类道德的批判继承是两个对立阶级各自前后的继承。

第三，在对道德传统的批判继承中建设社会主义道德和共产主义道德。马克思主义认为，人类优秀道德是社会主义道德、共产主义道德产生的历史前提。这就要求我们在马克思主义道德观的指导下，全面系统地研究中外优秀道德传统，在批判继承的基础上努力建设社会主义道德和共产主义道德。新中国成立以来，尤其是改革开放以来，随着我国社会生产方式和生活方式的巨大变化，伦理关系和道德观念也出现了相应变化。中国特色社会主义建设无疑需要中国特色社会主义道德。既不能脱离长期孕育其生存的本土道德传统，也不能盲目排斥与市场化和经济全球化相对应的现代道德理念。这就需要立足中国特色社会主义建设的实践，以马克思主义批判继承的原则，实现中国传统道德的发展变化。

14.道德的本质

道德是一种特殊的社会意识，是一种由经济关系所决定的社会意识现象。马克思主义认为，道德是社会经济关系的反映，道德的产生、发展和变化归根结底根源于社会经济关系。

道德对社会经济关系的反映有以下几个方面的特点：

第一，道德的性质和基本原则、规范反映了与之相应的社会经济关系的性质和内容。迄今为止，人类的社会经济关系有两大类型：一类是以生产资料公有制为基础的社会经济关系，一类是以生产资料私有制为基础的社会经济关系。与这两种经济关系相适应，必然有两种不同类型的道德：一种是统一的社会道德，一种是对立的阶级道德。

第二，道德随着社会经济关系的变化而变化。在人类道德史上，一切道德上的兴衰起伏，进退消长，从根本上说总是源于社会经济关系的变革。同时，新道德代替旧道德也有复杂的内涵：一方面，新道德总是要从不同的方面或多或少地继承旧道德的某些传统；另一方面，这种更替并非即时的，而是或早或迟，或快或慢的。

第三，道德作为一种社会意识，在阶级社会里总是反映着一定阶级的利益，因而不可避免地具有阶级性；同时，不同阶级之间的道德或多或少有一些共同之处，因而它也反映着人类的普遍性。正确把握道德的阶级性和普遍性及其辩证关系，是理解道德本质的一个重要方面。

第四，作为社会意识的道德一经产生，便有相对独立性。道德的相对独立性反映了辩证法的基本规律，主要体现在两个方面：一方面，表现为道德的历史继承性；另一方面，表现为道德对社会发展具有能动的反作用。如果说道德是一种由经济关系决定的社会意识，表达的是道德的一般本质，那么道德作为特殊的规范调节方式，揭示的则是道德的特殊本质。

道德本质上是一种调整人与人、人与社会集体之间关系的特殊的行为规范。这种行为规范与法律规范、政治规范的不同之处在于，它是用善恶标准去评价，依靠社会舆论、内心信念和传统习俗来维持的，因此是一种非制度化、柔性和内在的规范。道德这一调节方式的特殊性主要表现在：第一，他律性与自律性相结合；第二，规范性与主体性相统一；第三，持久性与广泛性相一致。

道德作为一种相对柔性的调节方式，主要不是被颁布、制定或规定出来的，而是处于同一社会或同一生活环境的人们，在长期的共同生活过程中，逐渐积累形成的要求、秩序和理想。它表现为社会的道德风尚和个人的道德风范，以风尚和风范来调节利益关系，则呈现出"润物细无声"的柔性特征。

道德作为实践精神，是一种旨在通过把握世界的善恶现象而规范人们的行为，并通过人们的实践活动体现出来的社会意识。对世界的实践精神的把握就是道德的把握。

道德作为一种社会意识和思想关系，属于社会精神生活，具有精神价值的特征，但道德直接属于人类行为实践领域，是一种以调节和指导人们行为为目的、以规范人们的行为方式为内容的实践精神。

第一，道德是一种以指导人的行为为目的、以形成人的正确的行为方式为内容的精神，在本质上是知行合一的。

第二，道德不仅是一种精神性的价值，更是实现价值的行动。

第三，道德是一种立足现实而追求理想，并以理想来改造和提升现实的精神。

第四，道德把握世界的方式不是被动地反映世界，而是从人的需要出发，从特定的价值出发来改造世界；不是简单地再现世界或描述世界，而是对世界进行价值评价。

15.社会道德结构和个体道德结构

道德结构是指道德作为一个整体系统，其内部各构成要素遵循某种关系连接而形成的相对稳定的整合形式。道德结构态势是多样的，从不同的层次和角度加以考察，会呈现出不同的组合成分及关系。从道德主体的角度看，道德结构可以区分为社会道德结构和个体道德结构两大方面。

所谓社会道德结构，是指以社会为道德的主体或载体，由道德意识、道德准则和道德活动三要素组成的结构体系。

（1）道德意识

道德在本质上是一种特殊的社会意识，因此在内容上必然体现为一种社会道德意识。道德意识是在道德活动中形成并影响道德活动的各种具有善恶价值的社会意识。一方面，道德意识包括各种社会情绪、舆论、风尚、习俗、惯例等社会道德心理现象，这些同人们的日常生活、道德经验相联系，通常是感性的、不系统的，同时又往往在人们长期的共同生活中固定下来并代代相传，具有相对稳定性。另一方面，道德意识还包括各种道德思想、观点和理论体系，这些并不直接与人们的日常生活、道德经验相联系，通常是理性的、系统的，不同性质的道德思想、观点和理论体系往往反映着不同阶级、阶层的根本利益。

（2）道德准则

社会道德总是以一定的准则来发挥应有的调节作用，道德准则包括道德基本原则、基本规范和具体规范等方面。

道德基本原则是最高层次的道德准则，是各种道德准则的最基本的出发点和指导原则，是道德准则体系的社会本质或阶级属性最直接最集中的反映，对其他道德准则具有指导作用，并始终居于道德准则体系的主导地位，具有广泛的指导力和制约力。

（3）道德活动

道德活动是指在一定的社会道德意识指导下形成的，反映一定社会道德原则、规范的要求，为培养社会成员的道德品质、促进社会道德水平提升而进行的各种具有善恶意义的社会活动，包括社会道德决策活动、社会道德评价活动、社会道德教育活动等。道德活动属于社会道德结构中客观性的成分。道德主体一般在自觉认识和自由选择的基础上开展道德活动，这是道德主体积极性和创造性得以发挥的前提。

在社会道德结构三要素中，道德意识是道德准则制定的思想前提，又对道德活动具有指导意义；道德准则是道德意识的现实表现，又是道德活动的直接行为依据；道德活动不仅是道德意识形成的现实基础，而且是道德准则得以表现、保持、变化和更新的重要条件。三者的划分是相对的，作为社会道德现象的有机组成部分，它们既相互联系又相互制约，共同构成社会道德现象的整体，缺一不可。

个体道德结构是从个人情境及个性构成、个人素质与品格入手，立于微观个体角度，将个人视为道德的主体和载体，揭示其内部各要素的组合构架及其发生发展的过程、脉络与体系。

个体道德是相对于社会道德而言的，是社会道德在个体身上的内化。个体道德结构由个体道德意识、个体道德行为和个体道德品质组成。

（1）个体道德意识

个体道德意识是指个体有关善恶价值的各种意识因素的总和，它是个体道德内容的主观方面，包括个体道德意识过程和个体道德意识倾向两个层面。其中，个体道德意识过程是个体对社会道德关系和社会道德活动的动态反映，在一定意义上可将其视为保证个体道德活动的能力系统；个体道德意识倾向是个体对现实道德关系和社会道德活动的动态选择，在一定意义上可将其视为引发个体道德活动的动机系统。

（2）个体道德行为

个体道德行为是指个体基于某种道德意识，遵循社会道德准则、履行道德义务、调节道德关系的具有善恶价值的行为。它是个体道德的主观见之于客观的方面，包括个体道德行为过程和个体道德行为倾向两个层面。其中，个体道德行为过程是个体道德行为各必要环节的有机结合，其整合状况决定着个体道德行为实现的可能性；个体道德行为倾向是个体对道德义务和道德实践的选择偏好，往往决定个体道德行为的品格。

（3）个体道德品质

个体道德品质，又称为个人品德或德性，是指一定社会的道德原则和规范在个人思想、行为中的体现，是个体行为作为一个整体所表现出的比较稳定一贯的道德特点和倾向。它是个体道德意识和个体道德行为倾向的综合反映，体现个体道德的发展程度以及社会道德教育和个体道德活动的成效。

个体道德意识、个体道德行为、个体道德品质是个体道德结构的有机组成部分。

至于社会道德与个体道德之间有无关系，若有，又是怎样的关系？在马克思主义视野下，社会道德和个体道德是辩证统一的关系，二者既相互区别又相互联系，在一定条件下还可以相互转化。

二者的区别主要表现在三个方面：首先，二者的主体不同——社会道德依附于社会特别是制度而存在，而个体道德依附于个人而存在；其次，社会道德和个体道德追求的目标不同——社会道德表达社会秩序建构的要求，以促进社会发展为宗旨；个体道德着眼于个体的发展和完善，以追求人格理想和操守为要义；最后，二者的作用范围不同——社会道德调节的范围是整个社会，具有广泛的约束性，对任何主体都发挥作用，一视同仁，不因主体而异。个体道德的实际作用是有限度的，并且因人而异。

社会道德与个体道德之间也存在着不可分割的紧密联系。社会总是由个人组成的，社会道德也不能脱离个体道德而单独存在。一方面，社会道德是人们实践的产物，它一旦形成，又成为制约人们进一步活动的客观历史条件，成为个体道德生存发展的社会环境。另一方面，社会道德的实施归根结底有赖于个体道德的内化和实践，个体道德的形成发育则需要社会道德的指导与规约。

从某种意义上说，个体道德的外化形成社会道德，社会道德的内化产生个体道德，个体道德与社会道德在一定程度上也可以相互转化。

16.道德的主要功能

道德是人类的社会生活发展到一定阶段的必然产物，它源于人的社会生活需要，又服务于人的社会生活需要。道德的功能是指道德作为一个有着特殊结构和系统，同外部环境和作为它的载体的人、社会相互联系与影响过程的能动作用，以及这种能动作用得以发生的方式、范围和强度等。这种能动作用是道德本质的外化形式，是道德结构发生作用的机理及其表现。

道德的功能是多元的，同时也是多层次的。在道德的功能系统中，调节功能和认识功能是最基本的功能，此外，还有导向功能、激励功能等。这些功能在结构上相统一，在作用方向上相一致，共同形成道德的整体功能。

调节功能是道德最重要的社会功能。所谓调节功能，是指道德可以调节人与人、人与自然、人与自身之间的关系。在人类社会早期，道德是主要的社会调节手段，在社会关系的各个方面发挥了重要的调节作用。马克思主义伦理学认为，调节人的行为，并通过调节人的行为来调节社会关系，是道德最突出的也是最重要的社会功能。从调节的角度与范围上看，道德是从现实利益关系的角度，特别是现实生活中个人对待社会整体利益和其他个人利益的态度的角度，去调节人们的各种社会活动和社会关系；凡涉及现实利益关系，特别是涉及个人对社会整体利益和他人利益态度的关系和活动，都属于道德调节的范围。从调节的尺度而言，道德是以"应当怎样"的道德准则为调节尺度，劝人向善向上。从调节的偏颇上看，道德在从权利和义务两方面调节社会成员的行为时，依其自身的固有规定和特有机理，侧重于引导当事人按其社会身份所应有的义务，也就是说，侧重于引导当事人承认、尊重和维护其行为客体（社会整体和相关个人）应有的权利。从调节方式上看，道德调节往往诉诸舆论褒贬、沟通疏导、教育感化等，尤其注重唤起人们的知耻心、同情心，培养人们的道义责任感和善恶判断力。从调节的效力上看，就所调节矛盾的性质而言，对于内涵非对抗性矛盾的关系和活动，道德调节可以充分发挥其效能，其调节效力优胜于政治、法律调节，但对于内涵对抗性矛盾的，其效力却非常有限。

认识功能也是道德的主要功能之一。所谓认识功能，是指道德作为人类认识世界的一种特殊方式，运用善恶、荣辱、义务、良心等道德范畴，反映人类的道德实践活动和道德关系，从中揭示社会道德文明发展的趋势，为人们的行为选择提供指南。马克思主义认为，道德对于社会生活的认识，主要侧重于从个人与社会、个人与个人之间的利益关系，特别是从个人对社会整体利益和他人利益的态度这一角度，提供现实社会状况的信息，显示现实社会的生命力和历史趋势，展望或预测社会发展的未来图景，为人们把握世界、认识自己提供知识和价值的支持。道德还有对现实应当怎样的设想以及未来应该如何的认识，具有强烈的预见性和前瞻性。正是在道德认识的过程中，人们获得了观察、分析、评判道德现象的能力，提高了道德行为的主动性、自觉性，从现有的现实状况中深刻把握到应有的历史必然性，从而为个人道德的全面进步和社会道德的全面发展开辟了道路。

道德具有激励功能。激励功能表现为道德能够为人们的行为提供一种正当性、正义性、应当性的支撑，化为一种激励性的强大精神力量，鼓舞人们敢于冲破各种艰难险阻，去追求理想的目标。道德的激励功能与认识功能紧密相连。正因为道德是对"应当"的一种理想性追求，所以道德就成为激励人们改造客观世界和主观世界的精神力量，成为个体自我肯定、自我发展的一种必要形式。正因为道德调节着各种利益关系，因此道德认识也就成为人们相互沟通、达成共识的重要手段和途径。实际上，正是在道德认识的基础上，人们获得了自我激励的重要精神力量，建立了相互沟通的重要精神渠道。

道德具有导向功能。所谓导向功能，是指道德从现实的社会道德水平出发，指向更高的道德理想，将人们的行为不断引导到一个更高的水平，从而不断提升道德生活的质量。从一定意义上说，道德的导向功能也就是道德的教育功能——通过道德教育，引导人向上向善，劝人不断完善自身道德人格。

17.社会主义道德建设的核心

《新时代公民道德建设实施纲要》明确要求公民道德建设要坚持"以为人民服务为核心"。以为人民服务作为道德建设的核心，是社会主义道德区别和优越于其他社会形态道德的显著标志。中国共产党建党百年来，在斗争中确立了以为人民服务作为社会主义道德建设的核心。坚持以为人民服务为核心是中国共产党百年道德建设的根本经验。为人民服务是社会主义道德要求的集中体现，彰显了社会主义道德的人民性、先进性和科学性。坚持以为人民服务为道德建设的核心，是新时代道德建设的必然选择和内在要求。

不管是过去，还是现在，或者将来，坚持以为人民服务为道德建设的核心都发挥着强大的功能。在革命战争时期，无数革命先烈，一心想着人民，全心全意为人民服务，发挥毫不利己、专门利人的精神，用鲜血和生命谱写了一曲曲壮丽的凯歌。同样，在社会主义建设时期，广大的党员、干部和人民群众，在各自的工作岗位上大公无私、勇于奉献、全心全意为人民服务，不断推动社会主义建设的伟大事业。

坚持以为人民服务为核心，标定了社会主义道德的性质。所有的道德都是"人"的道德，都是为"人"服务的。但以往的旧道德所为之"人"，要么是不存在的抽象的"人"，要么是剥削阶级的"阶级之人"。1939年，毛泽东就提出了以是否"为人民服务"作为区别社会主义道德和一切剥削阶级道德的根本分界线。以毛泽东为代表的中国共产党人，几十年一以贯之地提出以"人民"，即以无产阶级和一切劳动人民、革命人民为服务对象，并将此视为自己唯一的、根本的宗旨，从而鲜明地体现了社会主义道德的"革命"本色。为人民服务立足于为人民群众服务，有着鲜明的阶级立场。人类社会的历史上没有哪个阶级能够提出为人民服务的价值体系，只有以最广大人民群众最根本利益、最大利益为出发点的中国共产党才能以为人民服务作为根本宗旨，才能提倡和推广以为人民服务为核心的道德体系。中国共产党区别于其他任何政党的一个显著的标志，就是和最广大的人民群众取得最密切的联系。西方资产阶级经常把人、人道、人权挂在嘴上，写在旗帜上，但是他们无论如何也不会提出和践行"为人民服务"的思想，因为西方资产阶级最终是从自己利益出发的。"同资产阶级的政党相反，工人阶级的政党不是把人民群众当作自己的工具，而是自觉地认定自己是人民群众在特定的历史时期为完成特定的历史任务的一种工具。"作为社会主义道德建设核心的为人民服务，十分强调对他人和社会的奉献精神。毛泽东认为，为人民服务要坚持全心全意、完全彻底、大公无私、毫不利己、专门利人的高标准要求。特别是在社会主义市场经济条件下，更要在全体人民中提倡为人民服务和集体主义精神，提倡尊重人、关心人，热爱集体，热心公益，扶贫帮困，为人民为社会多做好事，反对和抵制拜金主义、享乐主义和个人主义。为人民服务反映了社会主义道德的阶级属性。

坚持以为人民服务为核心，体现了社会主义道德的追求。待人民群众的态度问题，不仅是个根本的政治问题，也是一个根本的道德问题。为人民服务的出发点和立足点是怎样看待人民群众、如何对待人民群众问题。社会主义道德从一开始就特别强调为群众服务、为大众谋幸福和为人民的利益而献身的极端重要性。"真心实意为群众谋利益"，是一切革命人民和先进分子的自觉要求。全心全意为人民服务既是革命者自觉的道德追求，也是反对剥削、压迫阶级革命的必然要求。中国共产党及其领导的革命队伍要想实现政治理想，推翻三座大山的统治，建立人民政权，就必须时刻把人民的利益挂在心上，得到人民的拥护和支持，不允许丝毫脱离人民群众，否则革命实践就会走弯路、受挫折。不损害人民群众利益，既是革命队伍的纪律，也是中国共产党人和人民军队需要自觉遵守的道德准则。1944 年，毛泽东在纪念革命战士张思德时，明确地以"为人民服务"作为对张思德及一切革命者的崇高品质的概括，强调一切革命者都要"想到大多数人民的利益"，都要"彻底地为人民的利益工作"，"一切革命队伍的人，都要互相关心、互相爱护、互相帮助"。此后，毛泽东又进一步提出"全心全意为人民服务"的思想，使"为人民服务"的思想有了新的升华。旗帜鲜明地把"全心全意为人民服务"作为革命军队和革命政党的宗旨，作为贯穿社会主义道德始终的一根红线，是中国共产党在中国革命实践中的一个伟大创造，对中国的革命事业和道德建设，发生了极其重大的推动作用。为人民服务，既是实现无产阶级阶级利益的需要，也是实现最广大人民群众利益的需要。习近平强调："全心全意为人民服务，是我们党一切行动的根本出发点和落脚点，是我们党区别于其他一切政党的根本标志。党的一切工作，必须以最广大人民根本利益为最高标准。"

坚持以为人民服务为核心，凝聚了社会主义道德的情感。为人民服务反映了共产主义人生观的根本要求。人生观的根本问题是为什么活着，怎样活着才有意义、有价值。马克思主义认为，只有为解放全人类、实现共产主义作出贡献，才是最有意义、最有价值的，这样的人生才会使人变得更充实更高尚。为人民服务是共产主义人生观的根本要求和特有标志。为人民服务倡导为人民而活，要为实现中华民族的伟大复兴奉献自己的人生，是共产主义人生观的现实要求。正如毛泽东所说的："为什么人的问题，是一个根本的问题，原则的问题"，"这个根本问题不解决，其他许多问题也就不易解决"。毛泽东强调人是历史发展中的决定性因素，人民群众是世界历史的主体，并对人民群众有着天然的感情，高度肯定人民群众的价值。他认为："世间一切事物中，人是第一个可宝贵的。在共产党领导下，只要有了人，什么人间奇迹也可以造出来。"只有从人民的利益出发，只有全心全意地为人民服务，才能具有"毫不利己、专门利人"的精神，才能在道德境界上不断升华，才能成为"一个高尚的人，一个纯粹的人，一个有道德的人，一个脱离了低级趣味的人，一个有益于人民的人"。为人民服务也是发展社会主义新型人际关系的最佳选择。现代社会交往的普遍化要求人与人之间互帮互助，为人民服务的道德命题正反映了这种要求，并为社会主义社会平等互助人际关系目标的实现提供了可能性。为人民服务要求摆正自己的位置，在为人民服务的过程中形成良好的人际关系，是发展社会主义新型人际关系的内在要求。

18.社会主义集体主义原则

社会主义集体主义，是无产阶级的集体主义，是革命的集体主义。集体主义是马克思主义伦理思想的重要原则。马克思主义从社会存在决定社会意识的原理出发，论证了无产阶级在实践中形成的集体主义。《英国工人阶级状况》论述了生产社会化让工人"感觉到自己是一个整体，是一个阶级……联合在一起就是一种力量"，从而"促进了工人所特有的、也是在他们的生活条件下所应该有的那些见解和思想的形成"。①《共产党宣言》从理论上论证了基于大工业的发展，无产阶级"结合成更大的集体""组织成为阶级"。无产阶级集体主义是以"为绝大多数人谋利益"为核心，以"消灭私有制"为目标的。无产阶级的集体主义同建立在生产资料私有制基础上的"虚幻"共同体，名为"普遍利益"实为个人或少数人谋利益的"整体主义""团体主义"有着本质的区别。

集体主义作为社会主义道德原则，其核心要求在于正确处理利益矛盾和利益冲突。在中国革命和建设过程中，国家利益、社会整体利益和个人利益具有根本上的一致性，使得集体主义应当而且能够在全社会范围内贯彻实施。长期以来，集体主义已经成为调节国家利益、社会整体利益和个人利益关系的基本原则。

集体主义强调国家利益、社会整体利益和个人利益的辩证统一。"在社会主义革命和建设的整个过程中，从根本上说，革命者的个人利益同革命利益是一致的，因为，他们从事革命活动的目的，就是要为人民的利益、为革命的利益而奋斗，他们总是把自己的个人利益融化于人民的利益和革命的利益之中。"②在社会中，人既作为个体而存在，又作为集体中的一员而存在，集体和个人是不能分割的。"一方面，个人离不开集体，集体

---

① 《马克思恩格斯全集》第 2 卷，人民出版社 1957 年版，第 407—408 页。
② 罗国杰：《论"五四"以来的中国革命道德》，《高校理论战线》2000 年第 1 期。

把每个劳动者的智慧和力量凝聚在一起，形成巨大的创造力。另一方面，集体是由若干个人组成的，不调动个人的积极性，也就不会有集体的创造力。集体与个人，即'统'与'分'，是相互作用、相互依赖、互为前提的辩证统一关系。只有使二者有机地结合起来，才能使生产力保持旺盛的发展势头，偏废任何一方，都会造成大损失。"① 在社会主义社会中，国家利益、社会整体利益和个人利益也是不能分割的。国家利益、社会整体利益体现着个人根本的、长远的利益，是所有社会成员共同利益的统一。同时，每个人的正当利益，又都是国家利益、社会整体利益不可分割的组成部分。国家社会的兴衰与个人利益得失息息相关。在现实生活中，国家利益、社会整体利益和个人利益是相辅相成的，不是靠抑制一方来发展另一方，而是要力求做到共同发展、相互增益、相得益彰。

集体主义强调国家利益、社会整体利益高于个人利益。在某些情况下，个人利益也确有同国家利益、社会整体利益发生矛盾的情况。在个人利益和国家利益、社会整体利益发生矛盾时，人们应当根据什么原则来处理和解决这种矛盾呢？这就应该如毛泽东同志所说的那样："以革命利益为第一生命，以个人利益服从革命利益。"② 如邓小平同志所说的那样："为了国家和集体的利益，为了人民大众的利益，一切有革命觉悟的先进分子必要时都应当牺牲自己的利益。"③ "正是依靠这种革命利益高于个人利益的集体主义的原则，我们的革命事业才能得以不断蓬勃地向前发展。一切革命者和先进分子，自觉地把革命利益放在首位，以个人利益服从革命利益为自己的神圣职责；革命的集体和领导，始终不渝地从各个方面照顾每个革命成员的个人利益，关心他们的事业成就和个人的全面发展。正是这两个方面的高度结合，才使集体主义的原则在社会主义道德中能够发挥出强大的精神力量，激发了革命者为集体而献身的斗志，形成了革命队伍前所未有的向心力和凝聚力。"④ 在实际生活中，个人利益和国家利益、社会整体利益难免会发生矛盾。这种矛盾，有的是可以缓和、化解的，有的则会

① 习近平：《摆脱贫困》，福建人民出版社 1992 年版，第 195—196 页。
② 《毛泽东选集》第二卷，人民出版社 1991 年版，第 361 页。
③ 《邓小平文选》第二卷，人民出版社 1994 年版，第 337 页。
④ 罗国杰：《论"五四"以来的中国革命道德》，《高校理论战线》2000 年第 1 期。

发生或大或小的冲突。但是，集体主义强调，在个人利益与国家利益、社会整体利益发生矛盾冲突，尤其是发生激烈冲突的时候，必须坚持国家利益、社会整体利益高于个人利益的原则，即个人应当以大局为重，使个人利益服从国家利益、社会整体利益，在必要时作出牺牲。集体主义要求个人为国家、社会作出牺牲并不是任意的，只有在不牺牲个人利益就不能保全国家利益、社会整体利益的情况下，才要求个人为国家利益、社会整体利益作出牺牲。社会主义集体主义之所以强调个人利益要服从国家利益、社会整体利益，归根到底，既是为了维护国家、社会的共同利益，最终也是为了维护个人的根本利益和长远利益。

集体主义重视和保障个人的正当利益。集体主义促进和保障个人正当利益的实现，使个人的才能、价值得到充分的发挥。这不但与集体主义不矛盾，而且正是集体主义思想的应有之义。只有在国家、社会中个人才能获得全面发展，才可能有个人自由。那种把集体主义看作是对个人的压制、是对个性的束缚的思想，是与集体主义的本意相违背的。事实上，正是集体主义为培养个人的健全人格、鲜明个性和创新精神提供了道义保障。对于集体主义来说，只有个人的价值、尊严得到实现，个人的正当利益得到保证，集体才能有更强大的生命力和凝聚力。集体主义重视个人利益的实现，这是毫无疑义的，但这并不等于说，任何个人不分场合不分时间的利益需求，都应该无条件得到满足。社会主义集体主义所重视和保障的是个人的正当利益，而不是任何性质的个人利益，对于损人利己、损公肥私的行为，集体主义不但不保护，而且强烈反对和禁止。对于党和政府而言，维护人民群众的个人利益，就是"要抓住人民最关心最直接最现实的利益问题，把人民群众的小事当作我们的大事，从人民群众关心的事情做起，从让人民满意的事情抓起"。①

19.社会主义道德的基本要求

在我国社会主义初级阶段，社会和国家除了在公共生活中向人们提出一些最简单的、最起码的一般道德要求外，还从我国社会主义实际及各族

---

① 《习近平谈治国理政》第三卷，外文出版社 2020 年版，第 135 页。

人民的共同利益出发，向全体公民提出了共同的道德要求，即社会主义道德的基本要求：爱祖国、爱人民、爱劳动、爱科学、爱社会主义。"五爱"是社会主义道德对人们的基本要求，实际上是社会主义社会人们应该遵循的五个最基本的道德规范。每个规范都调整着人们某一方面的道德关系，因此，每个规范要求都包含着极丰富的内容。

第一，爱祖国。

爱祖国反映了社会主义国家的公民与祖国之间的关系。祖国对每一个人来说，是生养、抚育他的母亲。人们世世代代生活于祖国母亲的怀抱中，自然而然地产生了对她的一种深厚的感情和为她而献身的精神。因此，热爱祖国、建设祖国、保卫祖国，历来就成为衡量一个人道德品质好的重要标准。

热爱祖国是我们中华民族的光荣传统和崇高品德，是我们民族生存和发展的重要精神支柱。几千年来，在爱国主义精神鼓舞下，我国人民不仅创造了灿烂光辉的文明，而且在反抗外来侵略、奴役的斗争中，涌现出了无数可歌可泣的爱国民族英雄和革命领袖。当然，在不同历史条件下，由于时代和阶级关系的不同，爱国主义的性质和内容也是不同的。当前，摆在全国人民面前的任务是全党要牢牢把握社会主义初级阶段这个基本国情，牢牢立足社会主义初级阶段这个最大实际，牢牢坚持党的基本路线这个党和国家的生命线、人民的幸福线，领导和团结全国各族人民，以经济建设为中心，坚持四项基本原则，坚持改革开放，自力更生，艰苦创业，为把我国建设成为富强民主文明和谐美丽的社会主义现代化强国而奋斗。在这种情况下，"爱祖国"这条规范就向人们提出了许多更新更高的要求。

首先，要正确认识祖国的历史和现状，增强热爱祖国的感情和责任感。只有从思想上真正认识祖国的可爱和为什么可爱，才能从内心深处产生深厚的爱国主义感情；才能对祖国无限忠诚，对祖国前途和命运无限关心；才能真正树立起振兴中华、报效祖国的志向和信念。其次，把热爱祖国的深厚感情和信念转化为爱国主义的行动。热爱祖国不是一句空话，而是一种义务。爱国不能停留在思想上，而要落实到行动上。这就需要我们在日常的学习、工作和劳动中，要处处把国家的利益看得高于一切，想国家之所想，急国家之所急。努力学习科学技术文化知识，提高自己建设祖国和保卫祖国的本领和胆识。每个人要在自己的工作岗位上自觉地为祖国的繁荣昌盛添砖加瓦，为实现包括台湾在内的祖国统一，反对霸权主义、维护世界和平，支持和援助国际无产阶级、被压迫人民和被压迫民族的解放事业以及人类一切正义和进步事业做出积极的贡献。再次，要有民族自尊心和民族自信心，自尊心和自信心是中华民族永不衰竭的民族精神；要为做一个中国人而感到自豪；要有自立于世界民族之林的信心。在任何强国、富国面前，决不妄自菲薄，崇洋媚外，数典忘祖，丧失国格、人格。

第二，爱人民。

"人民"是一个历史范畴。不同时代的不同国家，同一国家的不同时期"人民"都包含着不同的社会涵义。在社会主义时期，一切赞成、拥护和参加社会主义建设事业的阶级、阶层和社会集团，都属于人民的范围。人民的范围比历史上任何时代都要广泛得多。同时，在社会主义社会，人民当家作主，成了国家的主人，人民的利益代表着社会整体和历史发展的根本利益。在这种情况下，如何处理好干部同人民、个人同人民之间的关系，对增进人民团结，稳定国家秩序，进一步发挥人民"创造世界历史的动力"的作用和建设社会主义都有十分重要的意义。正因为如此，社会主义道德要求人们在处理同人民的关系时，一定要热爱人民，这是社会主义社会做人最基本的要求。热爱人民的内容是极为丰富的，要求也是多方面的。第一，全心全意为人民服务，而不是半心半意或三心二意为人民服务。这就要一切从人民利益出发，一切为了人民，一切向人民负责。也就是说，人民的利益高于一切，要随时随地把人民的利益放在首位，把自己的利益溶化在人民大众的利益之中，在个人利益同人民利益发生矛盾时，要发扬顾全大局的精神，自觉地牺牲自己的利益。在工作中，说话办事，都要极端负责，反对轻率、马虎。要始终同人民群众甘苦与共，同人民群众保持密切的联系，做人民的公仆。坚决反对轻视人民、欺骗人民、搞特殊化，更不能踩在人民头上作威作福，当官做老爷。第二，保障人民的民主权利，充分发挥人民群众革命和建设的积极性。在社会主义社会，人民成了国家的主人，人民有权管理国家大事，有权发表各种参政、管理、改革的意见，有权监督国家政府和各级领导人员。爱人民，就是要从各方面保障人民的民主权利。第三，关心人民的物质利益和文化利益，努力提高人民的物质和文化生活水平。人民的物质利益和文化利益是最根本的利益。爱人民不是一句空话，要真正落实到行动上，就要从各方面关心人民的疾苦，带领群众发展生产力，努力使人民摆脱贫困，走共同富裕的道路，"真心实意地为群众谋利益"。第四，同一切危害人民利益的思想和行为进行坚决的斗争。一切违背和有损于人民利益的思想、言论和行为，都是鄙俗的、渺小的，是社会主义道德所不允许的。一个热爱人民的人，在任何时候、任何情况下，都是人民利益的坚定的保卫者。要敢于为人民说话，赤胆忠心地反映真实情况；要敢于和各种危害人民利益的坏人坏事作斗争，临危不惧，斗争到底。

第三，爱劳动。

劳动是人类生存和发展的基础。劳动创造了人本身；劳动推动了生产力的发展，征服自然和改造自然为人类服务；劳动创造了人类社会，形成了社会生产关系和社会关系，同时也产生了调整人和人之间关系的道德；人类道德进步的每一个阶梯，都与人类劳动的历史发展到一定阶段相适应；劳动创造了人类的一切文明，促进了人类智力和体力的全面发展。总之，劳动对社会和人生都具有十分重要的道德价值。因此，对劳动采取什么态度从来就是衡量人们道德的一个重要标准。

在私有制社会里，一切剥削阶级及其思想家，归根到底，都否认劳动及劳动态度所具有的道德意义。他们一面过着不劳而获的生活，一面厌恶体力劳动和体力劳动者，把繁重的体力劳动转嫁到劳动人民身上。他们奉行着"劳心者治人，劳力者治于人"的道德信条，到处诅咒劳动和劳动人民。而广大劳动人民虽然为社会创造了巨大财富，却过着受剥削受压迫的贫困生活。社会主义革命的胜利和公有制的建立，劳动人民的地位发生了变化，成了国家的主人，从而使劳动的性质发生了根本的变化，劳动人民不再被剥削劳动，而是在为社会劳动的同时也为自己劳动。劳动不再是过去那种沉重的负担，而成了光荣豪迈的事业。同时，劳动成为全社会范围内衡量每个人价值大小的尺度。

在社会主义初级阶段，由于生产力水平还不高，由于劳动在一定意义上还是人们谋生的手段，在对人们劳动态度的要求上就要有所区别。在全国范围内，对大多数人来说，必须坚定不移地提倡社会主义新的劳动态度，即提倡主人翁精神和诚实的劳动态度。具体来说，第一，树立社会主义主人翁道德责任感，以诚实的劳动态度，热忱、积极、主动地进行劳动。在劳动中要充分发挥高度的自觉性，发挥自己的劳动能力和聪明才智，认真负责、保质保量地完成和超额完成自己的任务，为改革事业和现代化建设事业作出贡献。第二，自觉遵守劳动纪律。纪律是使劳动顺利进行和完成劳动任务的根本保证。它是劳动人民集体意志和共同利益的体现。随着现代化建设规模的扩大，经济联系的复杂化，以及劳动节奏的加快，时代对遵守劳动纪律提出了更加严格的要求。因此，一个有觉悟的劳动者，不仅要成为自觉遵守劳动纪律的模范，而且要和一切违反纪律的行为作斗争。第三，克服平均主义思想，积极执行"各尽所能，按劳分配"的政策。平均主义思想是贯彻按劳分配原则的一个严重障碍。实行"各尽所能，按劳分配"的原则，对调动人们的劳动积极性，抵制各种错误思想有着重要的意义。

在全国人民中，认真实行社会主义诚实劳动态度的同时，对于十月革命后在苏联由列宁多次提倡的那种自觉自愿的、不计定额的、不计报酬的共产主义劳动态度，仍然要认真加以提倡。不能因为在社会主义初级阶段实行按劳分配制度，就完全否定提倡共产主义劳动态度。因为在社会主义社会现实生活中，在少数先进分子身上确已表现出这种劳动态度。因此，提倡共产主义劳动态度，对鼓励先进，鼓励人们向先进学习，以及进一步促使人们劳动觉悟的提高，搞好本职工作，都有很重要的现实意义。当然这种共产主义劳动态度，目前还不能普遍实行。在这种情况下，如果不加区别地用共产主义劳动态度去要求社会所有成员，势必也会脱离广大群众的思想实际，产生不利于生产力发展的效果。总之，在劳动态度问题上，一定要实事求是，反对"左"和"右"的两种倾向。

第四，爱科学。

科学是人类认识自然、改造自然、获得物质财富的重要手段，而且也是认识社会、改造社会、进行社会革命、获得精神解放和道德进步的重要武器。恩格斯曾说："在马克思看来，科学是一种在历史上起推动作用的、革命的力量。"特别是21世纪以来，科学技术的飞速发展，给人类社会带来了极大的影响。科学愈来愈成为直接的生产力，成为对人类历史发展前途和现代国家兴亡有决定性影响的强大力量。目前，我国正在进行全面改革，为实现四个现代化而奋斗。而要实现四个现代化，关键是科学技术现代化。没有现代科学技术，就不可能建设现代农业、现代工业、现代国防。没有科学技术的高速发展，也就不可能有国民经济的高速发展。科学技术进步和管理水平的提高，将在根本上决定我国现代化建设的进程，是关系民族振兴的大事。在这种情况下，热爱科学，学习科学，发展科学，用科学为祖国四个现代化建设服务，就成为党和人民对每个公民提出的最基本的道德要求。

热爱科学对人们的要求也是多方面的。第一，要有为社会主义事业学习科学知识、掌握科学知识的强烈愿望和兴趣。科学技术现代化既然是关系着祖国前途命运的大事，因此，学习和掌握科学技术知识就须有高度的责任心和强烈的使命感。有了这种责任心和使命感，就能有明确的学习目的和正确的学习动机，就能在学习中勤奋求知，锲而不舍；勇于思考，敢于创新；实事求是，追求真理；不避艰险，忘我献身。第二，努力钻研马克思主义和其他具体科学知识。马克思主义是无产阶级和劳动人民认识世界和改造世界的科学真理，它随着实践的发展不断发展。认真学好马克思主义是我们顺利进行改革和建设的理论基础。同时，也要认真学习各门具体的社会科学和自然科学，学习对改革和建设有用的各门新兴学科。科学是老老实实的学问，来不得半点虚伪，需要付出艰巨的、诚实的劳动；科学是探索未来、创造未来的，需要有宏伟的胸怀，宽阔的眼界，探索的勇气，创新的胆识；科学真理是在同谬误作斗争中发展起来的，需要有不怕挫折、不怕失败、追求真理、捍卫真理的大无畏精神。实际上，学习和探索科学真理的过程也是陶冶人们的道德情操、培养人们献身精神的过程。第三，要努力把学到的科学技术知识运用于自己的工作实践，提高工作效率和劳动生产率，使其造福于社会主义事业和人类进步事业。科学不和实际结合，就一无所用。科学只有在实践中为社会主义四个现代化建设服务，才有无限的生命力。科学工作者要在实践中显示自己的聪明才智，同时，要在实践中认真总结经验，有所发现，有所发明，有所创造，有所前进。

第五，爱社会主义。

爱社会主义不仅是一个法律要求、政治要求，而且也是人们必须自觉遵守的最基本的道德要求。中国人民以自己从五四运动到现在一百多年来的切身经验，深深认识到只有社会主义才能救中国。中国离开社会主义就必然要回到半殖民地半封建社会。中国绝大多数人决不允许历史倒退。尽管我国目前还是发展中的社会主义国家，社会制度还不完善，经济、文化还很不发达，但是社会主义制度的建立，毕竟给中国人民带来了最伟大、最深刻的变革。经过七十多年的建设发展：我们国家已经取得了旧中国几百年、几千年所没有取得过的进步。而且随着改革、开放及社会主义建设事业运动的不断深入，一个富强、民主、文明、和谐、美丽的社会主义现代化国家必将出现在世界的东方。因此，爱社会主义，就必然成为人民发自内心的道德要求。

爱社会主义，首先，就要爱我们的社会主义制度。社会主义制度是中华人民共和国的根本制度。对于任何组织或者个人破坏社会主义制度的行为，都必须坚决反对。社会主义制度不是无缘无故地在中国出现的，它是中国历史发展的必然结果，是中国亿万人民在长期艰苦卓绝的探索和奋斗中所作出的慎重选择。目前，我国依然是最大的发展中国家，依然处于社会主义初级阶段。但是，这并不是社会主义制度造成的，而是起点低的原因。我们建立了以公有制为主体的经济基础，消灭了剥削阶级，生产的目的是最大限度地满足人民的物质、文化需要，形成了共同的政治社会理想，共同的道德标准，这是资本主义社会永远也不可能有的。所有这些，都说明社会主义制度比资本主义制度优越。其次，要积极参加社会主义经济体制改革、政治体制改革和其他改革运动，积极参加社会主义现代化建设。改革是一场深刻的革命，任重而道远。任何一个有道德觉悟的人，都必须热情地支持改革，发扬探索精神、献身精神，以大无畏的勇气投入到改革的洪流中去，站在改革的最前列，并用自己卓越的贡献促进改革和建设事业的顺利发展。第三，要同一切危害社会主义事业的行为作斗争。在社会主义社会，由于还残存着剥削阶级各种腐朽思想和道德观念的影响，各种腐朽思想会乘虚而入，沉渣泛起，并不可避免地侵蚀人们的思想，从而使一些意志薄弱者走上贪污盗窃、投机倒把、损人利己、损公肥私、唯钱是逐、欺诈勒索、偷税漏税的道路上去，坑害国家和人民。因此，每一个真诚地热爱社会主义事业的人，都应该同这些不道德行为、这些违法乱纪行为进行英勇的斗争。

20.道德的基本范畴

范畴是人们在思维过程中，用以把握事物、现象及其特性、方面和关系等的普遍本质的基本概念。因而它不仅标志着人们认识发展的一些小阶段，而且是人们借以把握事物本质的重要手段，也就是列宁所说的，是帮助人们认识和把握现象之网的"网上纽结"。每一门学科在自己的研究领域内，都运用着一系列相对具有普遍意义的特定范畴。马克思主义伦理学认识和掌握道德现象，也运用着一系列特定的道德范畴。其中最主要的范畴有：善与恶、义务、良心、荣誉、幸福、公正等。它们是社会主义道德规范体系的重要组成部分。

（1）善恶

善与恶是伦理学中最基本的一对范畴，是对人们的思想、行为和社会现象进行道德评价时所使用的最一般的概念。善和恶，作为一对历史范畴，其意义相当广泛。"善"的意义，据《说文解字》，与"義""美"同义。段玉裁《说文解字注》中认为，善、義、美三字，都从羊字，而"羊"即"祥"之意，是以善、義、美的意义相同，都表示"吉祥"。此外，"善"还有"良""好""福""贵""熟练"等意义。不过，大多数情况下，"善"主要意旨"义"和"美"。"恶"的意义，据《说文解字》，指"过也，从心"。段玉裁在《说文解字注》中说："人有过且恶，人有过而人憎之，亦曰恶。"此外，"恶"在中国还有"丑""坏""粗""祸""污""凶""不正""不吉"等意义。

善和恶是一对历史范畴，其内涵随着社会的政治、经济和文化的变化而变化。由于民族、地域和文化的差异，各个民族对善和恶也有着不同的理解。但是，尽管如此，善和恶的概念仍然是可以从普遍的意义上加以规定的。在伦理学上，一般来说，善就是在人和人的关系中表现出来的对他人、对社会有价值的行为；恶就是对他人、对社会有害的、产生负价值的行为。在人们的社会生活中，善表示对行为的肯定和赞扬，恶表示对行为的否定和谴责。善虽然要以对真的认识为前提，但善不等于真，因为善恶必须以对社会、对他人是否有价值为最重要的条件。

马克思主义认为，人们的善恶观念，不是来自先天的"观念"，也不是从人们的自然本性中引申出来，更不是什么上帝或"神"的启示，而是在人们的社会生活中形成的，是个人与社会之间的复杂的道德关系的反映。善恶观念与人们的道德评价相联系，其内容是客观的。它包含着各种利益相互关系的一定形式，这种利益关系形式是由客观的社会经济关系决定的。

第一，不同时代有不同的善恶观。在马克思主义的观点看来，在不同的时代、不同的民族、不同的地方，由于历史条件不同，善恶观念的内容也就往往不一样。在阶级社会，人们在不同的甚至对立的阶级地位中生活，于是形成了不同甚至对立的善恶观。随着社会历史条件的变化和发展，人们的善恶观念也必然发生变化，在阶级社会里，善恶观念的阶级性主要表现在人们总是从各自的阶级地位和阶级利益中引申出自己的善恶观念，不同的阶级有不同的善恶观；一定的善恶观念总是为一定的阶级利益服务的。善恶观念还具有历史性的特点，历史性与阶级性是一致的。一方面，善恶观念的历史性表明了各个阶级的善恶观在社会生活中总是处在相互对立、相互斗争和不断变化发展中；另一方面，善恶观念的阶级性又说明任何善恶观都是具体的，不同阶级的善恶观的形成是被一定的社会历史条件决定的，并不是人们主观意志的产物。

第二，善与恶二者是辩证的关系。马克思主义在肯定善恶观念的客观性、历史性和阶级性的基础上，进一步揭示了善与恶的对立统一关系。善与恶总是相比较而存在，相斗争而发展的，没有善就无所谓恶，没有恶就无所谓善。在现实生活中，对于同一社会现象，一些人斥之为恶，另一些人则称之为善。抑恶是为了扬善，扬善也就是对恶的抑制。善与恶之间，不仅相互联系、相互渗透，而且在一定条件下可以相互转化。同是一种行为，在一定条件下被认为是善，在另外的条件下则可能成为恶。因此，马克思主义伦理学强调对善恶观念必须进行具体的、历史的分析。马克思主义伦理学，在肯定善恶观念的相对性的同时，又指出善恶观念的相对性之中包含着绝对性的因素，认为善恶观念是相对和绝对的统一。善恶观念是这样的不确定，又是这样的确定。善恶观念的确定、绝对，就在于它的内容是客观的，评价人们行为的善恶是有客观标准的。那种"公说公有理，婆说婆有理"的道德相对主义、非道德主义是错误的。

第三，善与恶有客观的评价标准。马克思主义伦理学认为，善与恶是关于人的思想、行为对他人和社会有利或有害的属性。因此，判断善恶的标准总是离不开一定的社会利益。在阶级社会里，任何阶级都是以自己的阶级利益和由阶级利益所引申出来的道德原则和规范为标准的。只是剥削阶级及其思想家从来不敢公开承认这一点，并把他们的善恶标准冒充为全人类的永恒不变的标准。马克思主义则公开申明，无产阶级的利益以及由此引申出来的社会主义、共产主义的道德原则和规范是判断人们行为善恶的标准，也就是说，凡是符合无产阶级和广大人民群众的利益，符合社会主义、共产主义道德原则和规范的行为，就是善的，反之，就是恶的。

应该指出，马克思主义强调阶级利益是判断人们行为善恶的标准，并不否定善恶的客观标准。马克思主义认为，评判人们行为的善恶，最终必须以是否符合社会发展的规律，是否对当时社会的进步起促进作用为标准。一般来说，凡是符合社会发展规律，对当时社会进步起促进作用的行为，就是善的；相反，凡是背离社会发展规律、损害社会进步的行为，就是恶的。当然，人们的社会生活是十分复杂的，因而，我们在掌握和运用这一标准时，必须对具体情况作具体分析，把动机和效果结合起来，这样才可能做出正确的评价。

（2）道德义务

义务是人类社会生活中普遍存在的道德关系和道德要求。任何一个社会或阶级总是要向本阶级的或全社会的成员提出一定的义务要求，以调整人们之间的关系，把人们的行为引导到一定的社会秩序中去。任何个人在同他人、同社会整体（民族、国家、阶级、政党、团体等）的关系和交往中，不管自己是否意识到，也总是包含着尽某种义务。正是由于义务范畴是社会道德生活的重要环节，所以，历来的伦理学都十分重视对义务范畴的研究。

"义务"概念，在西方伦理思想史上使用较多，而在中国古代伦理思想中使用较少。但是，中国自春秋战国以来一直使用的"义"这个概念，作为一般行为要求，则包含有"义务"的意义。就最一般的意义来说，所谓义务，就是对他人或社会做自己应当做的事情，就是对他人或社会做与自己的职责、使命、任务相宜的事情。在伦理学的严格意义上，所谓义务，就是指一定社会或阶级，基于一定社会生活条件，对个人确定的任务、活动方式及其必要性，所作的某种有意识的表达。

义务范畴根源于现实的社会关系。在人们的社会交往中，存在着这样或那样的义务，这不是由理性本身或什么上帝规定的，也不是所谓"善良意志"的"绝对命令"所发出的，更不是从人的生理要求和本能欲望中自发产生的。相反，它完全是由社会物质生活条件，以及人们在相应社会关系中所处的地位所决定的。人们处于一定的社会物质生活条件下，生活于一定的社会关系之中，总是要作为社会的成员，对与自己相关的他人和社会整体，承担起一定的使命、职责和任务。一定社会或阶级用特定的概念形式把这种使命、职责和任务确定下来（或者个人以特定的概念形式来理解、体验和把握这种职责、使命和任务），这样就形成了义务范畴。因此，义务或道德义务，完全来源于历史发展的客观过程和社会关系的客观要求，来源于某种利益和社会分工的要求。人们履行各种义务或道德义务，都现实地把个人的力量用于为他人和社会整体的利益服务，为他人和社会整体尽自己的职责，完成应当完成的使命和任务。义务或道德义务这一范畴不过是这种现实的社会道德关系和个人的活动方式的有意识的表达而已。

道德义务的内容是由一定社会或阶级的道德原则和道德规范所确定的。各个历史时代的义务或道德义务，总是同一定社会或阶级的利益和要求相联系的。各个社会和阶级，总是把实践这一社会或阶级的道德原则和规范，确定为当时人们应尽的义务。因此，义务范畴所包含的社会内容，在直接意义上，总是由一定社会或阶级的道德原则和道德规范的要求所规定的。在阶级社会里，剥削阶级提出的道德义务，除了要求本阶级的成员忠于职守以外，主要是要求劳动人民的行为符合于剥削阶级的利益，限制在它的道德原则和道德规范所规定的社会秩序内，也就是要求劳动人民安分守己，忍受剥削和压迫。剥削阶级思想家对义务的解释，之所以带有很大的欺骗性和虚伪性，就是因为他们用普遍的、似乎与利益无关的思想形式，来掩盖他们把剥削阶级的私利，规定为社会的使命和人们的生活准则。

只有从社会意义上才能了解对自身的义务。康德强调人的义务，包括对社会和他人的义务，也包括对自己本身的义务。但是他不能回答如何处置这两种义务的冲突问题。马克思主义伦理学并不一般地否定个人对自身的义务，而只是认为，应当从个人和社会的关系上来了解对自身的义务。在马克思主义伦理学看来，个人生理的需要或身体健康的要求，以及个人的发展和成就，不仅是由一定的社会条件所决定的，而且这种义务本身是否有价值以及价值的大小，最终也完全是由它所具有的社会意义来确定的。一个人如果为了能对社会有所贡献，而对自己履行应尽的责任，包括谋求必要的生活条件和争取个人的发展和成就，那么这种对自身的义务同时也就是对社会的义务。

（3）良心

良心是同义务密切联系的重要范畴。如果说义务本身是一种客观的使命、职责和任务，那么，良心就可以说是一种被人们自觉意识到并隐藏于内心深处的使命、职责和任务。它在人们的道德生活中起着重要的作用。历来的伦理思想家们也都很重视对良心范畴的研究。

所谓良心，就是人们在履行对他人和社会的道德义务的过程所形成的一种深刻的责任感和自我评价能力，是个人意识中各种道德心理因素的有机结合。良心是人们意识中一种强烈的道德责任感，是人们在现实生活中由于自觉意识到应有的使命、职责和任务，而产生的对他人和社会应尽义务的强烈而持久的愿望。良心是人们意识中自我评价的能力，它是人们在深刻理解一定社会或阶级的道德原则和道德规范的基础上，以高度负责的态度，对自己行为的善恶价值进行自我判断和评价的心理过程。良心是多种道德心理因素在个人意识中的有机结合，良心的形成是各种道德心理因素包括道德认识、道德情感、道德意志和道德信念等相互作用的结果。

良心和义务都是一种道德意识，两者的不同之处在于：义务来自道德的主体之外，它表现为个人对他人和社会应尽的道德责任；良心出自道德主体之内，它表现为个人对自己行为的道德责任感。如果说义务是个体对道德的规范性的自我意识，那么，良心则是个体对道德的主体性的弘扬。从义务到良心的转化，也是从道德的规范性向道德的主体性的升华。一个人遵循良心来行动时，他就是在以自己的名义而不是以别人的名义来抉择的。这时，良心在他心理上是一种发自内心深处的对自己的道德主体性的隐蔽呼声。所以良心最显著的特征就是自律性。

良心是随着社会生活的发展而形成的一种意识。良心范畴的实质，就在于它是个人对社会和他人的义务关系在人们意识中的自觉反映。在原始社会初期，人们在群体生活中对自己行为的满意或不满意，在亲属关系中所产生的义务感，以及在男女之间所产生的羞耻感，可以说是良心的萌芽。随着社会生活的发展和人们意识能力的提高，人们逐渐明晰地意识到个人在群体或氏族生活中应有的使命和职责，在内心里逐渐形成应当履行义务的责任感，以及依据社会要求评价自己行为善恶的能力，这就形成了早期人类的道德良心。在阶级社会里，没有也不可能有一切人都一样的良心。不仅不同阶级的人有不同的良心，甚至同一阶级的不同党派和不同思想的人也有着不同的良心。各民族文化史和道德史提供的大量材料都证实了良心范畴产生和发展的社会历史过程。

良心是对社会道德关系的自觉反映。无论是个人的良心或是作为社会集体的人们共同的良心，虽然作为个体意识和社会意识是主观的，但它的内容是客观的，是一定的社会道德关系的自觉反映。首先，作为良心重要方面的道德责任感，是人们能深切地体验和认识到自己对社会和他人的义务时，才产生和形成的。其次，良心据以进行自我评价的道德原则和道德规范，是客观存在的一定社会或阶级的道德要求。没有一定社会或阶级的道德要求的实际存在，或者这些客观要求不被人们理解，就不可能形成人们道德上的自我评价能力。

良心对于个人行为的调节作用，最终要受到现实社会关系的制约。首先，良心是否能够以及在多大程度上调节个人的行为，最终不仅取决于当时整个社会的道德状况，而且会更远地取决于当时社会的经济和政治状况。如果当时社会的道德状况、经济状况和政治状况，同人们内心已形成的某种道德责任感相一致，那么，良心就可以充分发挥对个人行为的调节作用。相反，人们就有可能"做违心的事"，使良心和行为相悖。其次，良心对自己行为的评价最终还需要社会实践来检验。良心毕竟属于意识范畴，并且一经形成就比较稳固，因此，难免对个人行为做出不恰当的评价和判断。它对个人行为的判断和评价，只能算作"初审"，还必须最后由社会道德关系和道德活动实践来进行"终审"。所以，人们在履行对社会和他人道德义务的过程中及其后，不能仅仅停留于"问心无愧"，而要更注重于行为后的社会评价和社会效果。

良心在道德行为中的作用主要表现在：在行为前，良心对选择行为的动机起着制约作用；在行为进行中，良心起着监督作用；在行为之后，良心对行为的后果和影响有评价作用。

（4）荣誉

在伦理学意义上，所谓荣誉，就是指一定社会整体或行为当事人，以某种赞赏性的社会形式或心理形式，对一定义务和相应行为具有的道德价值，所表示的肯定性判断和态度。荣誉范畴同义务、良心等范畴有着十分密切的联系。在一定意义上可以说，义务和良心只有表现为某种荣誉，它们的社会价值才能得到肯定性的确认。在伦理学中，荣誉范畴往往包含着两种相互关联的情形。

首先，它是指一定社会阶级或某利益集体，以某种鼓励性的方式，对出于道德责任感履行的某种义务及相应行为具有的社会价值，所表示的肯定性确认和赞赏性评价。在这种意义上，荣誉范畴常常被看作是评价人们某种道德义务及相应行为社会价值的尺度。这就是说，凡是一定社会、阶级、集体赋予荣誉的义务和行为，也就是这个社会、阶级、集体所肯定的行为。

荣誉范畴所包含的另一种情形，是指行为当事人以自尊、自爱、知耻等自赏性的心理形式，对自身出于道德责任感履行的某种义务和相应行为具有的社会价值，所做出的肯定性判断，以及所表达的欣慰态度和尊严感。在这样的意义上，荣誉范畴实际体现着个人行为选择的道德责任感和自我道德评价能力，因此，它又常常被看作是良心的社会价值的尺度。这就是说，凡是当事人在内心里感到"欣慰""尊严"的行为，也就是他的良心所实际确认的道德行为。

在不同的时代，不同阶级、阶层和集体中，它往往有着不同的社会内容和表达形式。原始社会，荣誉往往同维护氏族整体利益的劳动和义务相联系。如诚实劳动，履行氏族义务，遵守氏族的风俗习惯等，就是这个历史阶段荣誉范畴的主要社会内容。人类进入阶级社会以后，荣誉观念受到私有制关系的制约，打上了阶级烙印。历代劳动人民有着根本不同于剥削阶级的荣誉观念。这种荣誉观念的主要特点是，把勤劳俭朴的生活，劳动者之间的友爱、关心和帮助，英勇反抗阶级剥削和阶级压迫的斗争，维护和发展祖国和民族利益的努力等，看作是最值得赞誉和尊敬的。无产阶级的荣誉观念，批判继承了历代劳动人民和进步人士的荣誉观念的积极因素，并在无产阶级革命实践的基础上得到了丰富和发展。无产阶级的荣誉观念，是同社会主义和共产主义事业相联系的。它衡量荣誉的标准，不是特权、门第和个人财富，而是对民族、对人民、对无产阶级、对集体事业的无私贡献，对世界和平和人类进步事业的积极贡献。

（5）幸福

幸福范畴同人生目的和意义，同现实生活和理想有着最密切的联系。历史上各种伦理学说，都重视幸福问题的研究和争论。但是，只有无产阶级在长期的革命和建设中提供的生活经验，才为正确地解决幸福问题奠定了坚实基础。

在中外伦理思想史上，对"幸福"这个范畴，作过各种各样的解释，归结起来，最主要的有两大类（每一大类中又可以分为许多支派，呈现出纷繁复杂的各种学说）：一种把幸福范畴归结为禁欲主义（神学的、唯理的等等），从而否定幸福具有道德意义；一种是把幸福范畴归结为享乐主义（包括精神享受、物质享受和兼取两者之长的享乐等）。这些学说，虽然提出了一些合理见解，但是并没有真正科学地揭示出幸福范畴的完整含义。马克思主义伦理学通过深入考察社会生活，强调幸福范畴是整个历史发展的结果，是社会生活条件在人们思想和感情中的反映。由于人类生活的多变性和实践领域的多样性，幸福范畴的具体内容和表现形式，不仅是变化的，因人因事而异的，而且具有多方面和多层次的复杂结构。就最一般的意义来说，所谓幸福，就是处于一定社会经济关系和历史环境的人们，在创造物质生活条件和精神生活条件的实践中，由于感受和理解到目标和理想的实现，而得到的精神上的满足。

幸福是一个社会范畴。它不是一种天赋的观念，也不是人们意识和情感中所固有的，而是在一定的社会生活条件的基础上形成的。在阶级出现以后，不同阶级的思想家，从本阶级的利益和实际生活条件出发，依据本阶级的道德，来说明他们对幸福的理解，建立起自己的幸福观。与此同时，他们还通过各种手段和方式，来宣传和体现自己的幸福观。这样，幸福范畴不仅具有各种确定的社会内容，而且具有了各种正式的表达形式。所以，幸福范畴是人们社会生活条件的反映，并且随着社会历史条件的发展变化而不断变化。

从个人的意识和情感来看，幸福与不幸的观念，是人们从生活条件的比较中产生的，是同人的自觉行为的目的和理想相联系的。人们生活于社会中，一方面是通过劳动，创造必要的物质生活条件和精神生活条件，另一方面，又会在人与人的交往中，形成各种各样的社会需要。因此，每个人都必然从这些实际生活条件的比较中，产生一定的目的或理想，并因为这一定的目的或目的是否得到实现而在意识和情感中形成幸福与不幸的道德观念。自己的目的和理想实现了，就会感到精神上的满足，认为这就是幸福；反之，就会感到精神上的痛苦，认为这就是不幸。

实现幸福的基本条件，是由社会的经济关系所提供的。实现幸福的基本条件，就在于使社会的每个成员都能够完全自由地发展和发挥自己的全部才能和力量。这里，既包含着实现个人的幸福，也包含着实现社会整体的幸福，是个人幸福和社会整体幸福的统一。实现幸福的这个基本条件，在以私有制为基础的阶级社会里是不具备的。剥削阶级在人们创造社会物质生活条件和精神生活条件的劳动中，用各种卑劣的手段，剥夺绝大多数人的生活条件，来满足自己贪得无厌、骄奢淫逸的私欲，并以此为幸福。其实，这根本不是什么幸福，而是一种不幸和罪恶。在私有制条件下，被剥削被压迫的劳动人民，创造着达到幸福的条件，但他们丧失了幸福的条件。只有社会主义社会，才日益广泛地为每个社会成员提供可能够自由地发展和发挥才能和力量的条件，提供实现幸福的条件，并使实现个人幸福和实现社会幸福结合起来。

在社会主义道德中，幸福范畴具有多方面和多层次的结构。一是个人幸福和社会整体幸福的统一。社会主义社会，只有全体人民的共同幸福得到实现和不断增长，个人的幸福才有可靠保障。二是物质幸福和精神幸福的统一。一个人只有用健康的、科学的、高尚的精神生活来指导和支配自己的物质生活，才会真正感受到生活的意义和幸福。三是创造和享受的统一。幸福是创造的结果，只有首先创造，然后才能享受。创造本身就是幸福，在不断实现着目标和理想的创造性劳动和斗争中就享受着幸福。

21.个体道德心理结构

个体道德的心理结构极为复杂。一般来说，道德主要是由道德认识、道德情感、道德意志和道德行为四种心理成分构成的。道德认识和道德情感可以唤起人的道德动机，从而推动人们产生道德意志和相应的道德行为。

（1）道德认识。道德认识也可称为道德观念，即是一种对道德行为的是非、善恶、美丑及其执行意义的认识，其中包括道德概念与道德信念的形成以及运用这些观念去分析道德行为，对人或对事做出符合自己认识水平的道德评价。

（2）道德情感。道德情感是伴随着道德认识所产生的一种内心体验。它不仅是对客观事物的一种反映，也是人们对客观事物的一种态度。一般地说，在现实生活中的各种事件或行为，凡是符合自己的认识或自己所维护的道德观念时，就会产生积极的情绪体验，否则就会产生消极的情绪体验。由此可见，道德情感就是人们的道德需要是否得到满足而引起的内心体验。

（3）道德意志。道德意志是人们自觉地确定道德行为的目的，积极调节自己的活动，克服各种困难，以实现既定目的的心理过程。道德意志也要受到道德认识的支配，是人们利用自己意识的控制和理智的权衡作用去解决道德生活中的内心矛盾（如动机间的冲突及行动过程中坚持与动摇的斗争等）与支配行为的力量。道德意志通常表现为一个人的信心、决心和恒心。

（4）道德行为。道德行为是指一个人遵照道德规范所采取的言论和行动，它是实现道德动机的手段，是道德认识和道德情感的具体表现和外部标志。道德行为的培养主要通过道德行为方式的训练和道德行为习惯的养成等途径来实现的。

在品德的形成过程中，以上四种心理成分是互相联系、互相制约、互相促进的。在学校教育实践中，道德认识是个人品德形成的开端，是道德情感、道德意志和道德行为产生的基础；道德情感和道德意志是品德形成的中间环节，不仅影响着道德认识的倾向，而且对道德行为可以起到一种激励和定向的作用；道德行为是在道德认识的指导下，在道德情感和道德意志的推动下，通过训练形成起来的，同时它又对巩固和发展道德认识、丰富道德情感起到促进作用。由此可见，个人的品德是在客观现实的积极影响和本人的主观努力等多种因素的交互作用下，由道德认识、道德情感、道德意志和道德行为几个要素，根据不同的组合关系交织在一起而构成的多层次的完整统一体。它们彼此之间有着密不可分的关系。在人的实践活动中这四种心理成分一旦失去协调平衡，如果某一方面有所偏离，就会相互影响彼此削弱，只有这些心理成分协调平衡地发展，才有利于人将社会道德规范转化为个人的品德。可见，品德的形成是一个极其复杂的动态变化系统。所以，培养个人品德的工作是需要家庭、社会和学校综合教育、综合管理的一项十分艰苦细致而又复杂的工作。

22.道德冲突的类型及解决

价值冲突表现在个人身上，是社会角色所承担的道德义务的冲突。个人在社会中总要具有一定的地位并承担相应的义务，这种地位就叫社会角色。当一个人扮演一种角色或同时扮演几种不同的社会角色时，往往会在不同的道德义务之间造成冲突。根据引起冲突的原因不同，社会角色的价值冲突有以下几种形式：第一，在社会或他人对同一角色的期待或要求不一致时，所引起的该角色内心的矛盾。比如，作为一个朋友，应该互相帮助，履行对对方承担的诺言，这是社会对朋友这一角色规定的义务。但同时，社会又要求人做一个诚实的人，无论谁做了有损于社会利益的事情，都应加以阻止或告发。这两种义务反映到一个人头脑中，在特定的情形中会出现尖锐的对立。第二，由于个人改变角色而形成的新旧角色所承担的义务之间的冲突。人在社会生活中总是不断地变换地位的，当地位变了，而责任意识没有随之改变，往往也会产生矛盾。比如一个一般工作人员被提拔到领导岗位后，社会对他的要求就不仅仅是忠于职守，而且要正确地决策。遇到该下决心时，前瞻后顾，或不敢承担责任，就不能履行领导者的义务，从而在内心中形成冲突。第三，由于社会生活的复杂性，一个人往往身兼几种社会角色，不同的角色往往赋予其不同的义务，从而形成义务间的冲突。比如，一个教师，在工作上要承担教学义务，对家庭要承担赡养父母、教育儿女等等义务，而在特定时间内同时履行这些义务，往往十分困难，从而造成义务间的冲突。在以上种种冲突的情况下，个人往往要做出选择，而究竟作何选择，又要依个人的价值倾向、修养水平、理想信念而定。

价值冲突表现在社会中，呈现出两种性质不同的形式，即同一价值体系内部的不同道德要求之间的冲突和不同价值体系之间的对立，前者是大善与小善、高层次的义务与低层次的义务之间的矛盾，而后者则是善与恶、履行义务与不履行义务之间的冲突。

在同一价值体系内部，往往存在着由低到高不同层次的道德要求，比如社会主义道德体系就是由包括一般的社会公德、社会主义人道主义、集体主义原则等在内所组成的梯级结构，这些不同层次的要求在本质上是同一的，但在特定环境中又会出现矛盾，形成价值冲突。又如人作为家庭一员、团体一员和社会一员，都承担着不可推卸的责任，家庭、团体和社会提出的道德要求又是不同的，履行对家庭的义务，就有可能放弃社会的责任。这种价值冲突也同样迫切需要个人作出选择。在复杂的社会生活之中，普遍的道德要求与特殊的道德要求有时也会发生矛盾和冲突。如诚实守信、不说谎话是社会成员的基本道德品质，也是社会普遍的道德要求，但在医院中，对于病重之人保守病情秘密，必要时编造谎话，使其临死前免受情绪痛苦或不妨碍医疗疗效，也是对医护人员的道德要求。在这两种不同的要求面前就需要个人作出选择。

在同一价值体系内不同要求的冲突中，做出正确的选择，需要具有如下几个条件：第一要培养和提高选择主体的选择能力。选择能力是由多种因素组成的，不仅有知、情、意，而且要积累经验。只有具有较高选择能力的人，才能在复杂的价值冲突中作出正确的选择。第二，要确立选择的标准。任何道德体系都是由高低不同的价值准则组成的，以较高的准则作为选择依据，就可以使选择者站在新的高度、判断出冲突各方的优劣。第三，认清选择所要达到的社会目的。根据这一目的，把冲突各方分为有利于达到这些目的的和不利于达到此目的的，进而把前者再分为主要的和次要的，从而确定最有利于目的实现的选择。

在不同的价值体系之间也同样存在着激烈的冲突。在社会主义社会，除了占主导地位的社会主义道德之外，还有历史遗留下来的封建道德和资产阶级道德。这几种道德在本质上是对立的，在形式上也是互不相容的，但又都具有一定的势力和影响范围，反映在具体行为中，反映在人们头脑里，就形成了价值的冲突。这种冲突与前一种冲突的不同之处在于，它不是发生在价值与价值之间，而是发生在正价值与负价值、善与恶之间。社会主义集体主义要求人们爱祖国、爱人民、维护公共利益，而资产阶级利己主义则要人们自私自利，为满足自己的欲望，不惜损害别人和社会。这两种要求是不能共存的，在这一冲突中，主体要么择善去恶，否定利己的倾向和行为，要么趋恶远善，置国家、集体利益于不顾，做何选择，最能反映出主体的道德价值。由于社会发展的局限性，由于社会主义道德虽有强大生命力但还没有达到完善，由于生产力和生产关系决定了一时还不能消除腐朽道德的影响，不同道德体系之间的对立还将是长期的、广泛的。对于那些受不同道德体系影响的人来说，感受面临着这样的冲突，常常会作出不符合社会期望的选择，而对于那些信奉社会主义道德的人来说，选择也并不能总是毫不犹豫的。冲突要求人们思考、抉择，这就是道德选择的社会机制。

23.道德评价及其依据

道德评价根据一定社会或阶级的道德规范准则体系，对社会中的个体或群体的道德活动作出善或恶、正或邪、道德或不道德的价值判断，以达到"褒善贬恶""扬善抑恶"的目的。道德评价是人类道德活动现象的重要组成部分，对个人道德品质的形成，对社会道德风尚的改善，对人与人之间关系的协调发展，对维护道德规范的功能，以至于对道德从实有到应有的转化，都具有重要作用。

在道德生活中，道德评价所凭借的手段是社会舆论和内心信念。对于社会群体来说，还要靠某一群体在道德上所形成的自我完善机制。在一定意义上，这种自我完善的机制，可以使这一群体考虑社会舆论的力量而改变群体活动，从而也可以说是群体的一种内心信念。道德评价之凭借社会舆论，主要是把对个体和群体活动的善恶价值判断，反馈给行为者和其他社会成员，使人们通过舆论的谴责或赞许，自觉地对照检查自己的行为，并为自己符合准则的、道德的行为而体验到一种道德崇高感和尊严感，进而使这种行为发扬光大；为自己违反准则的、不道德的行为而可耻、愧疚、进而能够及时改正，去恶从善。在社会成员中，广泛形成这种知善知恶的能力和去恶去善的自觉态度，就不但可以使社会风气不断改善，而且有助于个人和群体的道德水平的提高。

在道德评价中，从个体和群体的行为自身的实现来说，有动机、意图、手段和效果的关系问题。社会上任何一个人或群体的活动，都是一个有意志的活动，即从行为的动机、意图直到最后获得效果的过程。在社会生活中，人们的活动，总受到客观环境或具体条件的制约。尽管行为的动机、意图在不少情况下可以达到预期或大体预期的效果，因而使动机和效果趋于一致。但在有些情况下，行为者的意图往往不能达到甚至会出现同预期截然相反的效果。

从伦理思想史来看，对行为的评价，究竟是强调动机还是强调效果，历史上存在着不同的看法。到了近代，西方更形成动机论和效果论两大派，彼此之间进行着长期的争论，直到现在，双方还不能取得一致的看法。

从中外伦理思想史来看，大多数在本体论上持二元论或唯心主义的伦理思想家，由于强调"理念""意志""本心""良知"，以及"善良意志""绝对精神"的作用，因而在道德评价中，往往以动机作为主要的或唯一的根据。一般来说，唯物主义思想家比较注意行为的效果（功）和行为的过程（迹）在评价善恶中的作用，强调要把动机和效果、"迹"和"功"结合起来。

马克思主义伦理学在道德评价上，既反对单纯动机论，也反对单纯效果论，而是主张动机和效果的辩证统一论。毛泽东同志在《延安文艺座谈会上的讲话》中指出："唯心论者是强调动机否认效果的，机械唯物论者是强调效果否认动机的，我们和这两者相反，我们是辩证唯物主义的动机和效果的统一论者。为大众的动机和被大众欢迎的效果，是分不开的，必须使二者统一起来。为个人的和狭隘集团的动机是不好的，有大众的动机但不被大众欢迎、对大众有益的效果，也是不好的。"一般来说，毛泽东同志这里所说的动机和效果的辩证统一论，对道德行为的善恶评价来说，也是适用的。在伦理学上需要进一步研究的是，动机和效果究竟如何统一的？特别是在动机和效果不一致的情况下，又如何对行为的善恶进行评价？动机和效果是不可分割的。动机和效果，包括从一定动机出发，去达到一定目的的努力，是人的道德行为不可缺少的组成部分。

动机（包括意图）是个体在行为前的欲望、动机、意图、情感、信念、理想的综合，是道德行为的思想动因。任何一个道德行为，都必然有其特殊的动机。效果，是指个人的行为所产生的客观结果。一般来说，在伦理学上，当它与动机联系起来考察时，它主要指一个道德行为在特定场合下所造成的后果，指由动机出发所达到的一种对他人或社会有益或有害的客观事实。动机是属于主观方面的范畴，效果是主观见之于客观的活动及其结果。从这个意义上说，任何一个道德行为，都必然要有效果。如果只有一个不付诸实践的"动机"，这种动机当然不会产生效果。这样，这种动机不但不可能构成一个道德行为，而且也不可能称之为动机，因为这只是一个不同行为联系的"空想"。正是在这个意义上，我们同样可以说，没有效果，也就没有"动机"。

当然，这种"效果"，可能是行为者从动机出发所预期的效果，也可能是同行为者的动机不相符合、甚至相反的效果。动机论和效果论都从不同方面割裂了动机和效果的统一，割裂了主观和客观的统一，从而陷入了片面性。从统一的行为动机来看，动机和效果是对立的统一，它们既互为条件，又互相渗透。一般来说，好的动机，常常引出好的结果；坏的动机，常常引出坏的结果。但是，由于客观事物在发展中要受到各方面条件的制约，由于人们对客观事物的规律性认识有一个过程，还由于在人的行动过程中会有不少意想不到的情况等等，因此，有些时候，好的动机也往往引出坏的结果；同样，坏的动机也可能引出好的结果，即所谓"歪打正着"。这种动机和效果不一致的情况，无论是动机论或效果论者虽然都承认它们确实存在，但是由于他们坚持自己的片面性，也就始终无法正确地评价人们的这类行为。很清楚，如果动机和效果一致，不论是从动机论出发还是从效果论出发，都可以正确评价人的行为。

24.道德教育的规律

所谓道德教育，是指生活于现实各种社会关系中的有道德知识和道德经验的人们（亦可称道德上的先觉者），依据一定的道德准则和要求，对其他人有组织有计划地施加系统影响的一种活动。道德教育是道德活动的一种重要形式。它是培育理想人格、造就人们内在道德品质、调节社会行为、形成良好社会舆论和社会风气的重要手段。

一种道德，最终能否被社会所接受，关键固然在于它能否反映社会道德关系的本质，是否符合社会发展的必然性，但是，这种道德究竟能够在何种范围和程度上为人们所接受，却取决于它的传播程度，取决于道德教育实施的好坏。离开了道德教育，任何一种道德要想掌握社会生活都是难以想象的。新型道德尤其如此。社会主义和共产主义道德在主要方面都是与旧道德观念和习俗对立的，并且不可能在民众中自发地产生，只能依靠无产阶级的先进分子对社会上大多数人从外部进行"灌输"。因此，研究道德教育的特点、规律和方法，对于社会主义和共产主义道德掌握社会，有着十分重要的意义。

道德教育过程，应当与人们道德人格的形成和完善过程相一致。道德人格是由道德认识、道德情感、道德意志、道德信念和道德习惯五种因素构成的。按照道德人格的一般形成过程，道德教育也就必须是一个帮助受教育者提高道德认识、陶冶道德情感、锻炼道德意志、树立和坚定道德信念并最后形成道德习惯的过程。

道德教育的起点，首先是提高人们的道德认识。要使人们具备社会主义道德和共产主义道德的理想人格，首先就必须使人们了解和把握社会主义和共产主义道德的原则、规范和义务，了解和把握什么是善，什么是恶，然后他们才能有所适从，才能有一个明确的道德实践的方向。

道德教育过程的第二个环节，是陶冶人们的道德情感。如果说追求真理需要感情，那么追求善则更需要感情。有了某种道德认识，并不一定会有相应的道德情感；没有炽烈的道德情感，当然也就不会有对善的热烈的追求。只有通过实际中的事例，通过善和恶的对比，让受教育者亲受感染，才能逐渐形成比较稳固的道德情感。由于旧道德的长期的历史存在和影响，人们还需要改变旧的道德情感。这种感情的改变，要比改变一种道德认识困难和长久得多，因而就需要教育者有极大的毅力和耐心。

道德教育的第三个环节是锻炼受教育者的道德意志。道德意志是道德人格形成的关键。如果没有坚强的道德意志，就不能在道德实践中克服困难，牺牲个人利益，战胜邪恶和私欲，把善和正义发扬光大，也就无从形成理想的道德人格和品质。锻炼受教育者的道德意志，就要引导、鼓励他们积极地参加社会三大斗争，在实际的道德实践中磨炼意志。

道德教育的第四个环节是受教育者确立道德信念，这是道德教育的中心环节。这个环节是以其他三个环节为基础的，只有识深、情笃、意果，才能形成坚定的道德信念。使受教育者树立道德信念，关键要在前三个环节上下功夫。功夫到家，水到渠成，人们的道德信念自然也会确立。有了坚定的道德信念，也就是有了精神支柱，其道德人格也就初步树立起来了。

道德教育过程的最后完成，在于养成道德习惯，使人们对于道德规范要求习惯于遵守，须臾不离，从心所欲而不逾矩。这就要求对人们不断地进行教育，循环往复，以至无穷。

道德教育的全过程，具有一定的前后次序性，但这种次序并不是机械排列、不可更改的。出于科学研究的需要，必须把道德教育诸环节在思维中加以抽象、分离并排成一定次序加以考察。但实际中的道德教育过程却是复杂的，它具有以下一些特征，需要引起我们注意：

第一，道德教育诸环节具有同时性或兼进性。在实际道德教育过程中，五个环节总是相互联系、相互影响，道德认识提高的同时，也总伴随着好恶情感的加深；履行道德义务时克服困难和障碍，必定同时加深道德认识和感情。根据这种特点，我们进行道德教育就不能单纯地从某一方面施加教育和影响，而应该从多方面着手，同时进行认识、情感、意志、信念和习惯方面的训练，使它们相互烘托，相互促进，才能收到良好的效果。

第二，道德教育的起点具有多端性。进行道德教育，不应机械地把提高道德认识作为起点。不同的历史时期、不同的社会环境的道德关系和状况不同，不同的受教育者的生活经验和原有品质、人格状况不同，这就需要不同情况不同对待，选择最急需解决又最能奏效的环节作为道德教育的起点。究竟从何着手，要通过调查研究，因人因时而定。

第三，道德教育的进程具有重复性和渐进性。道德教育是改造人本身的大工程，决不是通过一次性劳动就可以完成的。受教育者在向道德高峰的攀登过程中总会有反复，这就需要教育者十分耐心，不可一日暴之，十日寒之。道德品质的提高和高尚人格的形成，是一个渐进性的过程，它的质的飞跃，只能是建立在平时善行的不断积累的基础之上。因此，进行道德教育又不可操之过急，企求成功于一旦，而要打持久战，不轻视人们道德上任何细微的进步。

第四，道德教育具有强烈的实践性。这里所说的实践性，主要包含三个方面的含义：一是道德教育必须适应当时社会实践的客观状况和客观要求；二是道德教育必须引导受教育者实际地践行道德义务；三是道德教育者必须首先践行道德义务，先正己，后教人。道德教育离开了实践性，必然成为空洞的说教和美妙的清谈。

25.社会主义核心价值观

社会主义核心价值观是社会主义核心价值体系的内核，体现社会主义核心价值体系的根本性质和基本特征，反映社会主义核心价值体系的丰富内涵和实践要求，是社会主义核心价值体系的高度凝练和集中表达。

面对世界范围思想文化交流交融交锋形势下价值观较量的新态势，面对改革开放和发展社会主义市场经济条件下思想意识多元多样多变的新特点，积极培育和践行社会主义核心价值观，对于巩固马克思主义在意识形态领域的指导地位、巩固全党全国人民团结奋斗的共同思想基础，对于促进人的全面发展、引领社会全面进步，对于集聚全面建成小康社会、实现中华民族伟大复兴中国梦的强大正能量，具有重要现实意义和深远历史意义。

从适应国内国际大局深刻变化看，我国正处在大发展大变革大调整时期，在前所未有的改革、发展和开放进程中，各种价值观念和社会思潮纷繁复杂。国际敌对势力正在加紧对我国实施西化分化战略图谋，思想文化领域是他们长期渗透的重点领域。面对世界范围思想文化交流交融交锋形势下价值观较量的新态势，面对改革开放和发展社会主义市场经济条件下思想意识多元多样多变的新特点，迫切需要我们积极培育和践行社会主义核心价值观，扩大主流价值观念的影响力，提高国家文化软实力。

从推进国家治理体系和治理能力现代化要求看，培育和弘扬核心价值观，有效整合社会意识，是国家治理体系和治理能力的重要方面。全面深化改革，完善和发展中国特色社会主义制度，推进国家治理体系和治理能力现代化，必须解决好价值体系问题，加快构建充分反映中国特色、民族特性、时代特征的价值体系，在全社会大力培育和弘扬社会主义核心价值观，提高整合社会思想文化和价值观念的能力，掌握价值观念领域的主动权、主导权、话语权，引导人们坚定不移地走中国道路。

从提升民族和人民的精神境界看，核心价值观是精神支柱，是行动向导，对丰富人们的精神世界、建设民族精神家园，具有基础性、决定性作用。一个人、一个民族能不能把握好自己，很大程度上取决于核心价值观的引领。发展起来的当代中国，更加向往美好的精神生活，更加需要强大的价值支撑。要振奋起人们的精气神、维系全民族的精神纽带，必须积极培育和践行社会主义核心价值观，铸就自立于世界民族之林的中国精神。

从实现民族复兴中国梦的宏伟目标看，核心价值观是一个国家的重要稳定器，构建具有强大凝聚力感召力的核心价值观，关系社会和谐稳定，关系国家长治久安。实现"两个一百年"的奋斗目标，实现中华民族伟大复兴的中国梦，必须有广泛的价值共识和共同的价值追求。这就要求我们持续加强社会主义核心价值体系和核心价值观建设，巩固全党全国各族人民团结奋斗的共同思想基础，凝聚起实现中华民族伟大复兴的中国力量。

党的十八大提出，倡导富强、民主、文明、和谐，倡导自由、平等、公正、法治，倡导爱国、敬业、诚信、友善，积极培育和践行社会主义核心价值观。富强、民主、文明、和谐是国家层面的价值目标，自由、平等、公正、法治是社会层面的价值取向，爱国、敬业、诚信、友善是公民个人层面的价值准则，这24个字是社会主义核心价值观的基本内容。

"富强、民主、文明、和谐"，是我国社会主义现代化国家的建设目标，也是从价值目标层面对社会主义核心价值观基本理念的凝练，在社会主义核心价值观中居于最高层次，对其他层次的价值理念具有统领作用。

富强即国富民强，是社会主义现代化国家经济建设的应然状态，是中华民族梦寐以求的美好夙愿，也是国家繁荣昌盛、人民幸福安康的物质基础。民主是人类社会的美好诉求。我们追求的民主是人民民主，其实质和核心是人民当家作主。它是社会主义的生命，也是创造人民美好幸福生活的政治保障。文明是社会进步的重要标志，也是社会主义现代化国家的重要特征。它是社会主义现代化国家文化建设的应有状态，是对面向现代化、面向世界、面向未来的，民族的科学的大众的社会主义文化的概括，是实现中华民族伟大复兴的重要支撑。和谐是中国传统文化的基本理念，集中体现了学有所教、劳有所得、病有所医、老有所养、住有所居的生动局面。它是社会主义现代化国家在社会建设领域的价值诉求，是经济社会和谐稳定、持续健康发展的重要保证。

"自由、平等、公正、法治"，是对美好社会的生动表述，也是从社会层面对社会主义核心价值观基本理念的凝练。它反映了中国特色社会主义的基本属性，是我们党矢志不渝、长期实践的核心价值理念。

自由是指人的意志自由、存在和发展的自由，是人类社会的美好向往，也是马克思主义追求的社会价值目标。平等指的是公民在法律面前的一律平等，其价值取向是不断实现实质平等。它要求尊重和保障人权，人人依法享有平等参与、平等发展的权利。公正即社会公平和正义，它以人的解放、人的自由平等权利的获得为前提，是国家、社会应然的根本价值理念。法治是治国理政的基本方式，依法治国是社会主义民主政治的基本要求。它通过法治建设来维护和保障公民的根本利益，是实现自由平等、公平正义的制度保证。

"爱国、敬业、诚信、友善"，是公民基本道德规范，是从个人行为层面对社会主义核心价值观基本理念的凝练。它覆盖社会道德生活的各个领域，是公民必须恪守的基本道德准则，也是评价公民道德行为选择的基本价值标准。

爱国是基于个人对自己祖国依赖关系的深厚情感，也是调节个人与祖国关系的行为准则。它同社会主义紧密结合在一起，要求人们以振兴中华为己任，促进民族团结、维护祖国统一、自觉报效祖国。敬业是对公民职业行为准则的价值评价，要求公民忠于职守、克己奉公、服务人民、服务社会，充分体现了社会主义职业精神。诚信即诚实守信，是人类社会千百年传承下来的道德传统，也是社会主义道德建设的重点内容，它强调诚实劳动、信守承诺、诚恳待人。友善强调公民之间应互相尊重、互相关心、互相帮助，和睦友好，努力形成社会主义的新型人际关系。

后 记

2017 年，以原有马克思主义哲学、外国哲学、中国哲学和伦理学二级学科硕士点为基础，江西师范大学获批哲学一级学科硕士点，原有四个哲学二级学科点成为一级点下面的四个研究方向。为了给有志于报考本一级学科点的考生提供一本规范的统编考试参考用书，为了更好地整合这四个研究方向，夯实哲学学科研究生的基础知识，培养知识更为全面的人才，本学科点在学院和学校的支持下，编写这部《哲学导论》，作为本专业硕士研究生招生参考用书和研究生基础课教材。

在编写过程中，编写组按照目前哲学学科所设马克思主义哲学、中国哲学、外国哲学和伦理学 4 个二级方向，逐一选取各方向的基础性概念、理论框架和基本原理，以提纲式体例编排，加上分导论部分，共一个导论和四个章节。

本教材编写过程中集中整合了学科点四个方向的导师力量共同参与编写。具体分工如下：

由汪荣有、王玲玲、彭隆辉、李丕洋担任顾问和指导，韩桥生和彭坚负责统稿，导论部分由韩桥生编写，第一章（马克思主义哲学）由彭坚、袁初明、刘仁营编写，第二章（中国哲学）由邓庆平、蒋九愚、刘剑锋、易燕明编写，第三章（外国哲学）由郑争文、孔祥田、胡传顺编写，第四章（伦理学）由韩桥生、蒋九愚、曾勇、邵晓秋编写。另外，2021 届思想政治教育专业本科生徐林芳、刘祎、代玉玲、桂智鹏 4 位同学参与了校稿。

在编写过程中，编写组参考了学界已有的大量研究成果，在此一并表示感谢。

由于编写组水平原因，本教材难免会存在一些不足，敬请各界不吝指正。